OM JESUS

Jonas Gardell

Om Jesus

NORSTEDTS

Jonas Gardell:
ROMANER
Passionsspelet 1985
Odjurets tid 1986
Präriehundarna 1987
Vill gå hem 1988
Fru Björks öden och äventyr 1990
En komikers uppväxt 1992
Frestelsernas berg 1995
Så går en dag ifrån vårt liv och kommer aldrig åter 1998
Ett ufo gör entré 2001
Jenny 2006

ÖVRIGT
Mormor gråter 1993
Isbjörnarna. Cheek to cheek. Människor i solen 1997
Oskuld 2000
Om Gud 2003

ISBN 978-91-1-301960-4
© Jonas Gardell 2009
Norstedts, Stockholm
Fackgranskning av professor Samuel Byrskog, Lunds universitet
Omslag: Arne Öström/Ateljén
Tryckt hos ScandBook AB, Falun 2009
Tredje tryckningen
www.norstedts.se

Norstedts ingår i
Norstedts Förlagsgrupp AB,
grundad 1823

INNEHÅLL

1

JESUS FRÅN NASARET

"Namnet framför andra namn är Jesus, ej skönare på jorden fanns! Ty inget annat namn kan skänka frälsning, inget annat namn än hans!"

Mormors gammelröst och mammas, jag och mina syskon sjöng med så gott vi kunde.

Om söndagsförmiddagarna hos mormor firade vi andakt på glasverandan. Mormor satt i mörkröd finklänning med bibeln i knät och läste ett stycke ur evangeliet. Min syster lekte med några kexsmulor som blivit kvar på matbordets vaxduk. Min mellanbror ville resa sig för att släppa ut en fluga som surrade mot fönsterglaset, men mamma sträckte ut handen och höll kvar honom vid stolen. Sedan bad vi Fader Vår och sjöng läsar-psalmer. "Han har öppnat Pärleporten" och "De komma från öst och väst".

När andakten var över fick vi gå ut och bada.

Så enkel och självklar var tron.

Jesus är svaret. Så brukade vi säga i min barndoms baptistför-samling. Jesus var svaret – någon fråga behövde egentligen inte ställas.

I begynnelsen var allt klart. Som sjöns spegelblanka vatten hos mormor när jag smög ut i gryningen och tassade genom det daggvåta gräset ner till stranden för att doppa mig medan den övriga familjen fortfarande sov.

Den mörka granskogen, himlen och den uppåtgående solen i den tidiga augustimorgonen – allt speglade sig i sjön. Sjön omfattade hela världen. Vattenytan ännu orörd. Obruten.

Världen ännu hel.

Jesus var vårt svar. Det var mycket enkelt.

Hans tunika var alltid ljusblå eller blå, liksom hans ögon. Hans långa hår och skägg var mellanblont och hans hy ljus och frisk, hans leende milt och vänligt, tänderna jämna och vita.

Han älskade mig. Han älskade alla barnen. Han älskade alla, utom fariseerna förstås, som var huggormarnas avföda, de nesliga uslingarna.

Det fanns inte ett underverk han inte kunde utföra, och det är fullständigt obegripligt att inte alla runt omkring honom omedelbart fattade att han var Guds son. Ännu mer obegripligt eftersom hela *härskaror* med änglar sjöng och hade sig när han föddes så det måste setts av precis alla i hela Betlehem, och när han dött på korset blev det solförmörkelse, jordbävningar, förlåten i templet brast och en massa döingar vaknade och gick omkring på gatorna – jag menar, hur kan man låta bli att fatta?

Nej, "namnet framför andra namn är Jesus, ej skönare på jorden fanns!" som vi sjöng där på glasverandan.

Denne Guds enfödde son nedsteg[1] till jorden för att dö för våra synders skull, och om vi bekände vår tro på detta och ingenting annat än detta var vi räddade, annars var vi hjälplöst förlorade och fick skylla oss själva.

Jesus älskade alla barnen, men om barnen inte ville ha hans kärlek skulle han straffa dem i eviga tider.

---

[1] Jesus nedstigande liksom så småningom hans himmelsfärd förutsätter en världsbild som de flesta av oss övergett: jorden är platt, står på fyra pelare. Under är underjorden, och över är himlen spänd som ett parasoll där stjärnorna fästs, och bakom den uppspända himlen bor Gud, och emellanåt kan himlen öppnas och Gud, änglar och i detta fall Guds enfödde son nedstiga och uppstiga.

Sanningen är att Jesus inte ens hette Jesus.

Det är en grekisk översättning av hans hebreiska namn, Jeshua, som sin tur är en förkortning av Jehoshua, eller som vi skulle säga: Josua.[2]

Josua från Nasaret.

Uppkallad efter den israelitiske ledare som många sekel tidigare fört folket in i det land som Gud lovat dem, Guds rike.

Mycket lite av våra föreställningar om Jesus stämmer överens med Josua från Nasaret, den judiske man som under en kort tid, som snarast kan räknas i månader än i år, framträdde i Palestina.

Våra förebilders Jesus är Världens Frälsare, och hans födelse var så viktig att den markerar vår tidräknings början. Den judiske förkunnaren Jeshua (eller Josua), som den här boken också skall handla om, föddes emellertid redan några år tidigare, cirka fyra år före Kristus födelse.

Redan där börjar våra föreställningars Jesus skeva med det som kan ha varit historiens.

Och sedan dess är historiens Jeshua dömd att vara i otakt, ständigt befinna sig i skuggan av den Jesus Kristus, Guds enfödde son, som dog för våra synders skull och som en dag skall återkomma i triumf för att döma levande och döda, den Jesus Kristus som var vår baptistkyrkas självklara svar på den fråga som inte ens behövde ställas.

När Jesus skickar ut sina lärjungar att själva förkunna Guds rike ger han dem tydliga direktiv för vad de skall ha med sig. I princip

---

[2] Efter den babylonska fångenskapen blev den förkortade versionen av namnet den vanligaste. Grekiskans Iesous används för både Josua och Jesus. Namnet var på Jesus tid så vanligt att man var tvungen att med ett tillägg bestämma vem man talade om. Så kallas Jesus "från Nasaret" eller "Messias" för att särskilja honom från andra med samma namn. Efter andra århundradet blev det ovanligt att judiska barn döptes till Jesus. Redan då hade alltså namnet blivit alltför knutet till den Jesus vi förknippar med namnet.

skall de inte äga någonting utan vandra från plats till plats och sprida budskapet om det antågande Gudsriket.

> Skaffa inte guld eller silver eller koppar att ha i bältet, ingen påse för färden, inte mer än en enda skjorta, inga sandaler och ingen stav. Ty arbetaren är värd sin mat. I varje stad eller by ni kommer till skall ni ta reda på vem som är värdig där och stanna hos honom tills ni skall vidare.[3]

De skall alltså gå barfota, inte äga pengar, inga extra kläder, inte ens den livsnödvändiga stav man brukade ha med sig för att försvara sig med mot vilda djur och rövare.

Paulus hänvisar också till det här Jesusordet i sitt brev till korinthierna: "Så har också Herren bestämt att de som förkunnar evangeliet skall få sitt uppehälle av evangeliet."[4]

Det står ingenstans att Jesus eller hans lärjungar arbetade för att försörja sig. Tvärtom uppmanar han dem som vill följa honom att lämna allt.

Lukas berättar hur olika kvinnor bidrar med pengar till gruppen, och flera gånger skildras hur Jesus och hans lärjungar äter middag hos tillfälliga värdar.

Mycket talar därför för att Jesus verkligen levde som han lärde, utan hem och utan ägodelar, beroende av andras välvilja. Eller som Jesus själv säger:

> Rävarna har lyor och himlens fåglar har bon, men Människosonen har inget ställe där han kan vila sitt huvud.[5]

---

[3] Matteus 10:9–11. Jesusordet återfinns i tre av evangelierna. I Markus som är det tidigaste evangeliet låter Jesus sina utsända ha både sandaler och stav.
[4] 1 Korinthierbrevet 9:14.
[5] Matteus 8:20. Hemlösheten kan också tolkas symboliskt, eftersom det finns en tradition där Visdomen – som Jesus personifierar – karaktäriseras som hemlös.

I sin hemstad Nasaret hade Jesus varit snickare. Det grekiska ord som används i evangelierna är *tekton,* som snarast betyder "träarbetare", och har mycket lite att göra med den finsnickare som vi kanske associerar till. Forskarna är oeniga om vilken status en tekton hade i det palestinska samhället. Somliga vill definiera träarbetaren som lägre medelklass, medan andra forskare hävdar att tekton stod under den icke jordägande bondeklassen och bara snäppet över de utstötta, och faktum är att tekton är ett ord som återfinns i samlingar med skällsord som bättre ställda kunde använda mot den obildade pöbeln.

Obildad pöbel?

Men Lukasevangeliet nämner ju faktiskt att Jesus kan läsa! I Nasarets synagoga läser han ur Jesajaboken om hur blinda får synen åter, hur de lama kan gå och de fattiga får ett glädjebud.

I Talmud[6] beskrivs hur det relativt tidigt i Palestina uppstod en rörelse som grundade skolor runt om i landet för att lära alla (pojkar) att läsa, så kallade *bet ha-sefer,* men problemet är att den tidigaste källa i Talmud som beskriver denna verksamhet är två hundra år yngre än Jesus, och många forskare ifrågasätter tillförlitligheten i dess uppgifter, särskilt som skolrörelsen skall ha letts av Simeon ben Shetah, en man omkring vilken det tidigt uppstod stark legendbildning. Den andra stora reformatören av det palestinska skolväsendet, översteprästen Josua ben Gamala, var verksam först då Jesus redan var en vuxen man.

Det är därför långtifrån säkert att det fanns någon skola i Nasaret under Jesus uppväxt.

Man har beräknat att cirka 95–97 procent av den palestinska befolkningen på Jesus tid inte kunde läsa.

Missförstå nu inte. Jag påstår inte att Jesus inte kunde läsa.

---

[6] Talmud är en skriftsamling som reglerar det judiska livet i detalj. Den består av skriftlärdas utläggningar om Torah. Talmud började sammanställas under vår tidräkning och de auktoriteter som åberopas i Talmud levde före år 500 evt. Det finns både en babylonsk och en palestinsk talmud.

Det är möjligt att han trots sin ringa bakgrund faktiskt kunde det, särskilt om Josef och Maria var fromma, vilket det finns skäl att tro, och om Jesus var deras förstfödde, vilket vi inte alls vet.

Men om han inte kunde det?

Är det stötande med Guds Son som analfabet? Vi måste våga tänka tanken att Jesus inte kan läsa. Att han var fattigare än vi velat tro, hans ursprung enklare.

Kristendomens två stora lärare är Jesus och Paulus.

Vad skulle kunna vara en avgörande skillnad mellan dem?

Att Paulus kan skriva.

Alltså skriver han.

Den religiösa ledare som inte kan skriva måste visa med sitt eget liv hur man skall leva – och hur man skall dö.

Jesus är en enkel träarbetare som blir en hemlös, kringströvande helbrägdagörare. När han talar om de fattiga och de utsatta talar han inte bara om andra, han talar också om sig själv.

En träarbetare som Jesus – eller hans far Josef – tjänade sällan mer än en vanlig daglönare, och det var långtifrån tillräckligt för att tillgodose ens de grundläggande behoven i en så pass stor familj som Jesus.

Vi vet ju inte heller när Josef dör. Det enda vi vet är att han inte verkar vara i livet när Jesus börjar sin verksamhet.

Om Maria blev änka tidigt och hennes barn faderlösa måste det ha inneburit en ekonomisk katastrof för familjen. När bibeln räknar upp vilka värnlösa som är speciellt utsatta och som man särskilt måste hjälpa nämns alltid änkorna och de faderlösa: "För den faderlöses talan, skaffa änkan rätt."[7] Profeten Jesaja skriver om dem som besitter makten att "De förvägrar de svaga rättvisa, berövar de fattiga i mitt folk deras rätt. Änkor blir deras offer, faderlösa plundrar de."[8] Det är ingen poetisk omskrivning Jesaja

---

[7] Jesaja 1:17.
[8] Jesaja 10:2.

12

gör, utan han berättar helt sakligt om änkornas och de faderlösas levnadsvillkor.

Absoluta flertalet av jordbruksbefolkningen i antiken, inte minst i Palestina, levde på eller under svältgränsen.[9] Marken de brukade var för liten, varje missväxtår fick katastrofala följder, dessutom beskattades man hårt och tvingades ofta skuldsätta sig så djupt att man inte kunde behålla sin jord. Majoriteten av befolkningen levde med andra ord under konstant hot om undergång. Och det är till dessa utblottade människor som Jesus vänder sig med sina ord: "bekymra er inte för mat och dryck att leva av eller för kläder att sätta på kroppen".[10]

Hoppet han ger dem är Guds rike där alla deras behov skall bli tillfredsställda: "Sök först hans rike och hans rättfärdighet, så skall ni få allt det andra också."[11]

Att ha mat för dagen, att kunna släcka sin törst, att äga kläder på kroppen var långtifrån en självklarhet för flertalet.

Ofta beskrivs i evangelierna hur fattiga människor går nakna. De går i trasor. Att äga kläder var att äga något av sådant värde att man riskerade att rånas och dödas. Att äga två tunikor i stället för en var ett sätt att skilja den fattige från den helt utblottade. Ofta bar man bägge tunikorna samtidigt, den ena över den andra. Så när Johannes Döparen uppmanar dem som har två tunikor att ge bort den ena till någon som inte har[12] är det en nästan provocerande utmaning. Johannes begär att den fattige skall avstå från sin nästan obefintliga marginal, det lilla som skiljer honom från den som är helt utblottad.

"Saliga ni som är fattiga, er tillhör Guds rike. Saliga ni som

---

[9] Situationen i de stora städerna var faktiskt en aning bättre där man försåg folket med bröd för att undvika sociala oroligheter.

[10] Matteus 6:25.

[11] Matteus 6:33.

[12] Lukas 3:11.

13

hungrar nu, ni skall få äta er mätta."[13] Så utropar Jesus, enligt Lukas evangelium.

Det ord som används på grekiskan för fattig är *ptōchos*, ett ord som betecknar inte de lite lagom fattiga, utan de som är helt utblottade, de som har inget.

Blir det inte oerhört mycket mer intressant om Jesus faktiskt själv tillhörde de fattigaste, de utblottade, som han vände sig till?

Om han var en av dem.

Låt oss lämna våra föreställningars Jesus Kristus för en annan, möjlig Jesus. Han som för alltid dömts att vandra i skymundan. En Jesus om vilken vi måste ställa frågor innan vi kan börja formulera svaren.

En enkel och fattig man som Jesus livnärde sig framför allt på bröd, oliver, olivolja och vin. Stuvade bönor, någon grönsak, nötter och frukt, saltad fisk och endast vid högtidliga tillfällen kött. De flesta skelett man funnit från tiden som Jesus levde visar brist på järn och protein, kranier av fyrtioåriga människor har ofta få eller inga tänder kvar.

Man levde sitt liv där man var född. Att förflytta sig var förknippat med faror. Resor företog man i grupp. Antingen inom familjen eller klanen, eller också slöt man sig till de karavaner som hade väpnade vakter och färdades i deras beskydd. Det nämns vid ett par tillfällen i evangelierna att Jesus följe faktiskt var beväpnat.

Livet var hårt och man dog ung. Endast en minoritet fick upp-

---

[13] Lukas 6:20–21. Matteus gör för övrigt en liten intressant ändring i saligprisningarna. Han låter Jesus säga, inte "Saliga ni som är fattiga", utan "Saliga de som är fattiga *i anden*". Inte "Saliga ni som hungrar nu", utan "Saliga de som hungrar och törstar *efter rättfärdigheten*". (Matteus 5:3, 6, mina kursiveringar) Där Jesus enligt Lukas talar om konkret fysisk fattigdom förvandlar Matteus det till en fråga om andlighet.

leva sin tjugofemårsdag. Vi vill gärna se Jesus som en relativt ung man, men när han började sin verksamhet vid cirka trettio års ålder var han snarare en som levt längre än de flesta.

Vi tänker oss gärna Jesus milda, kärleksfulla leende.

Lägg nu till att leendet troligen var tandlöst så får vi förmodligen en smula rättvisare bild.

I sina direktiv till lärjungarna förbjuder han dem också uttryckligen att vända sig till hedningarna: "Ta inte vägen till hedningarna och gå inte in i någon samarisk[14] stad. Gå i stället till de förlorade fåren i Israels folk."[15] Vid ett annat tillfälle vägrar han att hjälpa en kanaaneisk kvinna med de avfärdande orden: "Jag har inte blivit sänd till andra än de förlorade fåren av Israels folk."[16]

Med andra ord verkar det inte bättre än att Jesus aldrig avsåg att hans lära omfattade andra än judarna, och inte ens alla judar, utan "de förlorade", de som ställt sig utanför förbundet med Gud. Den Herrens dag han drömde om var den dag när Jahve upprättade det fallna Israel och återsamlade de skingrade tolv stammarna över vilka hans lärjungar skulle sitta som domare.

Hans budskap gällde varken mormor, mamma, mina syskon eller mig, vi som satt på glasverandan vid en sjö i Bergslagen och firade söndagsandakt och lovsjöng hans namn. Vi tillhörde inte Israel, Guds utvalda egendomsfolk.

Det var inte till oss han hade blivit sänd.

---

[14] Samarierna var ett närbesläktat folk som dyrkade sin egen variant av Jahve och som var så föraktade av judarna att man undvek all kontakt med dem.

[15] Matteus 10:5–6.

[16] Matteus 15:24.

2

DU SJÄLV SÄGER DET

Vad vet vi med absolut säkerhet om den historiske Jesus? Inte mycket egentligen. Att han var en av flera folkliga ledare som framträdde i det kaotiska första århundradets Palestina. En av alla de profeter som stigit upp till ytan en kort sekund och felaktigt utropat Herrens dag för att sedan försvinna ner i historiens djupa hav igen. Ja, det vi verkligen vet om Jesus är så lite att han närapå riskerar att bli just vad den judiske historikern Josefus bedömde honom som: en fotnot, några korta rader, inte mer. En helbrägdagörare och profet från bergsbyn Nasaret som efter en kort verksamhetsperiod framför allt i Galileens glesbygd blev avrättad av den romerska övermakten i Jerusalem.

Ändå är Jesusbiografierna så många att de blivit till en egen litterär genre. Jesusforskningen är enorm, och de olika forskarna är alla mer eller mindre i luven på varandra.

Vad vi med säkerhet kan säga om den historiske Jesus är så lite att varje forskare och författare utan undantag måste gissa och göra antaganden för att kunna bygga upp något som ens liknar en helhetsbild av Jesus. Vattnet mellan de små kobbarna av säkerhet är så stort, och broarna som leder mellan dem så rangliga. De är byggda av papper.

Vi kan inte veta. Vi måste fylla i det vi inte vet med vad vi tror.

När man som utomstående sätter sig in i vad som skrivits märker man snart att inte en enda av våra lärde, hur gärna de än vill, hur objektiva de än försöker vara, kan frigöra sig från sitt utgångsläge. Beroende på om de är katolska, protestantiska, judiska eller marxistiska forskare – blir Jesus aningen mer katolsk, aningen mer protestantisk, aningen mer judisk eller aningen mer marxistisk.

På samma sätt som det i de många souvenirbutikerna utanför Peterskyrkan i Rom går att köpa Jesusbilder där frälsaren är blond, rödlätt eller mörk, beroende på den troendes smak och läggning.

Det går inte att komma ifrån.

Det vi vet om den historiske Jesus är så lite att varje forskare, teolog eller författare måste gör antaganden, förmodanden och sannolikhetsbedömningar, och dessa antaganden, dessa förmodanden, dessa sannolikhetsbedömningar är alltid färgade av vem forskaren eller författaren är.

Det gäller inte bara dagens forskare. Alla som någonsin skrivit om Jesus har gjort det i syfte att få sina läsare att tro det ena eller andra. Det gäller Paulus, och det gäller de för oss okända författare som traditionen så småningom kallade "Markus", "Matteus", "Lukas" och "Johannes".

Författaren till Johannesevangeliet säger rakt ut att det han skrivit "har upptecknats för att ni skall tro att Jesus är Messias, Gud son".[1]

Alla som någonsin skrivit om Jesus har haft en agenda. Och det gäller i högsta grad mig själv och min bok om Jesus.

Mitt syfte var att skriva en så strängt objektiv bok som bara var möjligt, där jag i så hög utsträckning jag kunde uteslöt mig själv ur texten.

Jag misslyckades. Uppgiften visade sig vara omöjlig – kanske är den inte ens önskvärd.

Inte heller jag kan frigöra mig från vem jag är och vad jag innerst inne hoppas och vill att Jesus skall vara.

Glöm inte det.

---

[1] Johannes 20:31.

Jag är troende.

Om det är en svaghet eller en styrka beror på hur man ser det. Likafullt vill jag att man som läsare skall vara medveten om förhållandet. Att det är som prästen i en församling jag en gång tillhörde ibland brukade påpeka med ett varnande finger i luften: "Tro inte allt vad jag säger!"

Vi måste också försöka skilja på vad den *historiske* Jesus kan ha sagt och vad den *uppståndne* Jesus sades säga till människor i visioner, uppenbarelser och drömmar, skilja på sådant Jesus sade under sin jordiska levnad och sådant som tillkom under det första århundradet efter hans död och eventuella uppståndelse.

Det är nämligen med evangelierna som det är med de texter i Gamla testamentet som säger sig skildra svunna tider, *att de samtidigt berättar om den tid de själva är skrivna.* Även om det finns en vilja hos evangelisterna att bevara en "genuin" Jesustradition, och trots att vi vet att exempelvis Paulus var noga med att skilja på vad Jesus lärde ut och vad han själv menade, är det tydligt att evangeliernas författare låter Jesus tala genom decennierna till de egna församlingarna.

Än i dag upplever många människor att Jesus talar till dem konkret och bokstavligen. De tycker sig höra Jesus röst, ofta förmedlar han hemlig kunskap, som till så många kristna sökare genom seklen. Jag har åtskilliga gånger under årens lopp fått mig böcker och brev tillsända från människor som skrivit ner ord som Jesus och ingen annan än Jesus dikterat för dem. Ibland är det enkla meddelanden till mig från Jesus som vidarebefordrats av brevskrivaren, ibland har det varit hela "Evangelium enligt Jesus", och då naturligtvis den Enda och Sanna versionen av vad som hände.

Den samlade bilden av vad Jesus har att säga genom dessa nutida medier blir emellertid en aning schizofren, eftersom han stundom pläderar för sexuell frisläppthet och vet meddela att han själv var gift och hade barn med Maria från Magdala[2], stundom varit sträng och moralisk och uppmanat mig att göra bot och bättring genom att läsa små illa skrivna moralistiska broschyrer som *Frälst eller förlorad* av Oswald J Smith[3].

Dessa vår egen samtids Jesusmedier och profeter ger ett nyttigt perspektiv också på det första århundradets kristna och lär oss att vi kanske borde läsa de Jesusord som uppenbarats för olika kristna sökare efter Jesus uppståndelse med en viss skepsis.

Många har gjort sig till språkrör för mannen från Nasaret.

Tro inte allt vad de säger!

Tidigare ställde jag frågan vad vi med säkerhet kan veta om den historiske Jesus och svarade att det egentligen inte är så mycket.

Det är en sanning med modifikation.

För att avgöra vad som kan tänkas stamma från den historiske Jesus och vad som är den tidiga kristendomens tillägg har forskarna nämligen utarbetat ett antal kriterier, där minst två kriterier skall vara uppfyllda för att man skall kunna anta att något faktiskt är autentiskt.

Med den metoden menar man sig kunna sluta sig till sådant som att Jesus omgav sig av en grupp lärjungar som kallades "de tolv" eller att han instiftade någon form av ritual i form av en måltid och så vidare.

---

[2] Ett rätt vanligt påstående genom åren. Ingalunda en uppfinning av Dan Brown i *Da Vinci-koden*.

[3] I just den här lilla broschyren står bl.a. att läsa som förklaring på hur den kärleksfulle frälsaren kan förvandlas till en så obeveklig och obarmhärtig domare på den yttersta dagen:

"En brottsling höll på att bli ihjälkörd av en bil, men en man sprang fram och räddade honom. Efter någon tid stod han inför rätta anklagad för grova brott. Domaren var den man som hade räddat honom från döden. Brottslingen vädjade till honom och väntade att han skulle hjälpa honom.

– Den gången var jag er räddare. I dag är jag er domare, svarade domaren. Brottslingen dömdes i enlighet med sina brott."

Det viktigaste kriteriet är att en uppgift om Jesus eller ett Jesusord finns dokumenterat av minst två av varandra oberoende källor, till exempel att han utförde mirakel och att han avrättades.

Ett annat är att Jesus gör eller säger sådant som inte överensstämmer med kyrkans lära eller som är direkt generande för kyrkan. Det vanligaste exemplet på detta kriterium är Jesus dop. Varför skulle de kristna hittat på dopet – som ju dels renade deras syndfrie mästare från synd och dels gjorde honom till Johannes Döparens lärjunge?

Inte sällan kan man förresten följa hur obekväma och besvärande Jesusord allt eftersom omredigeras och modifieras för att passa kyrkan bättre.

Närbesläktat med detta kriterium är olikhetskriteriet, det vill säga när Jesus säger sådant som inte stämmer överens vare sig med judendomen i hans egen samtid eller med den första kristna kyrkan. Som exempel på detta kan nämnas hur Jesus förbjuder skilsmässor.[4]

Man kan också jämföra evangeliernas språk med arameiskan, det språk som Jesus talade. Om något klingar väl på grekiska men inte alls översatt tillbaka till arameiska kan man anta att den historiske Jesus troligen inte yttrat sig så.

Vidare kan man närma sig Jesus ur sociologisk synvinkel. Hur såg samhället runt omkring honom ut? Vad säger det faktum att han var från glesbygd, att han var från provinsen Galileen, att han var av enkelt ursprung? Och vad kan vi lära oss av hur nya sekter, rörelser och grupper kommer till och fungerar? Eller hur kan vi applicera vår kunskap om andra karismatiska ledare på Jesus?

---

[4] Detta kriterium används inte så mycket längre, kanske främst för att det betonar en Jesus som på alla sätt måste avvika från sin samtid, vilket man numera inte menar att han med nödvändighet alltid gjorde.

Nästa svårighet vi måste ta med i beräkningen är att de källor vi har att tillgå är tillkomna långt efter och långt borta från den tid och de platser och människor de säger sig skildra.

De äldsta bevarade kristna texterna är skrivna av Paulus, en man som aldrig själv mötte den historiske Jesus och, inte nog med det, inte ens var intresserad av den historiske Jesus liv eller lära – hela Paulus evangelium kretsar i stället kring den korsfäste och uppståndne Kristus.[5]

Om man skall vara noga var alltså redan den första kristna textkällan mer intresserad av Våra Föreställningars Kristus än den historiske Jesus.

Paulus skrev i brevform, och eftersom han väntade sig Kristus återkomst bokstavligen när som helst hade han absolut ingen idé om att skriva för eftervärlden och tusentals år framåt.

Det är kanske också anledningen till att de första kristna texterna dröjer. Rörelsens huvudbudskap var ju att Guds rike var i omedelbart antågande. Det fanns ingen eftervärld att skriva några texter för. Berättelserna om vad Jesus sagt och gjort fördes vidare från mun till mun.

Men allt eftersom tiden gick och den korsfäste och uppståndne Kristus inte återkom som han utlovat började man ändå att teckna ner vad man trodde sig minnas av hans budskap.

Det började cirkulera samlingar med Jesusord.

Mirakelberättelser, liknelser och legender växte, utvecklades och spreds mellan de olika Jesustroende församlingarna, och all-

---

[5] Här och där i Paulus brev framgår att han fått undervisning i och känner till åtminstone somligt som Jesus sagt och gjort. En del menar att anledningen till att Paulus inte skriver så mycket om Jesus "lära" är att han förutsätter att församlingarna redan vet allt de behöver. Argumentet är en aning märkligt, eftersom det snart sagt inte finns en präst eller predikant som inte kan förutsätta att församlingen har grundläggande kunskap om Jesus. Ändå har Jesus ord predikats för dessa församlingar gudstjänst efter gudstjänst, vecka efter vecka, år efter år, sekel efter sekel.

deles före eller efter det judiska kriget omkring år 70 där det andra templet förstördes, sammanställde en för oss okänd författare, troligen i Rom, det evangelium som så småningom skulle kallas "Markus".

Den texten spreds till olika församlingar och användes, tillsammans med en samling Jesusord som forskarna i brist på annat vanligen kallar "Q", som bas när två andra likaledes okända författare ungefär samtidigt men på olika platser och oberoende av varandra skrev det vi i dag känner som Matteusevangeliet och Lukasevangeliet.[6]

I Nya testamentet återfinns också Johannesevangeliet som skrevs senare och som markant skiljer sig från de tre andra.

I det här sammanhanget är det också viktigt att nämna att ingen vet vad evangeliernas författare egentligen kan ha hetat. De började tillskrivas Markus, Matteus och Johannes först ca 150 evt (enligt vår tidräkning). Det är alltså *inte* Jesus lärjunge Johannes som skrivit Johannesevangeliet, det är *inte* Petrus medhjälpare Markus som skrivit Markusevangeliet. Det är inga ögonvittnesskildringar över huvud taget, utan texter som sammanställt och redigerat olika Jesustraditioner.[7]

Det är också en aning olyckligt att i sammanhanget bara prata om "texter", eftersom skrifter som dessa i antiken i regel lästes högt. De framfördes muntligt, de diskuterades, de predikades över. Det är också missvisande att tänka sig evangelisterna som fyra enskilda genier som sitter på sin kammare med textrullar

---

[6] Texten Q (från tyskans Quellen, "källa") har aldrig återfunnits, utan är en forskarkonstruktion baserad på att evangelisterna bakom Lukas och Matteus måste ha haft en ytterligare gemensam källa förutom Markus då Jesusord som inte finns i Markus återfinns i båda de senare evangelierna. Det råder en relativ enighet om Q-teorin, även om det också förekommer forskare som avfärdar den.

[7] Därmed inte sagt att det inte finns sådant i evangelierna som ursprungligen är *baserat* på ögonvittnesskildringar.

framför sig och skriver. Snarare torde evangelierna vara resultatet av något som kan liknas vid grupparbete, där många – från de kringresande predikanter som framförde berättelserna till de skriftlärda som kopierade texterna – har del i dess utformning och fördjupning.

Ytterligare andra evangelier tillkommer, somliga som byggde på helt andra traditioner än dem som format bibelns evangelier. Och åtminstone ett av dem, Tomasevangeliet, anses av många forskare bära spår av den historiske Jesus.[8]

När kristendomens texter tecknades ner var kyrkan inte längre en rörelse där man som Lukas skriver hade "allting gemensamt", om den nu någonsin varit det. Olika fraktioner och församlingar kivades med varandra om tolkningsföreträde, och detta återspeglas i såväl de fyra evangelier som funnit sin plats i Nya testamentet som i de texter som av olika skäl aldrig kanoniserades.

Det är oerhört viktigt att hålla i minnet att var och en av dessa texter i första hand vittnar om tron i just den församling eller krets som evangelisten tillhörde, och bara mer avlägset återger den tid de faktiskt säger sig beskriva.

Mellan fyrtio och sjuttio år och mer ändå står mellan dessa texter och den man vars porträtt de försöker teckna, de händelser de vill skildra och de formuleringar de återger. Kom också ihåg att texterna är skrivna på grekiska – ett språk som Jesus troligen inte behärskade – för församlingar runtom Medelhavet, vars medlemmar huvudsakligen inte var judiska, och vars kännedom om det judiska Palestina, dess seder och traditioner ofta var begränsade.[9]

---

[8] Detta är ett av de stora tvisteämnena i forskarvärlden tillsammans med hur man skall datera det apokryfiska Petrusevangeliet.

[9] En vanlig teori är att Markusevangeliet är skrivet för den förföljda församlingen i Rom (ett alternativ är Syrien eller Palestina), Matteusevangeliet skrevs i Antiochia, som var Romarrikets fjärde största stad, Lukas i Grekland eller Mindre Asien, och Johannesevangeliet slutligen i Efesos eller

Liksom Jesus talade direkt till sin judiska samtid skrev var och en av evangelisterna för den tid de själva levde i och just sitt sammanhang.

Den kristna kyrkan har när evangelierna skrivs redan börjat distansera sig från sitt judiska ursprung, vilket också texterna bär spår av, medan den historiske Jesus aldrig övergav sin judiska kontext.

Det kan vara värt att minnas att kristendomen är en översatt religion. Från arameiska till grekiska. Från en judisk till en hellenistisk tankevärld.

Evangelierna skrevs alltså av människor som inte med nödvändighet satt sin fot i Palestina. De hade aldrig varit på de platser där Jesus levde och verkade.

Lukas beskriver exempelvis hur Jesus läser högt ur Jesaja i Nasarets synagoga, men man har inga arkeologiska belägg för att det i Nasaret på Jesus tid över huvud taget fanns en synagoga i form av en byggnad. De äldsta fynden i Nasaret av en synagoga i den bemärkelse vi tänker oss är från ett par århundraden efter Jesus.

Ordet synagoga betyder egentligen mötesplats och måste inte alls vara en egen byggnad. Synagogan kunde också vara utomhus, till exempel på ett torg, på innergården till ett större hus eller någon annan plats där människor kunde samlas.

Lukas utgick i sitt evangelium ifrån att det i Nasaret fanns en synagoga i form av en byggnad, men det är alltså långtifrån säkert.[10]

Syrien. Matteus tror man skrev för en judisk kommunitet, och faktiskt tror somliga att också Johannesevangeliet, som ju är direkt hatiskt mot "judarna", kan ha varit skrivet som en "inomjudisk" text.

[10] Jerusalems tempel med dess prästklaner stod ännu i centrum för religionen. Synagogan var det judiska samhällets mötesplats där man gifte sig, hade rådslag, utförde omskärelse och läste ur de heliga skrifterna. Det är möjligt att synagogan var viktigare i Galileen med dess avstånd till Jerusalems tempel

För att vara riktigt tydlig: jag påstår inte att det *inte* fanns en synagoga i form av en särskild byggnad på Jesus tid. Jag påstår att vi inte vet, och att inte heller Lukas visste.

Han hade aldrig varit där.

Han kunde inte veta.

Det står i Lukas att Jesus läser ur en bokrulle, men man vet inte om det vid denna tid faktiskt fanns bokrullar i en så liten by som Nasaret.

Och om de fanns var de skrivna på hebreiska, och Jesus talade arameiska.

Lika osäkert är om Jesus verkligen kunde läsa över huvud taget.

Lukas avslutar sin berättelse med att de upprörda byborna försöker döda Jesus genom att störta honom från en klippa utanför byn.[11]

En sådan klippa har med säkerhet aldrig funnits.

Så här kan man hålla på.

Jag upprepar: Lukas hade aldrig varit där. Han kunde inte veta. Evangelierna är inte ögonvittnesskildringar! De är texter som vill få oss att tro på just det sätt författaren tror.

Inte heller kan man läsa evangelierna som biografier som skildrar vad Jesus gör och säger i kronologisk ordning. Mellan dopet och de sista veckorna i Jerusalem finns ingen tidsordning alls annat än den som respektive evangelist skapar på egen hand. Evangelierna är fyllda av fraser så som "Sedan gick Jesus och hans lärjungar bort till byarna kring Caesarea Filippi" eller "sedan gick de därifrån och vandrade till Galileen", men alla sådana angivelser är kitt som författaren infogat på eget beväg, de utgör

---

än i Judeen, men synagogan fick sin största betydelse när templet förstörts, inte minst i förskingringen, då synagogan verkligen blev den mötesplats som ordet betyder.

[11] Lukas berättelse motsvarar vad som händer Paulus flera gånger under hans verksamhet. Se exempelvis Apostlagärningarna 13:14–52 och 17:1–9.

inte någons minne av i vilken ordning saker sades och på vilken plats.

Därmed inte sagt att mycket av det som Jesus säger i evangelierna inte faktiskt sades av honom. En vishetslärare som lärde ut en väg till Gud upprepade naturligtvis sina liknelser, sina aforismer och sina levnadsregler gång efter annan i sin undervisning. En lärjunge – en *talmid* – förväntades också memorera mästarens lära. En lärjunge skulle lyssna till (och memorera) vad hans lärare sade, studera (och imitera) vad hans lärare gjorde.

Det var en stor skam för en talmid att glömma ett enda ord som hans mästare lärde ut. Att Jesus lärjungar skulle ha slarvat med att memorera sin mästares lärosatser, som efter hans död kort och gott skulle kallas Vägen, är inte troligt. Särskilt som Jesus inte bara är en lärare bland andra, utan den ende läraren de förväntas ha.

> Men ni skall inte låta er kallas rabbi, ty en är er läromästare och ni är alla bröder. ... Inte heller skall ni låta er kallas lärare, ty en är er lärare, Kristus.[12]

Därför finns det anledning att tro att många av de ord som tillskrivs Jesus också härstammar från den historiske Jesus.[13]

Men varje gång någon uttalar sig med tvärsäkerhet om Jesus och gör sig till hans språkrör, vare sig det är en präst eller pastor, forskare, vetenskapsman eller författare (som jag), minns att det är oändligt mycket vi inte kan veta – tro inte allt vad vi säger!

Var och en måste själv formulera frågorna och söka svaren.

Det är människans frihet. Det är människans ansvar.

---

[12] Matteus 23:8, 10.
[13] Som med mycket annat råder det också delade meningar om hur ordagrant muntliga traditioner fördes vidare.

Hur skulle en kort sammanfattning av Jesus levnadsbana kunna se ut? En glesbygdsprofet i en avkrok av det romerska imperiet, verksam högst ett par år och avrättad som brottsling.

Seklet som följer efter hans död är omvärlden på sin höjd medveten om en illa ansedd sekt som dyrkade honom och som kallades kristna efter honom.[14]

I den judiske historikern Josefus två stora verk om sitt folks historia nämns han vid två tillfällen. Den ena gången i förbifarten, som bror till Jakob, den andra gången något utförligare, men ändå kortare och mer parentetiskt än exempelvis Johannes Döparen.

Den första passagen beskriver egentligen hur den romerske prokuratorn Festus dött, och i väntan på hans efterträdare låter den judiske översteprästen Ananus självsvåldigt avrätta ett antal landsmän, däribland Jakob, "brodern till Jesus som kallas Messias".

Jakob är ett vanligt namn. Därför måste man specificera denne Jakob som bror till den mer kände Jesus, som emellertid inte är mer känd än att också han behöver specificeras närmre, som "han som kallas Messias".

Det är allt. Jesus, "han som kallas Messias", är en detalj i en bisats i ett stycke som handlar om en för oss okänd överstepräst.

Och denne Jesus försöker vi göra oss en bild av.

Den andra passagen är något utförligare och återfinns i Josefus verk om det judiska kriget som slutar med Jerusalems undergång år 70. Kristna har i efterhand bättrat på texten för att bli mer passande för världens frälsare med fraser som "Han var Messias" och "På tredje dagen uppenbarade han sig levande för dem". Om man tar bort dessa senare skrivna kristna tillägg kan den ursprungliga texten låtit ungefärligen:

---

[14] Man uppfattade Kristus som ett eget namn, trots att det egentligen är en grekisk översättning av *Messias*, "den smorde".

Vid den här tiden framträdde Jesus, en vis man som utförde häpnadsväckande ting, en lärare för dem som med glädje mottar sanningen. Och han vann anhängare både bland judar och greker. Och när Pilatus, efter anklagelser från våra styrande män, dömde honom till korset, upphörde inte de som tidigare älskat honom att göra det. Och intill denna dag som i dag är har gruppen kristna (uppkallad efter honom) inte dött ut.

Det är det hela. Mer än så är det inte.

En Jesus stiger fram för oss, klarögd och rakryggad, med ett ljust skägg och långt, lockigt hår. En man som talar till oss, omfattar oss, inkluderar oss. Och i periferin ser vi en annan gestalt fly undan i skuggorna, en kort och satt mörkhyad man som åldrats i förtid av fattigdom och kringflackande. En man som bestämt avvisar oss, för hans uppdrag är inte vi. Vi är inte omfattade. Det är inte för vår skull han kommit.

Själv påstod han sig aldrig, vad man vet, vara Gud.

Det hade varit en djupt kränkande och hädisk tanke, så upprörande att ingen någonsin skulle ha lyssnat till honom.

Nej, han påstod sig inte vara Gud, men att han var i besittning av gudomliga egenskaper, förmågor och Ande. Att han hade funnit en väg som skulle föra både honom själv och andra till Guds rike.

Jesus kallade inte sig själv "Guds son" eller "Messias", så som den första kyrkan skulle göra. Det vanligaste uttrycket Jesus använder om sig själv är i stället "Människosonen" – men av någon anledning levde det inte alls kvar i den första kyrkan. Ingenstans bekände man sin tro på "Människosonen", titeln förekommer varken i hymner eller trosbekännelser. På samma sätt som "Guds rike", som vi skall se, försvinner "Människosonen" med Jesus.

Med tiden kom hans anhängare att tro att han var den utlovade Messias[15], sänd av Gud, och så småningom kom de rent av att tro att han var betydligt större än så, att han var Gud själv.

Sedan tidernas begynnelse var hans namn känt av Gud, och tiden för hans nedstigning till världen var Guds hemliga och heliga kunskap. Det var honom som skriften och profeterna omtalade, det var han som var lagens och profeternas löfte och fullbordan.

Jesus förvandlas från vägvisare till själva vägen.

Från budbärare till själva budskapet.

Från en profet som förklarade alla rena och predikade att till och med syndarna omfattades av Guds rike, till en kosmisk domare vars uppdrag var att döma och fördöma.

Vem var mannen Jesus från Nasaret?

Hur blir han Kristus? Och har Kristus över huvud taget med den historiske Jesus att göra?

Vi vet att Jesus snart kom att identifieras med Messias, och det så starkt att det var så man särskilde honom från andra samtida Jesus: "Jesus som kallades Messias", som Josefus skriver. Inom ett par decennier efter hans död uppfattades det grekiska ordet för Messias – *Christos* – som ett andranamn. Jesus Kristus.

Eller bara Kristus.

Redan i Paulus brev kan Kristus – som vore det ett namn – ersätta Jesus.

En vanlig missuppfattning är att det vimlade av Messiaspretendenter i Jesus samtid och att det judiska folket samfällt väntade på en ättling från Davids stam och att många kände sig kallade att göra anspråk på titeln.

---

[15] Det är osäkert men möjligt att Jesus – åtminstone av några av sina lärjungar – uppfattades som Messias redan under sin livstid. De romerska myndigheterna verkar ha tolkat det så eftersom han korsfästs som "Judarnas kung", en titel som den kristna kyrkan aldrig använde sig av, och därför knappast heller uppfunnit. Anledningen till formuleringen "osäkert men möjligt" är att det finns mängder med belägg för att den *uppståndne* Jesus uppfattades som Messias, men bara något enstaka belägg för att den *jordiske* Jesus gjorde det.

Så var det inte. Faktum är att man inte känner till en enda annan Messiaspretendent från samma tid.

Det är bara Jesus.

Han som kallas Messias.

I min förra bok – *Om Gud* – försökte jag skissa upp hur det vi kallar Gud växte fram ur en mängd gudsbilder och föreställningar som en mängd olika kulturer och folk gjorde sig under flera tusen år i Främre Orienten. I den här boken är avsikten att försöka skymta en av de judiska profeter och lärare som var verksam en kort, hektisk tid i det första århundradets myllrande, bångstyriga och motsägelsefulla judendom, och hur det ur den rörelse som uppstod efter hans död utvecklades det vi i dag kallar kristendom.

Det finns ingenting som tyder på att Jesus avsåg att grunda en religion. Han sade aldrig: "Dyrka mig!" Han sade alltid: "Följ mig!"

Följ mig! Gör som jag gör! Följ vägen!

I evangelierna gör Jesus inga anspråk på att vara gudomlig,[16] ännu mindre säger han sig själv vara Guds son i någon bokstavlig bemärkelse. Jesus kallade visserligen Gud för *abba*, "fader", men han uppmanade samtidigt alla att se Gud som deras fader.

"Guds son" var en inte helt ovanlig hederstitel på Jesus tid. I flera länder fanns gudar och gudinnor som födde eller adopterade kungen som sin son, exempelvis Egypten, Babylon och Syrien. Också den romerske kejsaren titulerade sig Guds son, och judarna var ju som Guds utvalda egendomsfolk alla Guds söner.

Att däremot vara Guds son i ett kosmiskt mysterium är en helt annan sak, tanken att Gud skulle låta en fysisk son födas. Det är också något helt annat än den utlovade Messias – som man

---

[16] Med undantag för Johannesevangeliet, men få forskare tror att Jesusorden där verkligen stammar från den historiske Jesus.

tänkte sig som en helt vanlig människa, om än utvald av Gud.

Samtidigt måste man poängtera, att även om det råkar vara så att insikten om att Jesus inte bara var den utlovade Messias, utan därtill Guds son i en unik bemärkelse växer fram först under seklens gång, behöver det ju inte innebära att det inte är sant.

Men om Jesus verkligen var mer än en helig man, mer än en profet och mer än en förkunnare, om han verkligen var Guds unika avkomma på jorden?

En judisk förkunnare av mindre betydelse blir på ett relativt tidigt stadium av sin verksamhet gripen och hastigt avrättad. Till synes inget märkvärdigt med det. Tusentals och åter tusentals människor korsfästes av den romerska övermakten.

Men var just denna avrättning historiens vändpunkt?

Var just denne mans död ett trolleritrick från Guds sida för att försona mänskligheten med sig själv och öppna en väg, en passage till himlen, och skall denne man en dag återkomma med Guds hela makt och härlighet och alla änglar och upprätta ett Guds kungadöme här på jorden?

Vad var Guds tanke med att låta just denne man uppstå igen från döden? Och när han uppstod igen var det verkligen som den andre Adam, som Adam före syndafallet då döden ännu inte fanns?

Kan man inte också undra: om Gud nu måste förmå sig själv till att förlåta människorna, för synder och brott som han själv bestämt, varför hitta på ett så krångligt sätt – eller är Gud tvungen att underkasta sig en kosmisk lag som vi inte förstår?

Men om Jesus från Nasaret var den förste att dö och uppstå i ny gestalt, om Gud lät honom besegra döden, kan inte det vara tillräckligt? Måste han därtill vara Guds enfödde son?

Är vi inte snarare alla lovade att liksom Jesus uppstå igen? Är vi inte alla kallade att vara Guds söner?

Jesus påstår aldrig att de gudomliga förmågor han själv omfattar är exklusivt förbehållna honom själv.

Tvärtom uppmanar han andra att vara starka i tron och åstadkomma mirakel. När Jesus kommer gående på vattnet och lärjungarna förskräckta ropar att det måste vara en vålnad ber han Petrus stiga ur båten och själv gå på vattnet. Han sänder ut sina lärjungar att bota sjuka, förlåta synder och driva ut onda andar.

Det är inte bara han. Det är vi alla.

Jesus säger aldrig: Dyrka mig!

Han säger alltid: Följ mig! Gör som jag gör!

Jag föreläser runt om i landet om gudsbilder i Gamla testamentet, och under frågestunden efter föredraget i den fullsatta kyrkan i Harplinge räckte en tolvårig pojke upp handen och ställde frågan: "Vem uppfann Gud?"

Det är en mycket bra fråga. Jag svarade att det verkar som om redan neanderthalmänniskan för 250 000 år sedan gjorde sig andliga föreställningar. Människor har med andra ord i alla tider och på alla platser förnummit något som hon definierat som gudomligt, och hon har på olika sätt försökt sätta ord på detta det gudomliga.

Om Gud är uppfunnen – vilket han mycket möjligt är – så är han liksom hjulet en uppfinning som människor gjort oberoende av varandra i olika delar av världen.

Det finns forskare som tror sig ha funnit den punkt i hjärnan varifrån den religiösa impulsen eller upplevelsen kommer.

Om man stimulerar den punkten tycker man sig förnimma något gudomligt, och tolkar upplevelsen utifrån just sin religiösa bakgrund. Man tycker sig se Jesus, Buddha, Allah eller jungfru Maria beroende på sin kulturella tillhörighet.

Liksom kärleken enligt somliga vetenskapsmän kan förklaras som en kemisk hormonell reaktion, skulle alltså också Gud kunna reduceras till en sorts mekanisk reaktion som uppstår vid en viss form av stimuli av en viss punkt i hjärnan.

Så kan det naturligtvis också vara.

Eller också är det så att något verkligen ropar till oss från bortom rymderna, att någon viskar våra namn djupt inom oss. Kanske måste vi lägga örat mot marken och lyssna efter stegen.

Är det någon som närmar sig eller någon som försvinner bort? Hur länge skall vi tveka innan vi undersöker stegens ursprung?

Vi är fria att söka – och inte nog med det – vi är skyldiga att söka.

För vi kan inte bara vara yta. Vi måste också vara djup.

Och det djupet måste vi själva skapa.

Faller gör vi. Allting faller. Förr eller senare faller alla. Om vi faller bottenlöst eller om vi har något att falla ner i – det är faktiskt upp till oss själva.

Var och en av oss måste själv ställa frågorna och formulera svaren. Var och en av oss måste själv gräva ut ett djup där hon kan falla ner. Ingen annan kan göra det åt oss.

Ingen predikant, ingen präst, ingen guru – det finns inga svar likt färdigmat i frysen som vi kan värma i mikron och sedan tro att vi gjort vårt. Vi måste själva formulera oss.

Pilatus frågar Jesus när Jesus gripits och förts till honom: "Du är alltså judarnas kung?"

Jesus svarar: "Du själv säger det."[17]

Kanske är det så. Jag och du måste själva säga vem Jesus är, vem Gud är, vilka vi själva är.

Kanske väntar Gud tålmodigt på oss, kanske är han alltid, outtröttligt kvar – men kanske tvingar han sig inte på. Han ropar på oss, men det åligger oss själva att svara.

Somliga söker Gud. Andra säger att de söker sig själva.

Kanske kan man inte söka den ene utan att finna den andre.

Så vem uppfann Gud? Kanske var och en av oss var för sig måste finna honom upp.

Där är vi i dag. I det nya seklet där så mycket är förändrat.

---

[17] Markus 15:2.

Vår gamla skolatlas är förbrukad. Kartorna är inte längre giltiga. Svaren i facit stämmer inte mer. Till och med frågorna måste formuleras om.

Vi står som kvinnorna på påskdagens morgon när solen gått upp, vi står vid graven och stenen som täckte öppningen är bortrullad, och inne i graven möter oss en ung man i vita kläder och vi blir förskräckta, men den unge mannen säger åt oss: "Var inte förskräckta. Ni söker efter Jesus från Nasaret, han som blev korsfäst. Han har uppstått, han är inte här."

Graven är tom. Stenen är bortrullad. Det som vi sökte är inte där vi trodde att det skulle vara.

Vi måste söka någon annanstans.

Vi måste själva formulera svaren.

"Pilatus frågade honom:

'Du är alltså Judarnas kung?'

Han svarade: 'Du själv säger det.'

Översteprästerna riktade många anklagelser mot honom, och då frågade Pilatus honom: 'Har du ingenting att svara? Du hör ju hur de anklagar dig!'

Men han svarade ingenting mera ..."[18]

---

[18] Markus 15:2–5.

3

EN TJÄNARES GESTALT

Den kärlekens Gud som uppmanar oss att söka vet att de som söker ibland går vilse, att man ibland tar miste – det ingår i sökandets villkor – men kärlekens Gud lovar oss också att vi *skall* finna, att vi *är* älskade och att han är med oss alla dagar in till tidens ände.

Låt oss därför frimodigt gå vidare.

Förutom de underverk Jesus utför genom att bota sjuka och bemästra naturkrafter berättar Nya testamentet om två mirakulösa händelser knutna till hans födelse och död: att hans mor blev havande med honom trots att hon var oskuld, och att han på tredje dagen efter sin död uppväcktes av Gud och blev levande igen.

Tron på uppståndelsen är avgörande för att vi skall kunna kalla oss kristna, även om man kan betrakta och tolka uppståndelsen på flera olika sätt, som vi skall se i ett senare kapitel att också Nya testamentets författare gör. Men hur vi än tolkar Kristus uppståndelse kommer vi inte ifrån den.

Utan påskdagens morgon ingen kristendom.

Att däremot tolka Matteus och Lukas födelseberättelser bokstavligt i stället för att förstå dess mytologiska betydelse är inte över huvud taget nödvändigt. Tron på jungfrufödseln är inte på något sätt avgörande för kristen tro.

De som påstår något sådant har helt enkelt fel.

Debatten om Jesus har en tendens att reduceras till huruvida man tror på jungfrufödseln och om han kunde gå på vattnet eller inte. Det är djupt olyckligt och inte så lite okunnigt. Men låt oss för allt i världen börja söka där det med hög sannolikhet alltså *inte* började.

I Betlehem.

Eftersom det är lätt att tro att bibelns böcker samlats i kronologisk ordning måste jag återigen påminna om att de äldsta texterna om Jesus inte är evangelierna, utan Paulus brev, skrivna tjugo, trettio år efter korsfästelsen.

I sina brev är Paulus mycket ivrig att övertyga sina adressater: Jesus är Gud. Jesus är Herre. Jesus är Visheten. Jesus är Kung.

Paulus tar till sin judiska tros hela arsenal för att beskriva Jesus. Däremot påstår Paulus aldrig att Jesus var något annat än en vanlig människa under sin levnad på jorden. Tvärtom slår Paulus fast att Jesus – som alla andra judar – levde under lagen.

Inte heller verkar Paulus känna till att det skulle varit något mirakulöst med hans födelse. I Romarbrevets inledning skriver han att Jesus "till sin mänskliga härkomst var av Davids ätt och genom sin andes helighet blev insatt som Guds son i makt och välde vid sin uppståndelse från de döda".[1]

Jag upprepar: "Han blev *insatt* som Guds son i makt och välde *vid sin uppståndelse* från de döda."

Detta stämmer också väl överens med gammal israelitisk tro och tradition som påbjuder att Gud utser – adopterar – söner.

Paulus nämner inte Jesus mor annat än i en bisats där han ointresserat konstaterar att Jesus blev född av en kvinna – det vill säga var dödlig – i övrigt ingenting.

Lukas, som är en av två källor som berättar om jungfrufödseln, har faktiskt också bevarat spår från ett annat, äldre synsätt i Apostlagärningarna. Där återger han mycket tidig kristologi när

---

[1] Romarbrevet 1:3–4. Det verb som används kan också översättas "definierad", "bestämd".

han låter Petrus predika uppfylld av helig ande på pingstdagen: "Gud har gjort honom till Herre och till Messias, denne Jesus som ni har korsfäst."[2]

Enligt de allra äldsta bevarade kristna skrifterna i Nya testamentet upphöjdes Jesus alltså till Guds son i och med uppståndelsen, inte förr.

Markus, det äldsta bevarade evangeliet, skrivet ett eller två decennier efter Paulus brev, har inte heller hört att det skulle varit något särskilt med Jesus fysiska födelse. Inte med ett ord omnämner han den, utan börjar sin berättelse vid dopet – eftersom det utgör Jesus *andliga* födelse.

Hos Paulus blir Jesus insatt som Guds son vid uppståndelsen. Hos Markus blir Jesus adopterad som Guds son vid dopet, som också inleder hela evangeliet.

> När han steg upp ur vattnet såg han himlen dela sig och Anden komma ner över honom som en duva. Och en röst hördes från himlen: "Du är min älskade son, du är min utvalde."[3]

Guds replik är hämtad från Psaltarens andra hymn där Gud talar till Israels kung vid hans trontillträde: "Han sade till mig: 'Du är min son, jag har fött dig i dag.'"[4] Lägg också märke till att det hos Markus är *Jesus själv* som får visionen om duvan och Guds röst. Det är som om detta är något nytt och enastående också för honom!

Att ett rikes kung adopterades av deras gud var inte alls ovanligt i östra Medelhavsområdet. Babyloniernas härskare kallades exempelvis "Marduks son", samma bruk användes också i Sy-

---

[2] Apostlagärningarna 2:36, se också Apostlagärningarna 2:22.
[3] Markus 1:10–11.
[4] Psaltaren 2:7.

rien. Det finns egyptiska illustrationer som visar hur kungen sitter i knäet på en gudinna som ger honom bröstet – för övrigt inte olikt kristendomens många bilder på Madonnan och barnet.

Men man *föddes* alltså inte till son, man *utvaldes* till det. Gud säger när han erkänner kungen som sin son: "Jag har fött dig i dag."

I den 89:e psalmen säger Gud om kung David: "Han skall säga: Du är min fader, min Gud och min räddande klippa. Han skall vara min förstfödde, den högste bland jordens kungar."[5]

Att Jesus är Guds son förutsätter alltså – *enligt bibeln* – inte alls någon mirakulös födsel. Tvärtom, som vi sett hos såväl Paulus som Markus.

Om Markusevangeliet inte vet något om Jesus fysiska födelse, vet det faktiskt att berätta om Jesus familj. Författaren känner till Maria, vet namnen på Jesus syskon. Och det Markus berättar om den biologiska familjen är inte smickrande.

Första gången familjen nämns är när de kommer för att hämta hem Jesus till Nasaret, för de menar att han är psykiskt störd.

> Hans anhöriga fick höra det och gav sig i väg för att ta hand om honom; de menade att han var från sina sinnen.[6]

Maria tror helt enkelt att Jesus är galen. I sällskap med sina söner stannar hon utanför huset där Jesus befinner sig och skickar bud efter honom, men Jesus avvisar henne helt och hållet, ja, till och med förnekar att hon är hans mor.

> "Din mor och dina bröder är här utanför och söker dig." Jesus svarade dem: "Vem är min mor och mina bröder?" Han såg på

---

5 Psaltaren 89:27–28.
6 Markus 3:21.

dem som satt runt omkring honom och sade: "Det här är min
mor och mina bröder. Den som gör Guds vilja är min bror och
syster och mor."[7]

Förutom att det som synes knakar rejält i familjerelationerna,
måste man göra det enkla påpekandet att om Maria nu visste att
hon var jungfruföderska, och ärkeängeln Gabriel för henne för-
kunnat sonens gudomliga status, är det en aning anmärknings-
värt att hon tagit sina andra söner med sig för att hämta hem
honom som en galning!

Maria förekommer endast vid ett ytterligare tillfälle hos Mar-
kus.

Inte vid korsfästelsen, där är hon inte med alls.

Den bild vi har av den sörjande modern vid korset återfinns
inte alls i de äldsta texterna.

Nej, nästa gång Maria och Jesus familj omnämns är när Jesus
undervisar i Nasarets synagoga och ortsborna förvånat undrar:
"Är det inte snickaren, Marias son och bror till Jakob och Joses
och Judas och Simon? Bor inte hans systrar här hos oss?"[8]

Vi får här namnen på fyra bröder och får veta att Jesus har
minst två systrar.

Men någon far nämns inte.

Och det är möjligen ett problem.

Det israelitiska samhället var strängt patriarkalt. En man var i
regel sin faders son. Isak var Abrahams son, Jakob var Isaks son.
Det hela kan vara så enkelt att Jesus far är död sedan länge. Men
att bli omnämnd som sin moders son skulle också kunna insinu-
era att det inte funnits någon känd far över huvud taget.

Markus formulering har också gång efter annan tolkats som
ett tecken på att Jesus är oäkting.

---

[7] Markus 3:32–35.
[8] Markus 6:3.

Inte nog med att de kristna bekände som sin Messias en man vars död var skandalös.

Kanske var också hans födelse det.

Det finns emellertid undantag från regeln att man alltid omnämndes som sin faders son. Exempelvis Första Samuelsboken 26:6 där Davids krigare Avishaj nämns som sin mor Serujas son. Att vara sin mors son var alltså inte med nödvändighet något tecken på illegitimitet.

Ibland hänvisas också till en historia som var vida spridd i början av vår tidräkning om hur Maria blev våldtagen av en romersk soldat. Den historien finns emellertid inte säkert dokumenterad förrän i slutet av andra århundradet, alltså mer än etthundra år efter Markusevangeliets tillkomst.

Såväl Matteus som Lukas finner hur som helst Markus formulering tillräckligt obekväm för att redigera texten och föra in en far i skildringen av händelserna i Nasarets synagoga.

Markus låter som sagt byborna säga: "Är inte detta snickaren, Marias son ..."[9]

Matteus gör en elegant och nästan omärklig förskjutning och låter byborna i stället säga: "Är det inte snickarens *son*? Heter inte hans mor Maria ..."[10]

I den äldsta texten är det alltså Jesus själv som är snickare. Det är först ett tiotal år senare han blir snickarens *son*.

Och i Lukas har förskjutningen fullkomnats genom att byborna nu får säga: "Är det inte Josefs son?"[11]

I de allra äldsta bevarade texterna finns det alltså inget märkvärdigt alls att berätta om Jesus födelse. Jesus är en dödlig man, född av en kvinna, som vi alla. Han har syskon, såväl bröder som

---

[9] Markus 6:3.
[10] Matteus 13:55, min kursivering.
[11] Lukas 4:22.

systrar, och ingenting säger egentligen att han skulle vara den förstfödde. Han kan lika gärna vara mellanbarn eller lillebror.

Maria – eller Mirjam som hon heter på arameiska – har ännu inte givits någon särställning. Tvärtom. Markusevangeliet omtalar henne endast två gånger, bägge gångerna i negativa ordalag. Evangelisten låter henne inte vara med vid Golgota, och hon är inte bland de sörjande kvinnorna vid graven.

Denna i stort sett anonyma kvinna som skulle komma att bli Gudsmodern, Den heliga jungfrun och Himmelsdrottningen var troligen en enkel kvinna från en bergsby med högst ett par tusen invånare.

Det enda man möjligen ytterligare kan säga om henne är att såväl hon som hennes barn har namn som påminner om Israels religiösa historia – Mirjam, Josua, Jakob ... – och det var faktiskt en nymodighet som uppstått först i den nyvaknade nationella identiteten och det religiösa självmedvetandet som följde på Mackabeerupproret cirka 160 fvt. Mer än så vet vi inte.

Stör det oss?

Gång på gång måste vi skaka oss loss från den bild av Jesus som inpräntats i oss, våra föreställningars Jesus Kristus. Om vi på allvar söker Jesus kommer vi att finna att han allt som oftast är en helt annan än vi fått lära oss.

Ett tiotal år efter Markus skriver den skriftlärde man som vi kallar Matteus sitt evangelium och tillfogar i det en mirakulös födelseberättelse. Jesus var alls inte någon oäkting om någon belackare nu antydde det. Gud var hans far. Maria blev havande genom helig ande. Enligt Matteus uppfylldes därmed en profetia från Jesaja: "Jungfrun skall bli havande och föda en son, och man skall ge honom namnet Immanuel".[12]

Problemet är bara att Matteus, om än en skriftlärd jude som

---

[12] Matteus 1:23.

behärskar hebreiska, inte hämtar sin profetia från den hebreiska bibeln utan från den grekiska översättningen. När han letar i skrifterna för att förstå sin samtid läser han – som så många andra judar i exilen – en grekisk översättning. Den hebreiska ursprungstexten i Jesajabokens sjunde kapitel talar aldrig om en jungfru utan om en ung kvinna (*almah*), det är först på grekiska som ordet kan tolkas som en jungfru (*parthenos*).[13]

Så Maria blir jungfru genom en felöversättning. Se där, vad slarvig korrekturläsning kan göra!

I den grekisk-romerska världen var biografier över stora män inte ovanliga. Ofta förknippas deras födelse och död med olika naturfenomen som nyupptäckta stjärnor, solförmörkelser och jordbävningar. Dessa berättelser kallades för evangelier, glädjebudskap.

Det är inte svårt att tänka sig att de nykristna vill veta mer om sin Messias och hans levnad. Hur föddes han, hur växte han upp, vad sade han, vad gjorde han? (Så småningom skrivs också flera evangelier som berättar om Jesus barndom – där Jesus med våra moderna ögon sett beskrivs som ett riktigt elakt och bortskämt barn som besitter övernaturliga krafter som han nyttjar för att göra andra illa.[14]) Eftersom de flesta Jesustroende inte är judar eller judar som lever i exil störs de inte av det djupt anstötliga i tanken att Gud hade fått barn tillsammans med en dödlig kvinna. Så kom ju exempelvis Herkules till världen, och jungfrufödslar är inte heller så ovanliga som man kan tro. Bland annat tänktes exempelvis Alexander den store ha fötts av en jungfru.

I en bevarad skrift från den romerske filosofen Celsus som attackerar kristendomen omkring 180 evt upprörs Celsus av jungfrufödseln, inte på grund av att en jungfru föder barn – för

---

[13] I senaste bibelöversättningen lyder Jesaja 7:14: "Den unga kvinnan är havande och skall föda en son, och hon skall ge honom namnet Immanu El".

[14] Exempelvis Jakobs barndomsevangelium och Tomas barndomsevangelium.

sådant händer ju emellanåt – utan för att hon föder ett barn med så låg social status!

Några årtionden tidigare skriver Justinus Martyren i sin Dialog med juden Tryphon, att många av hans kristna trosbröder avvisar att Gud är far till Jesus och att Maria är jungfru just för att det alltför mycket påminner om en hednisk myt. Justinus Martyren själv tror på jungfrufödseln men erkänner att kanske flerparten av de kristna inte gör det. Med facit i hand vet vi att Justinus tillhör den segrande falangen. Efter det första århundradet försvinner i stort sett den judisk-kristna gruppen och lämnar fältet fritt för jungfrufödslar och annat.

När först Markus och sedan de andra skriver sina evangelier uppfinner de ingalunda en litterär genre. Mytologiskt färgade biografier över stora män återfinns i såväl den judiska som den grekisk-romerska världen, och Markus öppningsfras "Här börjar glädjebudet om Jesus Kristus, Guds son"[15] verkar snarast ha varit en standardformulering. Nu är det den judiske profeten Jesus det handlar om, men det kunde lika gärna ha gällt Julius Caesar eller Augustus, som båda brukade kallas "Guds son", och nyheten om deras födelse kallades också "evangelium", glädjebudskap.

Dessa stora män kommer ofta från himlen för att på jorden utföra sin frälsargärning innan de återvänder till Gud som sänt dem. De tillskrivs ofta förmågan att utföra naturmirakel, bota sjuka och bringa kärlek och fred till världen, och deras födelse och död omgärdas av stigande stjärnor, jordbävningar, solförmörkelser och annat.

Så alltså också evangelium om Jesus.

Det finns två berättelser om Jesus födelse i Nya testamentet.

De två första kapitlen hos Matteus och de två första kapitlen hos Lukas. Ingen annanstans i Nya testamentet refereras till des-

---

[15] Markus 1:1.

sa texter vare sig förr eller senare. Inte ens Lukas eller Matteus själva nämner något av det de berättar om Jesus födelse någonsin igen.

Liksom skapelseberättelsen i Första Moseboks två första kapitel är Lukas och Matteus födelseberättelser fullständigt isolerade från hela det övriga materialet, vilket ger dem ett märkligt intryck av att vara utanpå. De känns liksom inklistrade i respektive evangelium.

Dessutom säger Matteus och Lukas emot varandra på snart sagt varenda punkt. Det enda de egentligen är eniga om är att Maria var jungfru, trolovad med Josef, som alltså inte var barnets biologiske far, och att Jesus föddes i Betlehem.

I övrigt löser de sina problem var och en på sitt sätt.

Som den populära traditionen att Messias skulle födas i Betlehem i Judeen,[16] medan Jesus bevisligen var från Nasaret i Galileen.[17]

Matteus låter så Jesus familj komma från Betlehem. Hos honom föds Jesus ingalunda i något stall. Matteus har aldrig hört talas om någon skattskrivning. Jesusbarnet ligger aldrig lindat i någon krubba. När de vise männen – som var österländska stjärntydare[18] – kom för att hylla barnet gick de helt enkelt in i huset där familjen bodde.[19] Jesus kan för övrigt ha varit ända upp till två år gammal när stjärntydarna kom.

Det finns flera historier i både den judiska och grekisk-romers-

---

[16] Denna tradition bygger på en rätt märklig läsning av Mika 5:2.

[17] Det fanns flera olika traditioner kring Messias, exempelvis en förväntan att Messias skulle vara präst, inte krigare eller kung, men den dominerande tankegången var att Messias skulle vara ättling till David, och Davids släkt var från Betlehem.

[18] Man har ofta diskuterat vilket himlafenomen det var som stjärntydarna såg. Många hävdar att det måste vara en komet med lång svans. En sådan skall ha varit synlig i över två månader år 5 fvt, alltså ungefär vid den tid som Matteus anger för Jesus födelse.

[19] Matteus 2:11.

ka världen där astrologer ser en ny stjärna stiga på himlen och genast förkunnar att en kung fötts. Sådant berättas om såväl den judiske stamfadern Abraham som den romerske kejsaren Augustus.

Genom stjärntydarna får kung Herodes reda på att Messias skall ha fötts i Betlehem.[20] För att skydda sig från denna möjliga utmanare till tronen låter han döda alla gossar i Betlehem med omnejd som var två år och därunder.[21]

Någon sådan massaker finns inte omtalad någon annanstans, vare sig i eller utanför bibeln, allra minst i Lukasevangeliets födelseberättelse.

Författaren till Matteusevangeliet har hämtat inspiration till sin småbarnslakt från berättelserna om Moses födelse, då den egyptiske farao enligt traditionen lät döda alla hebreiska gossebarn[22] och Mose som bekant undkom genom att läggas ut i vassen.

Det är så man gör.

Man letar i de gamla texterna för att förstå sin samtid. Matteus låter många gånger Jesus liv löpa parallellt med Moses. Genom att låta den heliga familjen fly till Egypten kan han låta Jesus liksom Mose göra ett uttåg därifrån, han samlar ihop Jesus undervisning till en sammanhållande predikan hållen på ett berg, liksom Mose mottog lagen på Sinai berg, och så vidare.

Hur som helst undkommer Jesus genom att en Herrens ängel visar sig i en dröm för hans fosterfar och uppmanar familjen att fly till Egypten.[23]

---

[20] Vad de nu skulle till Herodes att göra eftersom stjärnan visar dem vägen till barnet de kommit för att hylla. Emellertid stämmer det överens med en legend om Abrahams födelse, där hövdingen Nimrod får reda på av stjärntydare att en gosse som skall erövra världen nyligen fötts. Nimrod söker döda Abraham, men Abrahams far Terah gömmer gossen i en grotta i tre år.

[21] Matteus 2.

[22] 2 Mosebok 1:22.

[23] Matteus 2:13.

Där stannar familjen tills kung Herodes är död.

De vågar emellertid inte återvända till Betlehem eftersom en av Herodes söner övertagit tronen i Judeen. I stället bosätter de sig i den lilla byn Nasaret i Galileen. Att också Galileen styrs av en av kung Herodes söner är inget som bekymrar vare sig den heliga familjen eller Matteusevangeliets författare, som i och med flytten till Nasaret har löst det problem han måste lösa: att låta Jesus födas i Betlehem fastän alla visste att han kom från Nasaret.

Författaren till Lukasevangeliet är ställd inför precis samma dilemma, och löser det på ett helt annat sätt, som vi skall se.

Hos Lukas bor Josef och Maria i Nasaret från början, och författaren får dem till Betlehem genom att påstå att en folkräkning ägde rum vid den här tiden som tvingade alla att återvända till sin släkts ursprungsort för att registrera sig där.

Någon sådan folkräkning – eller skattskrivning – vid den här tidpunkten finns det inga historiska belägg för alls.[24] Och i den mån folkräkningar alls genomfördes tvingade man naturligtvis inte halva befolkningen att lämna sina hem, sina åkerlappar och verkstäder för att färdas fram och tillbaka över hela landet och registrera sig.

Att alla som räknade släkt från David skulle samlats i Betlehem är inte heller troligt. På det årtusende som gått efter kung David torde tusentals människor kunnat räkna släktskap från honom. För att inte tala om att denna släkt av möjliga kungapretendenter skulle ha tillåtits förenas i sådana antal bara några kilometer från maktens Jerusalem. Det vore att be om oroligheter och kravaller.

I vilket fall är det vad Lukas påstår. Att en skattskrivning tving-

---

[24] Quirinius som blev guvernör i Syrien år 6 evt beordrade faktiskt en folkräkning, men i Judeen, inte Galileen.

ade Josef att ta sin havande hustru med sig på en mödosam färd till Betlehem. Väl där föder hon sitt barn, och eftersom det inte finns plats på härbärget lindar hon det och lägger i en krubba. Här finns alltså det stall som inte finns hos Matteus.

Några vise män kommer aldrig i Lukasevangeliet. Lika lite visar sig någon stjärna på himlen. Däremot får ett antal herdar reda på att Messias fötts genom att en ängel uppenbarar sig för dem, och strax därefter syns en hel himmelsk här med änglar som alla lovprisar Gud för Jesus födelse.

I Markusevangeliet brukar Jesus hemlighålla vem han är. De som igenkänner honom som Messias får stränga order att tiga. I Lukas julevangelium känner ingen någon anledning till diskretion, utan här får alltså stora änglaskaror kungöra hans födelse och det sägs rent ut till herdarna att Messias har blivit född.

Och eftersom det inte finns några stjärntydare hos Lukas som kan oroa kung Herodes behöver familjen aldrig fly till Egypten. Tvärtom tar de honom relativt omgående till Jerusalem – den stad där kung Herodes regerar – för att rena sig[25] och bära fram Jesus i templet, där två olika personer högt och tydligt profeterar för alla som vill höra att här är Guds utlovade Messias.[26]

Kung Herodes, som inte ens tvekade att avrätta sina egna söner när han kände sig hotad, verkar inte ha reagerat alls, inte ens på den himlahär av änglar som basunerade ut hans rivals födelse, utan familjen kan efter detta i lugn och ro återvända till sin hemstad Nasaret.

I och med födelseberättelserna får Jesus också sin far (eller fosterfar), Josef.

Det är möjligt att han verkligen hette så. Men det finns också

---

[25] Födandet medförde rituell orenhet som upphävdes genom offer, 33 dagar efter den nyföddes omskärelse om det var en pojke. Man offrade ett lamm och en duva, eller, om man var fattig, bara duvor.
[26] Lukas 2:25–38.

anledning att notera att det mycket väl kan vara evangelisten som letat i skrifterna och konstruerat namnet – Guds ängel kommer upprepade gånger till evangeliets Josef i drömmar för att ge honom information och befallningar, och snart efter Jesus födelse flyr Josef med sin familj till Egypten.

Det är naturligtvis Moseböckernas Josef som tjänat som förebild. Patriarken Jakobs son, drömmaren som såldes som slav till Egypten. Om man därtill läser den släkttavla som Matteusevangeliets författare givit Jesus ser man också i näst sista ledet att hans fars far heter – mycket riktigt – Jakob.[27]

Och även om Matteus förlägger Jesus födelse till Betlehem, för därifrån stammade ju en gång kung David, och därifrån skall Messias komma, enligt profeten Mika, och vara av Davids släkt, så är det ett historiskt faktum att Jesus var från Nasaret. Nasaret ligger i Galileen, i det som en gång varit Norra riket. Där bodde enligt traditionen Efraims stam. Efraim var patriarken Josefs son. Om Jesus är från Nasaret är han följaktligen en ”Josefs son”.

Detta blir ännu tydligare om vi minns att Jesus egentligen hette Josua, och Josua var ju namnet på Moses efterträdare som ledde folket in i det förlovade landet. Denne israelitiske ledare var av Josefs stam – alltså en ”Josefs son”.[28]

Evangelisten Lukas, som skriver sin text ungefär samtidigt som Matteus, ger också han Jesus en stamtavla. De två stamtavlorna är helt olika. Matteusevangeliets författare låter Jesus stamma från en rad kungar, medan Lukasevangeliets författare låter Jesus släkt bestå av profeter och präster.

Matteusevangeliets stamtavla sträcker sig bak till Abraham, den första patriarken, medan Lukasevangeliets sträcker sig ända bak

---

[27] Matteus 1:16.

[28] ”En tid därefter dog Herrens tjänare Josua, Nuns son, 110 år gammal. Han begravdes på sitt eget område, i Timnat-Serach i Efraims bergsbygd, norr om berget Gaash.” Josua 24:29–30.

till Adam, den första människan, för att betona att Jesus inte är en angelägenhet enbart för judarna, utan för hela mänskligheten.

En annan intressant detalj att notera med stamtavlorna är att släktskapet med kung David förutsätter att Jesus är Josefs fysiske son. Dessa släktlinjer konstruerades troligen av judisk-kristna grupper för vilka det var viktigt att Jesus var av davidisk härkomst, och som inte såg någon anledning att misstro att Josef var hans biologiske far.

Detta är en motsägelse som varken Matteus eller Lukas finner en lösning på: Gud själv är far till Jesus, men det är Josef också.

Josefs far heter hos Lukas för övrigt inte alls Jakob utan Eli. Hos Lukas kommer Guds ängel inte till honom i några drömmar utan uppenbarar sig i stället för Maria som är berättelsens huvudperson.

Lukas bygger helt enkelt sin släkttavla och sin födelseberättelse på andra gammaltestamentliga texter och traditioner än Matteus.

Om Matteus bygger sin berättelse på patriarken Josefs och den store religiöse ledaren Moses historia, hämtar Lukas sin inspiration från Första Samuelsbokens skildring av profeten Samuels barndom (och, i skildringen av Johannes Döparens födelse, berättelsen om Abrahams och Saras mödosamma strävan att få en son).

Berättelserna kring Jesus – och Johannes – födelse är en gobeläng där stora delar av Israels historia vävs in och många av dess hjältar skymtar fram, där lånen, parafraserna och citaten alla är en del av en vävteknik som skapar bilder med många djup och bottnar. Evangelisterna är väl förtrogna med de gamla texterna, berättelserna och symbolerna.

Om vi saknar det medvetandet och läser deras ord alltför bokstavligt blir vår läsning platt och färglös, och vad mer är: vi missar ofta själva poängen, vad evangelisten faktiskt försöker berätta.

Uppväxta i en kristen kultur är vi fullmatade med bilder om Jesus födelse, barnet ligger lindat i krubban, bakom honom skymtar en oxe och en åsna, herdar tillber honom, och över alltsammans lyser stjärnan som leder de tre vise männen rätt på sina kameler. De olika detaljerna har smugit sig in efterhand, och går man tillbaka till evangelierna blir man förvånad över hur lite som faktiskt återfinns där. Oxen och åsnan exempelvis, som ju är obligatoriska i varje julkrubba, tillkommer först i en text från åttahundratalet och författaren har hämtat dem hela vägen från profeten Jesaja: "Oxen känner sin husbonde och åsnan sin herres krubba, men Israel känner inte sin herre, mitt folk har inget förstånd."[29]

Att de tre vise männen skulle rida på kameler står ingenstans i Matteus. Däremot beskriver Jesajaboken hur kungar skall vandra mot Herrens ljus som mot en soluppgång, och "Kameler i mängd skall fylla ditt land, dromedarer från Midjan och Efa. Från Saba kommer de alla med last av guld och rökelse, och de förkunnar Herrens ära."[30] Från samma ställe har Matteus också hämtat de gåvor som de vise männen bringar Jesus, rökelse och myrra.

Lukas herdar som vakar över sina får om natten är ett eko av kung David som ju var herde från Betlehem, och som alltså på änglarnas befallning uppvaktar den nyfödde.

En Herrens ängel säger till herdarna att de "skall finna ett nyfött barn som är lindat och ligger i en krubba"[31] – och det är faktiskt ytterligare en anspelning på Gamla testamentet där kung Salomos födelse beskrivs sålunda: "Jag måste lindas och skötas med omsorg, ty inte ens en konung börjar sin tillvaro på annat sätt".[32]

Man kan förenklat påstå att när evangelisterna alltför tydligt

---

[29] Jesaja 1:3.
[30] Jesaja 60:6.
[31] Lukas 2:12.
[32] Salomos vishet 7:4.

parafraserar och kalkerar gammaltestamentliga karaktärer och händelser och bygger upp sin berättelse på sådant, som fallet är i Matteus och Lukas beskrivningar av Jesus födelse, är det inte någon historisk sanning som återges utan en mytologisk.

I vår tid styrd av förnuftskriterier avfärdar vi genast en sanning om den inte är historisk. Ordet "myt" har för oss en klang av "lögn", att det inte är sant. Men den mytologiska sanningens kunskaper ligger på ett annat plan än den vetenskapligas.

De två födelseberättelserna i Nya testamentet är högst sannolikt inte historiskt sanna, förutom att Jesus mor hette Maria – eller Mirjam – och att vi möjligen får en ungefärlig tidpunkt för Jesus födelse. Både Lukas och Matteus är trots sina motsägelser eniga om att Jesus föds medan Herodes den store ännu är i livet, och Herodes dör år 4 före vår tidräknings början.

Troligen föds Jesus i Nasaret.

Hans far kan ha hetat Josef, men fadersnamnet kan också vara konstruerat. I övrigt vet vi ingenting alls om Jesus förrän han i vuxen ålder träder fram som Johannes lärjunge och döps vid Jordanflodens strand.

Även om julevangelierna alltså inte är historiskt sanna kan de likafullt bära på en djupare och på många sätt viktigare sanning.

När människan först tänkte sig hur det gudomliga var tänkte man sig ganska naturligt något oerhört starkt, det allra mäktigaste, åska och storm och jordbävningar, krafter inför vilka människan var liten, obetydlig och fullkomligt maktlös – det gällde att hålla sig väl med denna nyckfulla och snarstuckna makt, Gud var någon man måste frukta och blidka, för han var guden som tröskade folken i förintelsens såll, så står det faktiskt ordagrant i bibeln om Gud.

Gud var krigare. Sedan blev han lagstiftare och domare. Han skapade lyckan och olyckan, gav liv men lika ofta död. Och han blev allt mäktigare och allt starkare.

Till slut måste människan reagera på denna allsmäktiga Gud som var både lagstiftare, domare och bödel.

I boken om Job, den kanske märkligaste skriften i hela Gamla testamentet eftersom det är en ifrågasättelseakt av Gud själv, diskuteras just lidandet och hur det drabbar såväl rättfärdiga som orättfärdiga.

Rakt igenom är Jobboken en rasande och besviken uppgörelse med en Gud som blivit alltför mäktig och därmed alltför fruktansvärd. Om Gud är så småaktig att han straffar en för varje struntsak, att han straffar en för att man inte är mer än människa, vad skall man då med honom till?

Job envisas med att kräva Gud på svar. Han erkänner inte sina synder, och även om han vore skyldig så motiverar inte brottet det plågsamma straff han fått. Job kan inte acceptera att någon med så absolut och skrämmande makt som Gud både är anklagare, domare och bödel. Det finns ingen rimlighet och ingen rättvisa i det.

I boken om Job svarar Gud till slut, men han svarar ur stormen, han svarar med makt och myndighet: Vem är du, ditt kryp, att ifrågasätta mig?

Det är inget riktigt bra svar.

Som kristen skulle man kunna säga att Gud faktiskt svarar Job på nytt flera hundra år senare.

Guds svar på Job är Jesus.

Guden som inte är makt, utan utsatthet.

Guden som inte fördömer oss i vrede, utan frikänner oss i kärlek.

En Gud som inte plågar människan med lidande, utan som nedstiger för att själv dela lidandet med oss, en Gud som när han skall trösta oss äntligen kan säga: Oavsett vem du är eller vad du tvingats igenom, jag vet hur det känns, jag vet hur det är, jag har själv varit där. När livets jävelskap gjort dig svag är jag där, vid din sida står jag.

En Gud som säger: Saliga är ni som är fattiga, er tillhör Guds rike. Saliga ni som hungrar nu, ni skall få äta er mätta. Saliga ni som gråter nu, ni skall få skratta.

En Gud som vet hur det är.

När människan nu tänkte sig det gudomliga var det inte längre som det allra starkaste, utan det allra svagaste, inte längre det triumferande, utan det hjälplösa.

Julen är just den tid där vi firar den oerhörda tanken att Guden blev människa och lät sig födas som ett barn. Julevangeliet blir en övning i att i det värnlösa barnet känna igen Gud. En Gud som lämnat ut sig till oss, gjort sig beroende av oss.

Den kanske äldsta bevarade bekännelsen om Jesus Kristus finner vi i Paulus brev till Filipperna, skriven cirka trettio år innan Lukas skrev sitt evangelium – "Han ägde Guds gestalt men vakade inte över sin jämlikhet med Gud utan avstod från allt och antog en tjänares gestalt då han blev som en av oss."[33]

Kanske kan Matteus och Lukas sinsemellan så olika julevangelier ändå sägas stämma överens med denna hymn som Paulus inkluderat i sitt brev, och kanske kan julevangelierna tjäna som en övning för oss att inte själva vaka över vår position, utan överge den och bli som barnet.

Våga vara värnlös, utlämnad och beroende av andra.

Våga avstå från den makt vi äger och anta den maktlöses gestalt.

Kanske är det enda sättet.

Om jag är ett barn måste du ta hand om mig. Om du är ett barn måste jag ta hand om dig.

Gud är inte lagstiftare, domare och bödel i en och samma person, han har avstått från allt och antagit en tjänares gestalt.

Stormen rasar, men Gud är inte i stormen. Jorden skälver och bävar, men inte heller i jordbävningen är Gud. Det brinner, men

---

[33] Filipperbrevet 2:6–7.

Gud är inte i den förgörande elden – utan i den milda vinden, den vind som är som en stilla susning, där, i tystnaden, möter vi Gud.

Guden som blev människa, och i nattvarden firar vi att vi är en enda kropp, att vi hör samman med honom. Vi hör samman med en Gud som varit kropp utgiven för oss, blod utgjutet för oss. En Gud som kan hela oss, trösta oss och viska: Jag vet hur det känns, jag vet hur det är, för jag har själv varit där.

4

MAMZERN JESUS

Rätt snart utvecklade kyrkan en tro på att Jesus funnits sedan före begynnelsen. Han var den personifierade Visdomen som nedstigit till jorden.

Problemet med en Jesus som redan från början är en gudom som vet hur allt skall vara är att all visdom som inte springer ur egen erfarenhet är ytlig och rätt poänglös.

Jesus kan inte vara en företagsledare, som för att visa sin goda vilja för en stund lämnar det bekväma direktionsrummet och går omkring på verkstadsgolvet och ger arbetarna goda råd om hur de skall sköta sina maskiner och samtidigt inpräntar i dem hur viktigt det är att de dessutom är glada, lydiga och tacksamma.

En Jesus som bara nedstiger i oändlig vishet blir som om en frisk person beskäftigt uppmanar den svårt funktionshindrade att hon skall bita ihop och skärpa sig.

Om Gud vill jag nu påstå följande:

Om någon lär dig att du skall älska dina fiender, är det övermaga och kokett om den som lär dig det inte själv ägt fiender och vet vad det vill säga att vara hatad.

Om någon lär dig att du skall be för dem som förföljer dig, är det utan värde om den som uppmanar dig inte själv vet vad det innebär att vara förföljd.

Det finns för många gudar som sitter på troner i sina himlar och tittar ner, instiftar lagar som vi skall lyda och regler som vi skall följa, skickar lycka som vi skall tacka för, och olycka som vi tåligt skall lida.

Det är lätt för den starke att begära av andra att de skall orka bära också det tyngsta.

Det är lätt för den osårbare att tåla hugg och slag.

Så lyssna inte till den starke, tro inte på den osårbare. Vad vet de? Ingenting.

För många gudar, för mycket makt, för många troner, för mycket tvärsäkerhet, för många visdomsord, för mycket allvetande.

Tro inte på dem. De vet ingenting!

Men det berättas också om en Gud som avstod från sin makt, som avklädde sig sin kungamantel, som steg ner från sin tron och antog en tjänares gestalt. En Gud som blev människa, men inte en människa som föddes i palats i huvudstaden i välfärd och rikedom, utan en människa som föddes i en fattig avkrok i imperiets mest avlägsna delar. De säger att han var en oäkting, det står att han hånades i sin hemby, av dem som kände honom. När han levde på jorden hade han inget hem, ingenstans att vila sitt huvud. Han svalt tillsammans med de hungrande, han frös tillsammans med de nakna, han led tillsammans med de sjuka, grät med dem som sörjde och åt tillsammans med de utstötta. Han anklagades för att vara syndare, frossare, drinkare och hädare och till slut dog han en brottslings död på korset.

De dödade honom, det tog några timmar. De misshandlade och piskade honom, de klädde av honom naken och upphöjde honom på korset.

Inga änglar kom för att rädda honom.

Inga himlar delade sig.

Ingen Gud ingrep och sade: Detta är min älskade son.

Den mannen lärde oss att vi skall älska våra fiender, och han hade själv många fiender.

Han lärde oss att be för dem som förföljer oss, och han utstod själv förföljelse.

Han lärde oss att förlåta varandra, och han förlät själv sina bödlar, för de visste inte vad de gjorde.

Den mannen, som avrättades som brottsling för två tusen år sedan i en av det romerska imperiets mer avlägsna provinser, påstår somliga lever här och nu.

Det är idiotiskt, jag vet, fullkomligt vansinne, men somliga av oss tror att den mannen besegrade döden och nederlaget och lidandet och förnedringen och hela skiten, och genom hans seger är vi alla befriade.

Striden är inte över, syster, kampen fortsätter, broder, men du är inte ensam. Vad vi än bär på, vad vi än är skyldiga till, vad vi än utsatts för, vilka än övergreppen var – är han i oss, och vi får vara i honom.

Vi vet ingenting om Jesus uppväxt i Nasaret. Enligt Matteusevangeliet hade Maria blivit trolovad med Josef, men innan de börjat leva tillsammans visade det sig att hon var havande. Genom åren skulle barnet hon födde följas av det illvilliga ryktet om att vara oäkting.

Lukas och Matteus är eniga på en punkt: Maria var havande och hennes man, Josef, var inte barnets biologiske far. En israelit vars härkomst var oklar kallades för *mamzer*. Hur man än vrider och vänder på det, påstår Lukas och Matteus att Jesus var en mamzer – hur helig ande man än skulle hävda att han avlats genom.

Mamzern i Israel var en kast av utstötta. En mamzer levde för sig, vid sidan av de andra i samhället och var utesluten ur det religiösa livet. En mamzer hade inte rätt att yttra sig under de möten där byns angelägenheter avgjordes. En mamzer saknade röst – han eller hon var, som Talmud senare skulle beskriva det, en av de tystade.

Om det är sant, som Lukas och Matteus påstår i sina respektive födelseberättelser, att Josef inte är Jesus biologiske far, är Jesus en mamzer, och det skulle kunna förklara den upprördhet med vilken hans hemby bemöter honom när han återvänder efter att ha blivit döpt och själv påbörjat sin förkunnelse.

> När det blev sabbat undervisade han i synagogan. Och de många
> som hörde honom häpnade och sade: "Var har han detta ifrån?
> Vad är det för visdom han har fått, så att han kan utföra sådana
> underverk med sina händer? Är det inte snickaren, Marias son
> och bror till Jakob och Joses och Judas och Simon? Bor inte hans
> systrar här hos oss?" Så blev han en stötesten för dem. Men Jesus
> sade till dem: "En profet blir ringaktad bara i sin hemstad, bland
> sina släktingar och i sitt hem."[1]

Om Jesus var mamzer visste han redan från barnåren vad det
innebar att vara utanför, att inte tillhöra. Under sin uppväxt i
den lilla byn Nasaret där det inte bodde fler än högst ett par tu-
sen personer, och där alla visste allt om alla, måste han dagligen
ha blivit påmind om att han inte var som de andra. Retad av
barnen, ignorerad av de vuxna. När Josef tog sina barn till syna-
gogan fick Jesus, om han var en mamzer, inte ens följa med. Jesus
var inte fullt värdig. Han hörde inte till.

I sitt vuxna liv skulle han så småningom lära ut att ingen
någonsin får avvisa barnen, för himmelriket tillhör dem. Han
skulle med ursinne kräva att ingen fick förakta de utstötta. Han
sade: "Se till att ni inte föraktar någon enda av dessa små. Jag
säger er att deras änglar i himlen alltid ser min himmelske faders
ansikte."[2]

Så talar en som vet hur det är att sakna röst.

Så talar en av de små som vet hur det känns att bli föraktad.

När jag var liten gick jag ofta för mig själv. Jag liksom drog mig
undan ett stycke, med alla andra på ett lagom – jag skulle vilja
säga utmätt – avstånd.

---

[1] Markus 6:2–4.
[2] Matteus 18:10.

Så var det ofta hemma och så var det ännu oftare i skolan, jag gick ensam på rasterna, jag åt ensam i skolbespisningen, jag var inte där.

Det är inte helt lätt, men om man koncentrerar sig noga kan man bli så nästan helt osynlig att man knappt ens finns.

Då blir man en ande som färdas vart som helst i universum, och då, när man inte längre hör och inte längre ser, när man inte längre hörs och inte längre syns – då är man fullständigt fri – och han som står där på skolgården är bara ett skal med ingen människa i. Honom kan de skälla på hur mycket de vill och skrika hur dålig han är.

Han hör inte, för han är redan borta, i ett annat land.

Det finns så många barn som lärt sig att tillägna sig denna osynlighet, denna förmåga att inte finnas.

Vi är några stycken som kommit på det här knepet.

Att vara alldeles stilla och antingen blunda eller titta ut i intet när det stormar runt omkring en.

Att luta ansiktet mot den kalla skolbänksskivan och stirra ut genom fönstret medan fröken går på och går på.

Att inte känna när de som är dumma slår.

Att inte ens vara där.

Låta dem slå på det tomma skalet, det känns knappt.

Det är två tusen år senare. Världen är fortfarande fylld av mamzers, de tystade, de som saknar röst.

Så gick kanske Jesus för sig själv i en liten by uppe i bergen. Alla kände alla. Som det en gång var skulle det alltid förbli. Ibland lät de honom vara. Ibland slog de honom och skränade: Och vem är din far?

Och Jesus hade hört att i skriften stod det om Gud: Är han inte din fader och skapare, han som gjorde dig, som formade dig?

Barnen retade honom och hånade honom: Vem är din far?

Och skriften viskade till honom: Var inte ledsen, Gud är din far. Och Jesus blundade när slagen kom, blundade och viskade abba, far, och Gud kom till honom och var med honom när de slog. Kanske bad han Gud att förlåta de andra, för de visste inte vad de gjorde.

Eller också inte förresten. Kanske var det först långt senare han blev så insiktsfull.

För om Jesus var en mamzer var han kanske ett av de barn som lärde sig att om man koncentrerar sig noga kan man bli så nästan helt osynlig att man knappt ens finns och bli en ande som färdas vart som helst i universum, och då är man fullständigt fri – och han som står där i ringen av barn som skränar och retas är bara ett skal med ingen människa i. Honom kan de skälla på hur mycket de vill och skrika hur dålig han är. Han hör inte, för han är redan borta, i ett annat land.

Kanske var det så det gick till när Jesus första gången hittade vägen till det land han skulle kalla Guds rike.

Och man öppnar ögonen igen, för det måste man ju, och man är tillbaka på jorden, tillbaka i Nasaret eller Enskede eller Calcutta eller Vellinge, och åren går och man måste därifrån och man måste bort.

Man måste bli någon annan än de säger att man är. Man måste frigöra sig från omloppsbanan, hitta ett sätt att upphäva tyngdlagen som pressar en mot marken – kasta sig ut, virvla runt, ta en annan väg.

Det står inget skrivet om Jesus ungdomsår. Han föds och växer upp i Nasaret. Det finns oklarheter kring vem som är hans far. Det gör Jesus till mamzer, till en av de tystade.

Nästa gång vi hör något om Jesus befinner han sig redan långt ifrån Nasaret, vid Jordanfloden där han döps av Johannes, en omvändelseprofet som predikar att Guds rike är på väg att bryta fram, och Jesus ansluter sig till Johannes och blir hans lärjunge.

Där man föddes stannade man. Som det var skulle det förbli. Man hade sin plats i familjen. Man hade sin plats i byhierarkin. I världen utanför hade man inget alls.

Något måste ha drivit bort Jesus från den lilla byn, något måste ha drivit honom att lämna sin familj och sin hembygd.

Jesus säger till Nikodemos i Johannesevangeliet: "Den som inte blir född på nytt kan inte se Guds rike."[3]

Kanske stod Jesus inte ut med att vara mamzern från Nasaret, att vara en av dem som inte tillhörde.

Kanske stod han inte ut med att vara ingen. Att sakna röst.

Kanske ville han lära sig mer om Guds rike som han anat, och kanske var Johannes Döparen en av dem som kunde lära honom, som kunde hjälpa honom på vägen, och som erbjöd honom en plats och ett sammanhang där han inte blev ifrågasatt, utan fick börja om på nytt.

Så småningom skulle Jesus själv bli en man som visade andra på en väg till Gud.

Då skulle han lära ut att vägen till Guds rike går människorna genom att älska, förlåta och inte döma varandra.

En enda gång återvände han till sin hemby. Kanske kom han hem för att förlåta, kanske också för att visa att han klarat sig, att han hade blivit någon, att han inte var värd det förakt de behandlat honom med, och kanske läste han för dem: "Herrens ande är över mig, ty han har smort mig till att frambära ett glädjebud till de fattiga. Han har sänt mig att förkunna befrielse för de fångna och syn för de blinda, att ge de förtryckta frihet".[4]

Och hans gamla plågoandar tittade på honom med förvåning och motvilja och sade: Är inte det här snickaren, han som bara försvann? Är inte det här Marias son? Är inte det här mamzern? Vem tror han att han är?

I Lukasevangeliet står det att alla blev ursinniga när de hörde honom, att de sprang upp och drev honom ut ur staden och förde honom fram till branten av det berg som staden låg på för att störta ner honom, men han gick rakt igenom folkhopen och fortsatte sin väg.

---

[3] Johannes 3:3.
[4] Lukas 4:18.

Kanske förstod han då, att när man har rest sig skall man aldrig vända sig om, för det finns ingen väg tillbaka till varifrån man kom.

Under sin stund på jorden skulle han lära ut att man skulle älska varandra, förlåta och frikänna varandra, att man till och med skulle älska sina fiender och be för dem som förföljde en.

Men han återvände aldrig till Nasaret mer.

5

LANDET HAN FÖDDES I

Sedan flera hundra år var hans land inte självständigt. Det land som Gud givit hans folk var inte längre deras.

Exilens verklighet hade faktiskt gått att förankra i Israels religion. Straff och förvisning kunde av profeterna ges en förklaring och en giltighet, men från och med Alexander den stores styre på trehundratalet före vår tidräkning måste man finna sig i att själva landet, deras heliga land, det av Gud givna, var ockuperat av främmande, avgudadyrkande herrar, och för det saknade man ord, saknade man förklaringar, saknade man svar från Gud på frågan hur det kunnat ske.

De var ett heligt folk, deras land ett heligt land. Deras Gud regerade dem från sin tron på berget Sion, och i förbundet hade de lovat honom att aldrig någonsin dyrka någon annan gud, så när den grekiske kungen Antiochos år 169 fvt utmanade och förnedrade dem alla genom att upprätta ett Zeusaltare i Jerusalems tempel utbröt en revolt som faktiskt ledde till att templet renades och att en period av relativt självstyre vidtog, som ändade när den romerske fältherren Pompejus etthundra år senare marscherade in i huvudstaden med sina trupper och etablerade den romerska ockupationen.

Genom det lyckade Mackabeerupproret fick judarna också en mall och en religiös modell för motstånd: det väpnade upproret. Många av de romerska ämbetsmän som sattes att styra Palestina verkar nästan ha varit avsiktligt okänsliga för sådant som den judiska traditionen höll för heligt.

Det finns emellertid en fara i att tro att judarna var ett enat folk med en kropp, ett huvud, en tanke och en handling.

Tvärtom fanns det gott om judar som inget hellre ville än att ge upp sin judiska särart och uppgå i den stora hellenistiska kulturen.

> Vid den tiden började somliga israeliter att överge lagen, och de lockade många med sig. De sade: "Låt oss närma oss hedningarna som bor omkring oss och sluta förbund med dem. Sedan vi avskilde oss från dem har många olyckor kommit över oss." Detta slags tal vann folkets gillande. Några av dem reste på eget initiativ till kungen, och han gav dem rätt att följa hednisk lag och sed. Sedan byggde de en idrottsanläggning i Jerusalem enligt hedningarnas bruk. De skaffade sig förhud och avföll från det heliga förbundet. De beblandade sig med hedningarna och sålde sig till att göra det onda.[1]

I läkarböcker från den här tiden beskrevs hur man kirurgiskt sydde tillbaka förhuden. Det sades inte vara *så* smärtsamt.

Genom att ta tillbaka förhuden bröt man förbundet med Jahve och upphörde att vara jude. Om man ville nå en position i det hellenistiska samhället var det nödvändigt. På gymnasier, idrottsanläggningar och badhus var man naken, och omskurna könsorgan ansågs vedervärdigt fula.

Jesus föddes ungefär fyra år före vår tidräkning, inte långt innan den Herodes som kallades "den store" dog, och som framgångsrikt om än brutalt styrt Palestina i över tre decennier.

Tre söner hade Herodes låtit avrätta eftersom han misstänkte att de smidde ränker mot honom, något som fick hans vän kejsar Augustus att en gång utbrista att han hellre skulle vara Herodes

---

[1] 1 Mackabeerboken 1:11–15.

gris än hans son. (Eftersom Herodes iakttog kosherlagarna åt han inte griskött. Hans eventuella grisar torde med andra ord ha fört en tämligen skyddad tillvaro.)

Efter Herodes den stores död delades hans rike upp mellan tre av hans söner, och den norra delen – Galileen – tillföll Herodes Antipas som sedan regerade i fyrtio år och som på gott och ont var en duglig kung. Judarnas traditioner respekterades, och institutioner som skolor och domstolar var alla judiska. Den romerska överhögheten höll sig på avstånd så länge den fick sin tribut och man inte ställde till med oroligheter.

En av våra vanligaste missuppfattningar om Jesus är att han levde i ett land ockuperat av romare i bemärkelsen att där kryllade av romerska soldater på vägarna, i städerna och byarna, att myndigheterna var romerska och lagen som följdes Roms. Men det Galileen han växte upp i styrdes alltså av en judisk härskare.

I Judeen, Samarien och Idumeen däremot, där Herodes Antipas bror Archelaos utsetts till regent, fungerade det sämre. Archelaos avsattes och skickades i exil efter bara några år och kejsar Augustus utsåg en romersk prefekt att styra provinsen.

Men inte heller i Judeen lade sig romarna i mer än nödvändigt. Prefekten höll sig helst i den nygrundade staden Caesarea och kom med sina soldater till Jerusalem bara under de religiösa högtidligheterna då mycket folk samlades i den gamla heliga staden, vilket ökade riskerna för upplopp.

Det största problemet med den romerska militära närvaron i Palestina var snarare att den ökade det ekonomiska trycket på en redan mycket fattig lokalbefolkning eftersom soldaterna måste försörjas.

Om Judeen var torrt, kargt och enformigt med svarta berg och röd lera var Galileen varierat med bergshöjder, slätter, träddungar och överallt små byar.

Jesus levde i den lilla bergsbyn Nasaret i Galileen.

Nasaret var ingen gammal by. Galileen avfolkades när Norra riket krossades på sjuhundratalet fvt, och först något sekel före Jesus bosatte sig en judisk befolkning där igen.

De större galileiska städerna helleniserades, men inte Nasaret, som var och förblev en judisk by med ett invånarantal på bara några hundra, högst ett par tusen.[2] Byn bestod av enkla stenhus som isolerats med lera och halm. Till många hus hörde också grottor som man också bodde i. Att bo i grotta var svalkande under de heta somrarna och torrt och varmt under de regniga vinterdagarna.

Bland mina barndomsbilder av Jesus är en av de starkaste den där Jesus står tillsammans med Josef i snickarboden och hyvlar. Av någon anledning var det alltid hyvlade han gjorde. Utanför deras hus stod romerska soldater och vaktade.

Jag tänkte mig aldrig Jesus i en grotta.

Bara några timmars vandring bort låg den grekiska staden Sepforis med sina gymnasier, sin teater, sitt badhus och sina viadukter. Det har ibland föreslagits att Jesus kan ha påverkats av den hellenistiska kulturen genom närheten till Sepforis, att Jesus till och med kan ha gått på teatern där. Men om man inte hade ärende till staden för sitt uppehälles skull kom man knappast dit. Vanliga dagar arbetade man och på sabbaten var det inte tillåtet att färdas en så lång sträcka.

Nasaret omnämns ingen annanstans i bibeln, och vid ett tillfälle uttrycker en blivande lärjunge förvånat och skeptiskt: "Kan det komma något gott från Nasaret?"[3]

Nasaret kom att identifieras med Jesus så pass att de första kristna faktiskt kallades "nasareer".

Det sägs att hans far var snickare. Jesus var snickare själv tills

---

[2] Åsikterna går isär om det exakta invånarantalet men brukar uppskattas till som mest 2 000.

[3] Johannes 1:46.

han lämnade sin familj, sitt yrke och sin hembygd för att bli religiös förkunnare.

Det gick till på det viset, att liksom många andra hörsammade Jesus budskapet från den omvändelseprofet som hette Johannes och som kallades för Döparen, som höll till vid Jordanflodens nedre lopp och med kraft hävdade att man levde i den sista tiden. Alldeles snart skulle Gud ingripa i historiens gång och med väldig vrede förgöra alla sina fiender och skapa allting nytt. Det brådskade. Yxan var redan satt till roten på trädet. De träd som inte bar god frukt skulle huggas bort och kastas på elden.

I efterhand skulle Johannes och Jesus lärjungar träta om vem av de två som var den riktige Messias. För kristna som menar att det är av avgörande vikt att Jesus var en människa helt utan synd kan Jesus beslut att låta döpa sig också vara en källa till problem, eftersom Johannesdopet var något den botfärdige undfick för att renas just från synd. Det var en ritual för omvändelse.

Dopet är viktigt. Det är här det börjar på riktigt.

Vid dopet fick Jesus en vision av att himlen öppnade sig och Gud talade till honom och kallade honom sin älskade son. Samtidigt fylldes han med en kraft som han inte tidigare känt av.

Helig ande hade tagit hans kropp i besittning.

Inför detta måste vi stanna upp ett ögonblick. Här finns en mängd frågetecken.

Var Jesus som ett kärl som fylldes? Hade han något val eller blev han ockuperad av helig ande, blev han besatt av Gud? (Det är så dopet beskrivs, och han skall senare argumentera med sina motståndare om vad det är för ande som besatt honom. Han skall hävda att det är Gud, hans antagonister att det är djävulen.) Hur mycket förstod han själv av vad som hände med honom?

Hur mycket har en människa att säga till om när Gud utser henne till sitt redskap? Profeterna gnyr ju ofta, vrider sig och vrenskas inför det uppdrag som Gud ålägger dem, ber Gud att skona dem och välja en annan, någon starkare, värdigare budbärare.

Jona försökte fly när den Högste kallade honom, Jeremia skyllde på att han inte förstod att tala och att han var för ung, och när Herren visade sig för Jesaja ropade den stackars mannen först: "Ve mig! Jag är förlorad, ty jag har orena läppar och jag bor bland ett folk med orena läppar, och mina ögon har sett Konungen, Herren Sebaot."[4]

Men änglar renade Jesajas läppar med glödande kol, för Herren utväljer vem han vill, redan i moderlivet var Jeremia utsedd till sin uppgift, och Jona tuktades i fiskens buk tills han böjde sig och fogade sin vilja efter Guds.

Ja, Herren Gud utser vem han vill. Amos var en vanlig herde bland andra herdar när Gud kallade honom att profetera, så varför inte en snickare från en liten galileisk bergsby?

Var Jesus en vanlig människa som blev av Herren utvald? Var han en människa som mottog insikt om det gudomliga eller var han själv Gud?

Och om han verkligen var Gud, var han det hela tiden, eller blev han, som Paulus skriver, upphöjd till Gud som en följd av hans lydnad ända in i döden på korset?

Ända sedan Arons dagar hade Israel haft en överstepräst, en man utvald att gå in i det allra heligaste – gå in till Gud – och där försona människan med Herren. Det var översteprästen som bar fram offret, det var han som med blod och brännoffer blidkade den levande och fruktansvärde Guden, det var han som måste ha styrka nog att uthärda Guds absoluta närhet.

Var Jesus människans slutgiltiga överstepräst? Var det offer han frambar till Gud det definitiva?

Uthärdade han Guds närvaro till den grad att han själv uppfylldes av Gud? Sammansmälte med Gud?

Blev Gud?

Nu har vi sannerligen sprungit händelserna i förväg.

---

[4] Jesaja 6:5.

Vad mannen Jesus innerst inne trodde och tänkte om sig själv vet vi nästan ingenting med säkerhet, och vid tidpunkten för dopet fanns det inget i hans uppträdande som tydde på att han själv gjorde anspråk på eller var medveten om någon gudomlig status.

Återigen måste vi försöka börja om från början, varsamt skrapa av lager efter lager och se vad vi finner.

Så låt oss börja om där det började: vid Jordanflodens strand.

6

DU ÄR MIN ÄLSKADE SON

I min barndoms baptistkyrka fungerade dopet som en sorts upp-
tagningsrit till den vuxna världen. Man döptes inte som barn,
utan förväntades fatta ett vuxet beslut, eller snarare känna en
kallelse, en befallning från Jesus, att bli döpt. Denna kallelse el-
ler befallning borde man känna i tonåren, inte alltför tidigt, men
inte heller alltför sent. För oss frikyrkoungdomar blev det också
många gånger en prestigefylld tävling om att inte bara vara van-
ligt "döpt", man måste nämligen också vara "andedöpt" – något
man inte själv kunde välja, utan bara bli utvald av anden till. Var
man inte andedöpt räknades inte dopet och man riskerade fort-
farande att komma till helvetet. När jag själv döptes som fjorton-
eller femtonåring på ungdomsförbundets kursgård i Stenung-
sund blev vi lärda att dagarna före dopet var Djävulen som mest
rasande – han var ju på väg att förlora ytterligare en själ – och vi
varnades för att han kunde tänkas ta till rent desperata åtärder,
som exempelvis att "fara in" i en oskyldig bilchaufför och låta en
förbipasserande bil styra upp på trottoaren och ramma oss. Vi
skulle därför vara extra försiktiga fram till dess dopet slutligen
hade räddat oss ur Satans garn.

Det jag minns mest av mitt eget dop är att jag genast efteråt
var röksugen, vilket förvånade mig eftersom jag förväntat mig
att alla sådana begär som genom ett mirakel skulle ha upphört.

Trots denna missräkning är det fascinerande att min nedsänk-
ning i det kalla Kattegatt vid Bohuskusten, iförd en vit fotsid
dräkt, denna nedstigning i graven och uppstigning till det nya

livet, är en direkt fortsättning på och del av en tradition som går tillbaka ända till vad som är startpunkten för Jesus egen verksamhet.

Det första vi med någorlunda säkerhet kan säga om den historiske Jesus är att han döptes och att dopet hade stor betydelse för honom.

Att Jesus döptes var ett generande faktum för den kristna kyrkan, dels eftersom det i någon bemärkelse gör Jesus till Johannes lärjunge, dels för att han måste känt behov av att bli döpt.

Vad för synder det var som Jesus ville bli renad från vet vi naturligtvis inte. Vi begår emellertid ett misstag om vi med synd enbart menar vad många frikyrkoförsamlingar avser – den enskilda människans snedsteg och försummelser. En from israelit kände med all säkerhet delaktighet i en kollektiv skuld för hela folkets räkning. Men vi begår likaledes ett misstag om vi kräver av Jesus att han själv skall anse sig vara det som kyrkan sedermera bestämt att han var: syndfri.

Faktum kvarstår. Jesus låter döpa sig. Han ansåg sig behöva förlåtelse för sina synder, han ansåg sig behöva den rening som Johannes dop gav.

Att Jesus döptes av Johannes berättar dessutom något ytterligare om Jesus själv, nämligen att han åtminstone under denna period i sitt liv anslöt sig till Johannes lära: Herrens dag var omedelbart förestående, och Israel var så nersmutsat av synd att det inte räckte att vara Abrahams barn och arvtagare till förbundet, utan man måste också vända om och göra bättring om man inte ville kastas i den straffande elden.

När Jesus själv börjar undervisa skall han emellertid skilja sig från Johannes i ett viktigt avseende. För Johannes är Herrens dag en förfärande straffande eld. För Jesus skall Herrens dag framför allt bli en dag av fest och glädje, och många skall få gå in i riket som aldrig omvänt sig, utan som är horor och syndare. Hos Jesus finns inte alls de krav på bot och bättring som Johannes ställer, något som många kristna kan finna förvånande, rentav upprörande, på samma sätt som det upprörde de "rättroende" i Jesus egen samtid. Vi skall därför återkomma till detta provocerande faktum i ett senare kapitel, särskilt som det enligt mig utgör en del av själva kärnan i Jesus budskap och Gudssyn.

Jesus som Johannes lärjunge?

Ett är troligt: Jesus befinner sig inte endast tillfälligt hos Johannes.

I Markus sägs Jesus framträda som en självständig ledare först när Johannes blivit fängslad.[1] Såväl Johannes som Jesus använde profeten Elia som förebild för sin verksamhet, men Jesus ansågs av sin samtid också verka i Johannes efterföljd:

> Hans namn hade nu blivit känt, och kung Herodes fick höra att folk sade: "Johannes döparen har uppstått från de döda. Det är därför dessa krafter verkar genom honom."[2]

> På vägen frågade han dem: "Vem säger människorna att jag är?" De svarade: "Johannes döparen, men somliga säger Elia, andra att du är någon av profeterna."[3]

Något man ofta glömmer att lägga märke till är att flera av Jesus viktigaste lärjungar, och däribland Petrus, först var Johannes Döparens lärjungar. De lärde känna Jesus under den period som han hörde till Döparens krets, och först efter en tid övergav de sin gamle mästare för att i stället följa Jesus.

---

[1] Markus 1:14.
[2] Markus 6:14.
[3] Markus 8:27–28.

Nästa dag stod Johannes där igen med två av sina lärjungar. När Jesus kom gående såg Johannes på honom och sade: "Där är Guds lamm." De båda lärjungarna hörde vad han sade och följde efter Jesus. Jesus vände sig om, och då han såg att de följde honom frågade han vad de ville. De svarade: "Rabbi (det betyder mästare), var bor du?" Han sade: "Följ med och se!" De gick med honom och såg var han bodde och stannade hos honom den dagen. Det var sent på eftermiddagen. Andreas, Simon Petrus bror, var en av de två som hade hört Johannes ord och följt med Jesus. Han träffade först sin bror, Simon, och sade till honom: "Vi har funnit Messias" (det betyder Kristus). Han tog med honom till Jesus. Jesus såg på Simon och sade: "Du är Simon, Johannes son. Du skall heta Kefas" (det betyder Petrus).[4]

Dessutom verkar det som om Jesus själv, åtminstone i början av sin verksamhet, tog efter Johannes Döparen och själv döpte.

Sedan gick Jesus och hans lärjungar till Judeen, och där stannade han en tid med dem och döpte. Också Johannes döpte; det var i Ainon nära Salim, där det var gott om vatten, och folk kom dit och blev döpta. Johannes hade nämligen ännu inte satts i fängelse. Ett par av Johannes lärjungar kom att diskutera reningsbruken med några judar, och de gick till Johannes och sade: "Rabbi, han som var tillsammans med dig på andra sidan Jordan och som du vittnade om, han döper nu själv, och alla kommer till honom."[5]

Vanligtvis brukar inte Johannesevangeliet användas för att finna historiskt autentiska utsagor om Jesus, men när vi kommer till Johannes Döparen finns det ett par detaljer som många tror kommer från en mycket tidig tradition. Kanske stod församling-

---

[4] Johannes 1:35–42.
[5] Johannes 3:22–26.

en som utvecklade Johannesteologin i fejd med Johannes Döparens lärjungar, eller kanske fanns där medlemmar som tidigare tillhört Döparens krets och därför mindes hur det faktiskt gått till. Vi vet ju att såväl Andreas som Petrus sägs ha varit Johannes lärjungar innan de lämnade honom för Jesus.

De andra evangelisterna nämner inget alls om att Jesus själv döpte. Det gjorde honom kanske alltför tydligt till någon som gick i Döparens fotspår, alltför tydligt till en adept, en lärjunge, nästan rentav till Johannes rival eller konkurrent. Och Kristus måste naturligtvis vara självständig i sin lära, inte underordnad någon. För att inte tala om att han förväntas vara Guds enfödde Son.

Men om vi accepterar tanken att Jesus själv var en döpare får vi en viktig länk som förut fattades mellan Jesus eget dop och den kristna kyrkan som inte bara praktiserade dop, utan till och med använde dopet som just den initiationsrit som gjorde någon till kristen.

Att Jesus låter sig döpas är så till den grad genant att alla evangelisterna måste hitta ett sätt att förhålla sig till det.

Markus låter himlen öppna sig i en storslagen teatral effekt: Guds ande i form av en duva kommer över Jesus och en röst säger: ”Du är min älskade son, du är min utvalde.”[6]

Det är som om författaren fyrar av sina allra största fyrverkeripjäser för att ljusregnet skall blända och knallandet överrösta att den syndfrie Jesus faktiskt renas från synd.

Lukas gör tvärtemot Markus. I stället för storslagna effekter

---

[6] Markus 1:11. Evangelisten låter rösten från himlen parafrasera 2:a psalmen i Psaltaren, som brukades vid tronbestigningen då Israels kung adopterades som son av Gud, och Jesaja 42:1 som inleds: ”Detta är min tjänare som jag ger kraft, min utvalde som jag har kär.” Hos den andre Jesaja är det denne Guds tjänare som har makt att förnya Israels förbund med Gud. I förlängningen pekar det också fram mot Jesaja 53 om Guds lidande tjänare.

låter han dopet av Jesus passera i en bisats, nästan som i en harkling: "När nu allt folket lät döpa sig och Jesus också hade blivit döpt och stod och bad ..."[7]

Matteus låter Johannes Döparen protestera när Jesus kommer för att döpas, domedagsprofeten vill hindra Jesus och hävdar att det ju snarare är han, Döparen, som behöver bli döpt av Jesus. (Denna kunskap om Jesus glömmer profeten oförklarligt när han i ett senare kapitel hos Matteus sänder sina lärjungar att fråga Jesus vem han egentligen är.)

Johannesevangeliet till sist utesluter dopet helt och hållet, och Döparen får i stället rollen som den som går före och banar vägen för Jesus.

Lukasevangeliet är det evangelium som är mest besvärat av Johannes Döparens gestalt. Lukas berättelse om Johannes Döparens födelse löper parallellt med berättelsen om Jesus födelse och är mycket tydligt påverkad framför allt av de gammaltestamentliga berättelserna om Abraham och Sara.[8] I berättelserna om de bådas födelse är Jesus alltid överlägsen Johannes, och även om Johannes som den äldre av dem borde leda den yngre påminns vi om bland annat brödraparet Jakob och Esau, där den äldre Esau gick miste om både förstfödslorätt och välsignelse. Lukas berättelser har här alltså ett teologiskt men knappast något historiskt värde.

En liten detalj emellertid: Lukas anger att Johannes far var präst i Jerusalems tempel. Om den uppgiften skulle vara historiskt riktig innebär det att Johannes genom att bli profet i öknen vänder hela sin judiska tradition ryggen. Prästämbetet gick i arv från far till son, och Johannes plikt och skyldighet var att själv bli präst, bilda familj och genom söner, som i sin tur blev präster,

---

[7] Lukas 3:21.
[8] Johannes föräldrar är ett gammalt barnlöst par som liksom det gamla barnlösa paret Abraham och Sara genom ett Guds mirakel får en son.

säkra familjens och prästämbetets kontinuitet. Att som Johannes inte fullfölja dessa plikter var att bryta mot Torah, Guds lag – bland det mest upprörande och skandalösa en judisk man i det första århundradet kunde göra.

Både Johannes och Jesus är verksamma som israelitiska profeter som vänder sig till det egna folket. När de fördömer Israel är det för att de vill rädda Israel – precis som Amos, Mika, Jesaja, Hosea, Jeremia – och precis som alla profeter anser de befinna sig just i vändpunkten, vid just det ögonblick som historien kränger, just i det ögonblick som Herren skall ingripa. "Redan är yxan satt till roten",[9] säger Johannes. "Håll er alltså vakna, ni vet inte när husets herre kommer, om det blir på kvällen eller vid midnatt eller i gryningen eller på morgonen", säger Jesus. "Se upp, så att han inte plötsligt kommer och finner er sovande. Jag säger till er, och jag säger till alla: Håll er vakna!"[10]
Den otåliga, nästan feberaktiga ivern har de gemensam.

Kung Herodes låter så småningom gripa – och avrätta – Johannes Döparen. Det finns skiftande teorier om varför. Nya testamentets berättelse om Salome som begär Döparens huvud på ett fat för att hon dansat för Herodes är att betrakta som en legend. Vad som däremot ofta anses vara riktigt är att Johannes, när han är gripen, via sina lärjungar frågar Jesus om vem denne är. Och Jesus, som ofta annars brukar vara ovillig att avslöja hur han själv ser på sin person, svarar faktiskt sin forne läromästare.
Johannes frågar: "Är du den som skall komma, eller skall vi vänta på någon annan?"[11]
Jesus svarar: "Gå och berätta för Johannes vad ni hör och ser:

---

[9] Matteus 3:10.
[10] Markus 13:35–36.
[11] Matteus 11:3.

att blinda ser och lama går, spetälska blir rena och döva hör, döda står upp och fattiga får ett glädjebud."[12]

Det Jesus säger till Johannes är att det som nu sker genom Jesus är en uppfyllelse av Jesajas profetia om hur man skall känna igen att Dagen är här.

> Den dagen skall de döva höra
> när man läser ur bokrullen,
> och de blindas ögon skall se,
> fria från dunkel och mörker.
> De förtryckta skall ständigt glädjas över Herren,
> de fattigaste jubla över Israels Helige.[13]

Utan att säga rent ut att han är Messias, den de alla väntat på, antyder han ändå att tecknen talar sitt tydliga språk. Herrens dag är i antågande och Jesus intar en central position i det kommande riket. Snart sagt ingen annanstans i evangelierna kommer vi så nära vad Jesus kan ha trott eller ansett om sig själv som när han svarar sin forne mästare. Och han är så säker på sin auktoritet att han avslutar med något som nästan låter som ett förtäckt hot: "Salig är den som inte kommer på fall för min skull."[14]

Vänligt men bestämt varnar Jesus den fängslade Johannes. Det gäller för Johannes att inse och erkänna att Guds plan nu utförs av Jesus, och Johannes måste acceptera att det som nu sker genom hans forne lärjunge bitvis tar sig andra uttryck än han själv kanske föreställt sig.

För om man *inte* gör det, om man inte inser, accepterar, erkänner Jesus roll i Guds plan, kommer man inte – *inte ens Johannes* – att få del av det ankommande riket.

---

[12] Matteus 11:4–5.
[13] Jesaja 29:18–19.
[14] Matteus 11:6.

Hur gestaltar sig då Jesus idéer om det Gudsrike vilket han både förebådar och förverkligar? Vilka är välkomna, vilka är inte räknade? Vad är hans vision av Guds plan för Israel?

Jesus lära skulle komma att kallas Vägen.

Låt oss följa den och se vart den leder.

7

FASTA OCH FRESTELSER

Innan Jesus påbörjade sin verksamhet drog han sig tillbaka ut i Judeens öken för att fasta. De synoptiska evangelierna[1] berättar alla tre att Jesus fastade i öknen och frestades av djävulen. Markusevangeliet, som ofta är korthugget och fåordigt, konstaterar sakligt:

> Anden drev honom ut i öknen, och han var i öknen fyrtio dagar och sattes på prov av Satan. Han levde bland de vilda djuren, och änglarna betjänade honom.[2]

De fyrtio dagarna motsvarar israeliternas fyrtioåriga ökenvandring innan de fick träda in i det heliga landet. Om det är evangelisten som angivit det symboliska antalet dagar, eller om det är Jesus själv som står bakom uppgiften kan vi naturligtvis inte veta. Jesus använder sig ibland av starka symboler ur sitt folks berättelser, som när han kallar sin inre krets av lärjungar för "de tolv" (som symboliserar Israels tolv stammar), eller som när han

---

[1] Markus-, Matteus- och Lukasevangelierna brukar gemensamt kallas de synoptiska. Det kommer sig av att de är så pass överensstämmande sinsemellan att man kan ställa upp dem i en "synops", där texterna står bredvid varandra i spalter.

[2] Markus 1:12–13. Matteus och Lukas berättar mer utförligt om mötet med djävulen. Satan uppmanar Jesus att förvandla stenar till bröd, ber honom kasta sig ner från tempelmuren för att räddas av änglar samt erbjuder Jesus all världens rikedom om Jesus tillber djävulen i stället för Gud. Jesus svarar varje gång genom att citera verser ur Torah.

iscensätter en messiasprofetia av Sakarja vid sitt intåg i Jerusalem. Därför kan det mycket väl vara han själv som sagt att han fastat i öknen i fyrtio dagar.

Annars brukade Jesus faktiskt inte fasta.[3] Samtliga av de fyra evangelierna bär spår av den kritik han utsattes för på grund av detta. Jesus anklagades till och med för att vara drinkare och frossare. Faktum är att ordet frossare används bara om en enda person i hela Nya testamentet, och det är Jesus. En av hans viktigaste bilder för det kommande Gudsriket är måltiden, festen, gästabudet.

> Johannes lärjungar och fariseerna fastade. Då kom några och frågade honom: "Varför fastar Johannes lärjungar och fariseernas, men inte dina lärjungar?" Jesus svarade: "Inte kan väl bröllopsgästerna fasta medan brudgummen är hos dem? Så länge de har brudgummen hos sig kan de inte fasta. Men det skall komma en tid då brudgummen skall tas ifrån dem, och när den dagen är inne kommer de att fasta.[4]

Man vet att de troende i den första kristna kyrkan fastade. Kanske kan den sista meningen i exemplet ovan – som låter som en produkt av den första kyrkan – vara evangelistens förklaring till att kristna fastade när Jesus och hans lärjungar inte själva gjorde det.

För en modern människa kan det vara svårt att tänka sig att djävulen verkligen kom till Jesus när han fastade i öknen, men Jesus själv kan mycket väl ha upplevt att han blev prövad av Satan.

För Jesus, hans lärjungar och så småningom evangelisterna är djävulen, Satan, en påtaglig realitet.

---

[3] Säkert fastade han på Yom Kippur, försoningsdagen, som lagen krävde.
[4] Markus 2:18–20.

I sin samtid var Jesus känd som exorcist – någon som hade makt att kasta ut demoner och orena andar. Särskilt Markusevangeliets första del beskriver Jesus som någon som kastar ut demoner vart han än kommer.

Som en skadedjursutrotare går han från plats till plats i Galileen och rensar ut orena andar. Demonerna är de som först känner igen honom, som vet vem han är, men han förbjuder dem strängt att tala.

Världen för en jude i det första århundradet är en krigsskådeplats där kampen står mellan det goda och det onda, men denna syn på världen var relativt ny.

Judendomen utvecklade framför allt i kontakt med den under flera sekel dominerande persiska kulturen ett förhållningssätt till ondskan som den inte förut haft. Tidigare hade Gud sänt både det goda och det onda, och Satan var från början inte en person, utan en egenskap hos Gud. Flera gånger beskriver Gamla testamentet hur Gud faktiskt sänder ut onda andar att utföra hans vilja, Herren förnedrar och Herren upphöjer.

Satan – Guds onda egenskap – blev så småningom en egen person, först en Guds underlydande, men så småningom härskare över ett eget antirike, en fasansfull spegelbild av Guds rike. Man kan följa denna utveckling i texter som skrevs seklen före och efter vår tidräknings början. I Jubileerboken från omkring 160 fvt beskrivs exempelvis hur Mastema – som är identisk med Satan – begär *och får* upprätta ett eget rike med ett eget hov bestående av fallna änglar och onda andar.

Den apokalyptiska litteraturen[5] berättar också om en stor slutstrid som skall stå mellan ljusets prins och mörkrets, och därefter skall ondskans krafter för alltid fjättras i Sheol eller Gehenna och

---

5 En bloddrypande genre som utvecklades under århundrena fvt och som, ofta i symbolisk form, avhandlar världens undergång och hur Gud griper in för att besegra ondskan och rädda vad som gärna är en försvinnande liten spillra människor.

tillsammans med alla orättfärdiga brinna i evigheters evigheter.

Dödsriket, *Sheol*, var ju tidigare en plats där alla döda samlades, goda som onda. Men i de allra yngsta gammaltestamentliga böckerna samt i de apokalyptiska texterna utvecklades Sheol till ett ställe där de orättfärdiga plågades. Det smälte samman med *Gehenna*, en plats utanför Jerusalem dit man förde avskräde och som tidigare varit kultplats för den kanaanitiska guden Molok som krävde människor som brännoffer. (Därav det brinnande Gehenna.)[6]

Djävulen, den kosmiska striden mellan gott och ont, och en plats efter döden där de osaliga skall brinna var alltså relativt nya påfund i det första århundradets Palestina. Likafullt var det den rådande världbilden – och som barn av sin tid omfattade Jesus denna världsbild. ”Jag har sett Satan slungas ner från himlen som en blixt”,[7] utropade han när hans lärjungar talade om för honom att demonerna lydde dem när de uttalade Jesus namn, och när Petrus motsatte sig tanken att Jesus skulle komma att dö menade Jesus att demonernas mästare talade genom lärjungen och röt åt honom: ”Håll dig på din plats, Satan. Du vill få mig på fall, för dina tankar är inte Guds utan människors.”[8]

Djävulen var alltså någon som kunde angripa människor, och stod man inte emot kunde man besättas av honom. Det var vad som hände förrädaren Judas. ”Men Satan for in i Judas, som kallades Iskariot och som var en av de tolv. Han gick till översteprästerna och officerarna i tempelvakten och talade med dem om hur han skulle kunna utlämna Jesus åt dem.”[9]

---

[6] Föreställningarna om de belöningar och straff som skulle komma efter döden fortsatte att utvecklas i den kristna kyrkan, och vi begår ett stort misstag om vi tror att Jesus bild av dödsriket liknar det som med tiden skulle bli den kristna kyrkans himmel och helvete.

[7] Lukas 10:18.

[8] Matteus 16:23.

[9] Lukas 22:3-4.

Så om Jesus – efter många dagars fasta, meditation och avskildhet i öknen, som traditionellt också var demonernas tillhåll – upplevde sig vara ansatt av Satan är det inte att förundras över.

Gång på gång måste vi påminna oss att Jesus inte är vår samtida. Han var jude i första århundradets Palestina med allt vad det innebär. Vi förstår därför inte Jesus om vi inte lär känna den världsbild som rådde i det samhälle han levde i.

Lika mycket måste vi emellertid påminna oss att även om vi kan lära oss en del om första århundradets världsbild varken måste eller kan vi dela den.

Få personer tror i dag att jorden är platt och står på fyra pelare med himlen spänd ovan som ett segel där stjärnorna bokstavligen fästs på duken. Ändå är den världsbilden förutsättningen för Kristus himmelsfärd, för den himmel som öppnar sig vid dopet, för det nya Jerusalem som i tidens slut skall nedstiga från himlen och så vidare.

Få tror att sjukdomar beror på demoner i kroppen, eller att de är ett straff för synder. Ändå är den världsbilden förutsättningen för många av de mirakel Jesus utförde.

Få tror på djävulen som en fysisk uppenbarelse på samma sätt som Jesus och hans samtid gjorde. Likafullt kom Satan till Jesus i Judeens öken för att sätta honom på prov.

Och Jesus var en människa som kunde frestas. Det är också vad evangelierna berättar för oss.

Att Jesus var en människa som brottades med sig själv.

När Jesus verksamhet kommit i gång och han dragit fram och tillbaka över Galileens landsbygd med sitt budskap, helat människor och predikat Guds rike, skall han en dag plötsligt fråga sina lärjungar när de går där på vägen: ”Vem säger människorna att jag är?” Lärjungarna svarade: ”Johannes döparen, men somliga säger Elia, andra att du är någon av profeterna.” Då frågade han dem: "Och ni, vem säger ni att jag är." Petrus svarade: "Du är Messias."[10]

I Markusevangeliet finns något som brukar kallas den messianska hemligheten. De enda som känner igen Jesus och vet vem han är är de demoner och orena andar som han kastar ut, men dem befaller han att tiga. Ingen annan förstår vem han är. Till och med hans egen familj kommer för att hämta hem honom, för de tror att han blivit galen. Lärjungarna skall vi inte tala om. De begriper inte ett jota av vad eller vem Jesus är. Inte ens när han lyckas stilla en storm genom att huta åt vinden och ryta till sjön att tiga och hålla tyst förstår de någonting, utan deras enda reaktion är en undran de inte kan besvara: "Vem är han?"

O, som det irriterade mig som barn! Hur dum fick man egentligen vara.

Den messianska hemligheten får sin dramatiska vändpunkt där på vägen när Jesus sökt svar från lärjungarna om vem han är och till slut vänder sig till Petrus med sin fråga och Petrus svarar: "Du är Messias."

Äntligen, tänkte jag som barn, det var sannerligen på tiden!

Markus messianska hemlighet slutar emellertid inte där, för Jesus förbjuder lärjungarna att tala med någon om honom, liksom han tidigare ålagt demonerna att tiga. Den förste utomstående som därför erkänner Jesus är en romersk officer – alltså en hedning, inte en jude – som när Jesus är död utropar: "Den mannen måste ha varit Guds son."[11]

Men tänk om det är på ett annat sätt.

Tänk om Jesus faktiskt grubblade själv. På sin identitet, på vem han var.

Att den messianska hemligheten faktiskt var en hemlighet

---

[10] Markus 8:27–29.
[11] Markus 15:39.

också för Jesus. Är det därför Jesus så strängt säger åt den orena ande att tiga som skriker åt honom "Jag vet vem du är, Guds helige"?

Vad har den orena anden för rätt att veta något om honom som han själv ännu inte vet? Tänk om det är så att Jesus faktiskt bara efterhand och gradvis förstår och inser vem han är?

Framför allt när han är i sin barndoms Nasaret och tar sig för att undervisa i synagogan och alla, hans familj, hans grannar och alla hans barndomskamrater säger: Vem tror han att han är? Komma här och undervisa oss? Han är ju Marias son, snickaren, vi vet vem han är. Han skall inte komma här och tro att han har rätt att vara någon annan, rätt att utvecklas, förändras, föda sig själv på nytt (för att för ett ögonblick låna johanneisk terminologi).

Det skulle faktiskt bli ett av Jesus huvudbudskap, att vi har det: Rätt att bryta upp från det gamla. Rätt att resa oss upp för att gå. Lärjungarna skall lämna allt och följa Jesus. Vi skall – liksom barn – börja från början igen.

När någon säger: Jag vet nog vem du är, jag vet nog vad du går för, får vi faktiskt svara: Det vet du inte alls. Det är knappt så jag själv vet det.

I en kyrka jag brukat gå i upprepas varje söndag mantrat att du är älskad just så som du är. Det är ju trösterikt, även om rätt många av oss nog inte riktigt vet vad det är, som vi är.

För en tid sedan fick jag en fråga på en sida jag har på en communitysajt där man använder sig av *nicknames* – mitt nickname är Jonas Gardell – och frågan jag fick löd: "Är du Jonas Gardell eller gillar du honom bara?" Jag svarade: "Jag är Jonas Gardell och jag gillar honom ibland."

Frågan var befogad.

I vilken mån är "Jonas Gardell" Jonas Gardell?

I vilken mån är man den man är?

Och i vilken mån skapar man sig själv på nytt och på nytt i en gradvis process där man gång på gång måste fråga sig "Vem är jag? Vem säger människor att jag är? Vem säger du att jag är?" – och svaren man får och ger sig själv kommer att skifta, så som ljuset skiftar när det lyser genom ett prisma som oavlåtligt rör sig.

Tänk alltså om inte heller Jesus visste. Tänk om det var en utvecklingsprocess för honom liksom det är för oss andra.

Somliga tycker kanske tanken är hädisk.

Jag finner den tröstande.

Tanken att Jesus liksom vi andra grubblade och faktiskt bara gradvis förstod vem han var och vad han hade potential att bli.

Att söka sig själv är också att våga ana, erkänna och acceptera den man har möjlighet att bli. Den man skulle kunna vara. Att födas fix och färdig är ytterligt poänglöst.

Vad evangelisterna ger oss, eller för allt i världen vad Paulus bjuder oss i sina brev, är inte en religion, en teologi fixerad och fullständigt bestämd, utan en teologi stadd i utveckling.

Det är människor som när de skriver dessa texter fortfarande kämpar för att sätta ord på, förklara och tolka vad mötet med Jesus innebar.

På samma sätt tror jag man kan se de till synes motsägande utsagorna om Guds rike, som vi kommer till i de följande kapitlen. Vad vi möter är minnet av en Jesus som prövar olika uttryck, liknelser, metaforer, en vägledare som söker efter ord som kan förklara och göra rättvisa åt den överväldigande visionen om den himmelske faderns rike.

Vi befinner oss på en väg. Inte vid en ändhållplats.

8

TIDEN ÄR INNE

Någon gång efter fastan i Judeens öken måste Jesus ha brutit med sin mentor Johannes och själv börjat kalla lärjungar, främst från byarna kring Genesarets sjö, och inlett den kringflackande intensiva verksamhet som kom att vara högst ett par år.

Han predikade i synagogor och i det fria, i Galileens småstäder, byar och på landsbygden.[1] De större städerna verkar han ha undvikit. Det finns exempelvis ingenstans nämnt att han kom till vare sig Sepforis, Tiberias eller Scythopolis, de något större, hellenistiskt influerade, städerna i området. Och fast han själv kom från bergslandskapet höll han sig mest i trakterna kring den vackra Genesarets sjö.

I Jerusalems mer aristokratiska kretsar gjorde man sig gärna lustig över människor från Galileen. De ansågs obildade, grova och vulgära. När Petrus följt efter den gripne Jesus till översteprästens hus är det hans lantliga dialekt som avslöjar honom.

Så till bilden av den korte, satte, tandlöse träarbetaren märkt av fattigdom och nedsliten av hårt arbete måste vi nu alltså tillfoga att han inte bara var bokligt obildad, han lät också som en lantis.

Kanske kan vi föreställa oss västgötska.

Den galileiska landsbygden långt borta från Jerusalems tempel och dess prästfamiljer skilde sig också från huvudstaden i synen på renhet och i hur lagen tillämpades, inte minst av praktiska

---

[1] Man räknar med att ca 90 procent av Romarrikets befolkning levde i jordbruksbygd. Historikern Josefus gör en dygd av att judarna inte är handelsmän, utan att deras städer ligger långt från havet och att man främst brukar jorden.

skäl, vilket inte är oviktigt när vi försöker förstå Jesus. Det var också från rikets norra del som Elia och Elisha kom, som i sina egenskaper av både profeter och mirakelmän i mycket påminner om Jesus.

Troligen tar Jesus också sin verksamhet till Judeen och Jerusalem, även om det bara är Johannesevangeliet som uttryckligen beskriver det så. Det är annars svårt att förklara hur det kommer sig att Jesus redan har anhängare, lärjungar och fiender där, om han vistas i staden vid ett enda tillfälle och undervisar i templet högst ett par dagar. Också synoptikerna bär spår av en verksamhet i Jerusalem som sträcker sig över en längre tid och vid fler tillfällen. Lukas låter Jesus klaga över Jerusalem och säga – långt innan han enligt evangelisten ens sätter sin fot i huvudstaden: "Hur ofta har jag inte velat samla dina barn så som hönan samlar sina kycklingar under vingarna, men ni ville inte."[2]

Markus låter Jesus kritisera dem som griper honom i Getsemane och säga: "Var dag har jag varit med er i templet och undervisat utan att ni har gripit mig."[3] Om det skall finnas något fog för Jesus anmärkning tycker man kanske att "var dag" skall stå för fler än ett par. Synoptikerna har helt enkelt – med Markus som mönster – valt att samla alla texter om verksamheten i Galileen till ett sammanhängade sjok liksom allt som rör Jerusalem sker i en enda vända.

Mest sannolikt är att tyngdpunkten ligger på den galileiska landsbygden men att verksamheten omfattar också Judeen.

Vilken uppmärksamhet han rönte är svårt att säga. Enligt evangelierna trängdes människorna för att se honom och höra hans budskap. Gång på gång insisterar författarna på att alla häpnade inför hans gärningar. Hela städer samlades runt omkring honom, och man kom till honom med alla sina sjuka och

---

[2] Lukas 13:34.
[3] Markus 14:49.

besatta. En gång måste han till och med be lärjungarna om att ha en båt till hands för att inte bli nedtrampad av folkmassorna.

Ändå klagade Jesus bittert vid ett par tillfällen och förbannade byarna och städerna som han verkade i, förebrådde dem att de, trots allt han lärt dem och alla mirakel han hade presterat för att de skulle komma till tro, ändå inte hade brytt sig.

> Ve dig, Korasin! Ve dig, Betsaida! Ty om de underverk som har utförts hos er hade skett i Tyros och Sidon, så hade dessa städer för länge sedan omvänt sig i säck och aska. ... Och du, Kafarnaum, skall du kanske bli upphöjt till himlen? Nej, du skall störtas ner i dödsriket! Ty om de underverk som har utförts i dig hade skett i Sodom, så hade staden stått kvar ännu i dag![4]

Så talar knappast någon som vunnit allas öra, så beklagar sig inte en man som skapar sensation var än han visar sig.

Alla de olika tidiga kristna källor vi har bär på en sorg och en upprördhet över att så många fått höra budskapet men så få anammat det. Johannesevangeliet uttrycker det allra tydligast: "Han kom till det som var hans, och hans egna tog inte emot honom."[5]

För säkert talar evangelisterna ändå sanning när de säger att många slöt upp för att se och höra honom. Om byarna som Jesus beklagar sig över verkligen är värda hans missnöje förutsätter det ju att de flesta där faktiskt blivit vittnen till vad Jesus sagt och gjort. Man fördömer inte en hel stad om bara några få nåtts av budskapet. Kanske var det så att han attraherade många – säkert gick man man ur huse för att se den märklige mirakelmannen – men de som kom hörsammade inte hans budskap. De omvände sig inte.

---

[4] Matteus 11:21–23.
[5] Johannes 1:11.

I byarna, småstäderna och på landsbygden vandrade han runt, botade sjuka och predikade – utan att lämna några djupare spår.

Detta måste ha varit så mycket mer frustrerande som hans budskap var tidsbegränsat. Det var nu det gällde. I morgon kunde det redan vara för sent:

> Tiden är inne, Guds rike är nära. Omvänd er och tro på budskapet.[6]

Så direkt sammanfattar Markusevangeliet Jesus lära. Hela Markusevangeliet präglas av denna nästan rastlösa, hetsiga korthuggenhet. Det finns ingen tid att vila, ännu mindre tid att tveka. Gud står i begrepp att återupprätta Israel, och de som inte hörsammar budskapet är förlorade.

I Markusevangeliet är Jesus nästan febrigt energisk och otålig. Han undervisar i synagogan under sabbaten, och när solen gått ner och sabbaten är över kommer alla till honom och han botar sjuka och driver ut demoner.

> Tidigt nästa morgon, medan det ännu var mörkt, gav han sig av därifrån och gick bort till en enslig plats, och där bad han. Simon och de andra skyndade efter honom, och när de hade funnit honom sade de: "Alla söker efter dig." Han svarade: "Låt oss gå åt ett annat håll, till byarna här omkring, så att jag kan predika där också. Det är därför jag har gått ut."[7]

För att hinna nå ut med budskapet till ännu fler innan det är för sent sänder Jesus dessutom ut sina lärjungar för att missionera. Det är alltså inte Jesus som står i centrum, utan budskapet. Det

---

[6] Markus 1:15.
[7] Markus 1:35–38.

viktiga är inte mötet med Jesus personligen, utan att man hörsammar hans uppmaning till omvändelse.

> Dessa tolv sände Jesus ut, och han befallde dem: "Ta inte vägen till hedningarna och gå inte in i någon samarisk stad. Gå i stället till de förlorade fåren i Israels folk. Förkunna på er väg att himmelriket är nära. Bota sjuka, väck upp döda, gör spetälska rena och driv ut demoner; ge som gåva vad ni har fått som gåva. Skaffa inte guld eller silver eller koppar att ha i bältet, ingen påse för färden, inte mer än en enda skjorta, inga sandaler och ingen stav."[8]

Vi gör alltså fel om vi betraktar Jesus som en visdomslärare eller rabbi i största allmänhet och hans lärjungar som studenter som tar del av hans undervisning för att själva så småningom bli rabbiner: Jesus är en eskatologisk profet[9] som har bråttom. Hans lärjungar är budbärare. De har lämnat allt bakom sig – fruar, barn, hem och inkomst – och följt honom, eftersom de delar hans tro på riket och hur kort tid de har på sig.

Markusevangeliet beskriver, som vi sett, hur Jesus mor och bröder kommer för att hämta hem honom till Nasaret för att de tror att han blivit galen. En annan anledning kan vara att de helt enkelt ville slå mynt av hans färdigheter.

En helbrägdagörare som Jesus skulle normalt ha öppnat mottagning i sitt hem och låtit de sjuka komma till honom, och han skulle inte – som Jesus gjorde – verka utan att få ersättning.

Genom sitt kringflackande liv låter Jesus sin fattiga släkt gå miste om en viktig möjlig inkomstkälla som de alla skulle kunnat leva av.

---

[8] Matteus 10:5–10. Hos Lukas finns också en version där Jesus sänder ut 72 lärjungar, men det är troligen redaktörens eget tillägg.
[9] Eskatologi är läran om vad som händer i den yttersta tiden vid världens slut.

Och det verkar sannerligen som om Jesus saknat ett eget hem, även om Matteus berättar att han slog sig ner i Kafarnaum, en liten stad vid Genesarets sjö som kan ha varit en sorts bas för Jesus verksamhet.

Klimatet i Palestina för två tusen år sedan växlade – liksom nu – mellan sommar och vinter med korta övergångsperioder där emellan. Under de varma månaderna behövde man finna skydd mot solen de hetaste timmarna, och under de kalla månaderna bet frosten, marken fryste och det kunde till och med snöa. Liknelsen "vit som snö" förekommer flera gånger i bibeln.

Det kunde också vara väldiga – uppemot 40 grader – temperaturskillnader mellan dag och natt. Därför föreskrev också Torah att om någon tagit sin nästas mantel som pant skulle den lämnas tillbaka före solnedgången, "eftersom den är det enda täcke han har".[10]

Klimatet var alltså sådant att man emellanåt måste söka skydd för natten, och evangelierna beskriver flera gånger hur Jesus stannar som gäst i olika hus. Till skillnad från exempelvis Paulus, som var tältmakare, arbetade Jesus och hans lärjungar inte för att försörja sig. Tvärtom uppmanade Jesus dem som följde honom att lämna allt, och det hände att hans lärjungar faktiskt frågade sig vad de skulle få i gengäld för allt som de försakat.

> Gör er därför inga bekymmer, fråga inte: Vad skall vi äta? Vad skall vi dricka? Vad skall vi ta på oss? Allt sådant jagar hedningarna efter. Men er himmelske fader vet att ni behöver allt detta. Sök först hans rike och hans rättfärdighet, så skall ni få allt det andra också.[11]

---

[10] 2 Mosebok 22:27.
[11] Matteus 6:31–33.

Att leva på detta sätt, utan fast bostad eller inkomst, var naturligtvis slitsamt. Men vi måste hålla i minnet att ingen av dem, särskilt inte Jesus, räknade med att det skulle vara någon längre tid. Guds rike var ju så nära! Därför var det poänglöst att samla skatter på jorden.[12]

Man brukar göra lite olika bedömningar om hur länge Jesus verksamhet varade. Johannesevangeliets berättelse sträcker sig över flera år och beskriver flera pilgrimsfärder till Jerusalem över *pesach* – påsken – medan synoptikernas historia kan rymmas inom tolv månader och bara innehåller en enda färd till Jerusalem. Det kan alltså röra sig om ett par år, men också kanske om endast några korta månader.

Det är bråttom. Tiden är på väg att rinna ut. Herrens dag och Guds rike är i omedelbart antågande. Ingen, inte ens Jesus, vet tidpunkten, men det är snart, snart. Man måste hinna sprida budskapet till så många som möjligt innan det är för sent.

---

[12] Matteus 6:19.

9

FÖLJ MIG

Jesus är inte ensam på sin vandring runt i Galileen (och Judeen). Till honom har anslutit sig ett antal män och kvinnor som tar del av hans undervisning, som tror på hans vision om det kommande Gudsriket.

Somliga har lämnat allt för att följa honom, andra finns med en period och återvänder sedan till sina hem.

Till skillnad från de övriga religiösa grupperingarna, som fariseerna eller saddukeerna, uppstod de karismatiska sekterna, så som Jesusrörelsen eller döparrörelsen kring Johannes, i samhällets lägre klasser.

Våra föreställningars Jesus Kristus följs ju alltid av tolv lärjungar eller apostlar. Tolv män, varken fler eller färre. Kvinnor finns inte med annat än vid korset, sånär som på Maria från Magdala, den botfärdiga synderskan.

Vi måste emellertid skilja på begreppen lärjungar, apostlar och "de tolv".

Den historiske Jesus valde sannolikt ut tolv män som utgjorde en inre krets, men han valde dem ur en större grupp av lärjungar som följde honom vart han gick.

Att vara lärjunge är alltså inte liktydigt med att tillhöra "de tolv".

Att vara apostel är inte heller detsamma som att tillhöra "de tolv".

Ordet apostel kommer från grekiskan och betyder budbärare. De som sänds ut att sprida evangeliet om Gudsriket kallas apostlar. Identifikationen av de tolv som "apostlarna" härstammar från författaren till Lukasevangeliet.

> När det blev dag samlade han sina lärjungar, och bland dem valde han ut tolv, som han kallade apostlar ...[1]

Apostlarna är emellertid fler än de tolv som Jesus utvalt bland sina lärjungar att utgöra en inre krets. Detta är tydligt inte minst i Första Korinthierbrevet där Paulus upprepar ett credo som han själv fått lära sig och som därför torde stamma från den allra första församlingen. Paulus omvändes ju bara några år efter Jesus död. Credot lyder:

> att Kristus dog för våra synder i enlighet med skrifterna, att han blev begravd, att han uppstod på tredje dagen i enlighet med skrifterna och att han visade sig för Kefas och sedan för de tolv. Därefter visade han sig för mer än femhundra bröder vid ett och samma tillfälle ... Därefter visade han sig för Jakob och sedan för alla apostlarna.[2]

Den allra första kristna församlingen skilde alltså på "de tolv" och apostlarna. De grupperna var *inte* identiska.

Markus och Johannes talar över huvud taget inte om "de tolv lärjungarna" eller "de tolv apostlarna", utan enbart om "de tolv".

Vilka var då "de tolv"?

De män som i det kommande Gudsriket av Jesus utsetts till domare över Israels återsamlade tolv stammar.

I den första församlingen, som ju huvudsakligen var judisk, var de tolv därför en viktig symbol, ett eskatologiskt hopp, men när de Jesustroende judarna snart blev i minoritet förlorade begreppet "de tolv" i betydelse.

---

[1] Lukas 6:13.
[2] 1 Korinthierbrevet 15:3–7.

Den historiske Jesus följs alltså av betydligt fler lärjungar än tolv män.

Bruket att ha lärjungar förekommer redan hos några av Gamla testamentets profeter. I evangelierna nämns att Johannes Döparen hade lärjungar, liksom fariseerna.

En lärjunge är mer än en vanlig "elev". En lärjunge äter, sover och färdas med sin mästare och tillbringar all sin tid med honom. För Jesus är emellertid lärjungeskapet betydligt mer långtgående än så.

Han begär att de som följer honom verkligen skall lämna allt: sin familj, sin status, sina pengar, alla de plikter som traditionen ålägger en att efterleva, med en konsekvens som vi ännu i våra dagar finner upprörande, närmast osmaklig.

> En annan av lärjungarna sade: "Herre, låt mig först gå och begrava min far." Men Jesus svarade: "Följ mig och låt de döda begrava sina döda."[3]

Att begrava sina döda var en helig plikt, inte bara inom judendomen, utan i alla kulturer kring Medelhavet och Främre Orienten, och allra viktigast var för en son att få begrava sin far. Men för Jesus är kravet absolut. Att följa honom är att lämna allt bakom sig.

> En annan man sade: "Jag skall följa dig, herre, men låt mig först ta farväl av dem där hemma." Jesus svarade: "Den som ser sig om när han har satt sin hand till plogen, han passar inte för Guds rike."[4]

I den israelitiska traditionen är det egentligen bara profeten Elia som gör något liknande när han kallar Elisha att lämna allt och bli lärjunge.

---

[3] Matteus 8:21–22.
[4] Lukas 9:61–62.

Då lämnade Elisha oxarna och sprang efter Elia och bad honom: "Låt mig först gå och kyssa min far och mor till avsked, sedan skall jag följa dig." Elia svarade: "Gå tillbaka. Du förstår väl vad jag har gjort med dig?" Elisha gick tillbaka, tog de båda oxarna och slaktade dem. Med oket som bränsle tillagade han köttet och gav det åt folket att äta. Sedan bröt han upp och följde Elia som hans tjänare.[5]

Liksom Elisha bokstavligt talat kapar banden till det gamla begär Jesus detsamma av sina lärjungar. Han förväntar sig till och med att de skall bryta mot Guds bud om att hedra sina föräldrar.

Tro inte att jag har kommit med fred till jorden. Jag har inte kommit med fred utan med svärd. Ty jag har kommit för att ställa en man mot hans far, en dotter mot hennes mor, en sonhustru mot hennes svärmor, och mannens husfolk skall bli hans fiender. Den som älskar far eller mor mer än mig, han är inte värd att tillhöra mig.[6]

När man blir Jesus lärjunge lämnar man alltså allt bakom sig och blir del av en ny, andlig familj. Och det offer som Jesus begär av dem som följer honom har han själv redan gjort.

Jesus svarade dem: "Vem är min mor och mina bröder?" Han såg på dem som satt runt omkring honom och sade: "Det här är min mor och mina bröder. Den som gör Guds vilja är min bror och syster och mor."[7]

---

[5] 1 Kungaboken 19:20–21.
[6] Matteus 10:34–37.
[7] Markus 3:33–35.

Att följa Jesus innebar att så konsekvent göra upp med sitt gamla liv att Jesus själv liknade det vid att korsfästas, det plågsammaste och mest skamliga sättet att offentligt avrättas som världen kände till: "Om någon vill gå i mina spår måste han förneka sig själv och ta sitt kors och följa mig."[8]

Somliga kunde inte leva upp till kraven och blev inte lärjungar. Den rike mannen anmodades att sälja allt han hade och ge till de fattiga innan han antogs som lärjunge, men han förmådde inte.

Andra ville gärna bli lärjungar men blev inte accepterade av Jesus: "När han steg i båten bad mannen som varit besatt att få följa med honom. Men han lät honom inte göra det utan sade: 'Gå hem till de dina och berätta för dem om allt som Herren har gjort med dig, hur han förbarmade sig över dig.'"[9]

Lärjunge blev man nämligen genom att Jesus, liksom en gång Elia, kallade en. Detta går igen i alla evangelierna, även om de är oense om var kallelserna sker och i vilken ordning.

> När han gick där fick han se Levi, Alfaios son, sitta utanför tullhuset, och han sade till honom: "Följ mig!" Och Levi steg upp och följde honom.[10]

Olika namnlistor i evangelierna namnger "de tolv". Namnen på listorna varierar, och det måste till både sax, klister och lite god vilja för att få dem att överensstämma. De allra flesta namnen nämns bara vid dessa uppräkningar, och det vi i övrigt "vet" om dessa personer är legendbildningar.[11]

En grupp om tre män – Petrus, Jakob och Johannes (de två se-

---

[8] Markus 8:34.
[9] Markus 5:18–19.
[10] Markus 2:14.
[11] Exempelvis vet vi bara om Petrus och Jakob (som var den förste) att de led martyrdöden. De övriga lärjungarnas eventuella martyrskap finns inga belägg för, och om de dog en naturlig död eller inte har vi inte en aning om.

nare brukar särskiljas genom att kallas Sebedaios söner) – verkar ha utgjort en inre krets och nämns i regel först vid uppräkningar av de tolv, och är också de som det oftast berättas om vid de sällsynta tillfällen som evangelierna nämner lärjungar vid namn.

För det mesta benämns nämligen lärjungarna som ett anonymt kollektiv: lärjungarna gör si, lärjungarna säger så, Jesus säger åt två av sina lärjungar att göra det eller det.

Flera av lärjungarna sägs vara fattiga fiskare, och kom sålunda från samma låga samhällsklass som Jesus själv, och åtminstone en av dem, Bartimaios,[12] sägs vara tiggare och tillhörde sålunda samhällets allra fattigaste och utblottade.

Bland de tolv finns också som vi just nämnt tullindrivaren Levi.

Att döma av evangelietexten är Levi en mindre indrivare – man arrenderade rätten att driva in skatt – och Levis "område" kan tänkas ha varit skatten på det som fiskades i Kafarnaum.

En tullindrivare som Levi var föraktad och utstött av sina landsmän. Tullindrivarna nämns ofta i par med syndare, hedningar och horor. Inte främst för att de "samarbetade med ockupationsmakten", som man tidigare antagit, utan för den plåga de lade på vanligt folk. Tullindrivarna "köpte" sina områden genom budgivning. De ålade sig att driva in en viss mängd skatt, och lyckades de driva in mer än så fick de behålla överskottet som profit. Tullindrivarna kunde därför både kasta människor i fängelse, ta till tortyr och till och med döda för att driva in sina skatter. Och en sådan – om än en småhandlare – utsåg Jesus alltså till lärjunge.

För att visa på spännvidden hos dem som följde Jesus kan det vara intressant att notera att lärjungen Simon särskiljs från andra Simon genom att kallas selot.

Seloterna skall så småningom komma att identifieras med en

---

[12] Markus 10:46–52.

ultranationalistisk judisk grupp som slogs mot den romerska militärmakten, men det är först i det judiska kriget några decennier senare.

En selot på Jesus tid är snarare en ortodox jude med strikt syn på Torah och som inte sammanblandar sig med hedningar och som fördömer och till och med ibland straffar den som gör det. Paulus säger sig exempelvis vid ett par tillfällen själv ha varit selot och menar med det att han är "lagtrogen".

Om Simon varit selot får vi ytterligare ett exempel på hur radikalt Jesus begär att de som följer honom skall bryta med sina gamla liv. Denne renlärige jude förväntas nu dela sitt bröd med horor och syndare och vandra landet runt med en tullindrivare.

Av andra lärjungar som kan ha stått Jesus nära men som inte räknas till "de tolv" kan noteras bland annat den anonyme "lärjungen som Jesus älskade", som är en dominerande gestalt i Johannesevangeliets passionsberättelse.[13] En annan möjlig lärjunge som bara återfinns i Johannesevangeliet är Nikodemos – om vilken det berättas att Jesus gav nattlig och enskild undervisning.[14] Nikodemos, liksom Josef från Arimataia, är rådsherre och kommer sålunda från en högre samhällsklass än de andra lärjungarna.

Josef från Arimataia är enligt evangelierna den man som bekostar Jesus begravning och det sägs uttryckligen att han är en lärjunge i två av evangelierna.[15]

---

[13] Denne identifieras ofta som Johannes själv, men det saknar belägg i texten. Som alternativ kandidat förs ibland Maria från Magdala fram, men flera andra namn har också föreslagits av forskarna. Det är också möjligt att han är en symbolisk förebild för den ideale lärjungen och inte en verklig person.

[14] Johannes 3.

[15] Matteus (27:57) och Johannes (19:38) benämner Josef från Arimataia som lärjunge, Markus kallar honom för rådsherre "som väntar på Guds rike" (15:43) och Lukas säger bara att han är "god och rättfärdig" (23:50).

Bland kvinnorna återfinns bland andra systrarna Maria och Marta och Maria från Magdala.

Kvinnor?

Naturligtvis. Också kvinnor följde Jesus.

När vi talar om lärjungarna ser vi alltid framför oss en samling skäggiga män som följer Jesus vart han än går.

Låt oss därför nu få uppmärksamma de andra – som likt den historiske Josua från Nasaret också blivit till skugg-gestalter, halvt genomskinliga, nästan osynliga, men som fanns där hela tiden, som alltid funnits där, och som träder fram tydligare och med skarpare konturer om vi bara anstränger oss och skärper vår blick – kvinnorna som följde Jesus.

Och främst bland dem apostlarnas apostel, uppståndelsens första vittne, myrrabärerskan: Maria från Magdala.

10

DET SKALL INTE TAS IFRÅN HENNE

Om Frälsaren har gjort henne värdig, vem är då du att förkasta henne?[1]

I Romarriket som helhet såväl som i Palestina var kvinnans plats i hemmet, och som ogift kvinna i hemmets bakre regioner. Om man hade gäster var det kvinnans sak att passa upp, inget annat. Kvinnor som visade sig på offentlig plats utan att åtföljas av en make, en bror eller en far sågs med obmlida ögon. Det offentliga rummet var med andra ord mannens territorium och kvinnor fick naturligtvis varken rösta eller yttra sig. Det finns texter från antiken som beskriver den upprördhet och genans en man upplever när han tvingats möta kvinnor på torget. Författaren berättar att han inte utan att rodna rejält gått förbi en ansamling kvinnor på Forum, och han upprör sig över denna sedvana att visa sig offentligt, ockupera gator och prata med främmande män!

Kvinnor ansågs av naturen svaga, rädda, okontrollerade och irrationella – egenskaper som också tillräknades slavarna. Eller för att vara ännu tydligare: beteenden som kännetecknade slavar kännetecknade också det feminina. En intelligent kvinna ansågs därför manlig, och en feg man ansågs feminin.

Bland dem som följde Jesus fanns också kvinnor. I Lukasevangeliet står att Jesus vandrade från stad till stad och från by till by och förkunnade budskapet om Guds rike och med honom förutom de tolv följde också "kvinnor som hade blivit botade från

---

[1] Mariaevangeliet 18:10.

onda andar och från sjukdomar: Maria, hon från Magdala, som sju demoner hade farit ut ur, Johanna, hustru till Herodes förvaltare Kusas, Susanna och många andra, som alla hjälpte dem med sina tillgångar".[2]

Lukas försöker reducera kvinnornas roll till följeslagerskor som passade upp – men det är som vi skall se sannolikt en efterkonstruktion av evangelisten.

Några forskare menar att kvinnor knappast kan ha följt med Jesus under någon längre tid. Att kvinnor – i somliga fall till och med *gifta* kvinnor – färdas genom landet tillsammans med en samling män som lämnat sina familjer skulle ha varit så skandalöst att evangelierna borde bära spår av kritiken mot det förhållandet.

Men faktum är att evangelierna verkligen bär spår av att man ansåg Jesus verksamhet skandalös.

Han anklagades för att vara en frossare och drinkare, för att umgås med syndare och tullindrivare och lova dem en plats i Guds rike, man sade till och med att han var lierad med djävulen själv.

Vi vet från Markus att Jesus åt tillsammans med tullindrivare och syndare.[3] Jesus själv kopplar ihop tullindrivarna med horor när han säger: "tullindrivare och horor skall komma före er till Guds rike".[4] Samma text vet också att berätta att Jesus hade sitt umgänge med dessa socialt utstötta grupper gemensamt med sin mentor Johannes Döparen, som också följdes av både tullindrivare och horor.[5]

Kan då somliga av de "syndare" Jesus åt tillsammans med ha varit ogifta kvinnor, och därmed i omvärldens ögon horor? Minns att det räckte att en ogift kvinna visade sig ute utan fader, make eller bror för att hon skulle stämplas som lösaktig prostituerad.

---

[2] Lukas 8:1–3.
[3] Markus 2:15–16.
[4] Matteus 21:31.
[5] Matteus 21:32.

Lukas svarar ja på frågan när han beskriver hur en synderska kommer till Jesus när han äter:

> Farisén som hade bjudit honom såg det och sade för sig själv: "Om den mannen vore profet skulle han veta vad det är för sorts kvinna som rör vid honom, en synderska."[6]

Vi kan alltså på goda grunder anta att det inte är nog med att kvinnor tillhörde dem som följde Jesus, somliga av dem var dessutom kvinnor med tvivelaktigt rykte.

Flera gånger berättas att Jesus undervisar kvinnor. När Marta förebrår sin syster Maria för att hon – som en god lärjunge skall! – sätter sig vid sin mästares fötter och lyssnar till hans ord svarar Jesus: "Maria har valt det som är bäst och det skall inte tas ifrån henne."[7]

Att sitta vid sin mästares fötter är en omskrivning för att bli undervisad, och det är vad Jesus säger är bäst, till skillnad från att som Marta utföra de traditionella kvinnosysslorna genom att passa upp.

Detta stycke i Lukas talar som vi ser emot den tidigare passagen i samma evangelium där kvinnornas uppgift beskrivs som enbart uppassande.

När kvinnorna står vid den tomma graven låter Lukas änglarna påminna dem om hur Jesus undervisat dem: "Kom ihåg vad han sade till er medan han ännu var i Galileen: att Människosonen måste överlämnas i syndiga människors händer och korsfästas och uppstå på tredje dagen."[8]

Trots att evangelisterna alla är märkta av sin tids patriarkala

---

6 Lukas 7:39.
7 Lukas 10:42.
8 Lukas 24:6–7.

människosyn sipprar med andra ord ändå en annan syn på kvinnor igenom, en syn som är så stick i stäv med samhällets och som uppfattades som så opassande att den knappast är ett påhitt av evangelisterna.

Eller som när en kvinna i mängden ropar till Jesus i en udda vers i Lukasevangeliet: "Saligt det moderliv som har burit dig, och saliga de bröst som du har diat."

Jesus svarar: "Säg hellre: Saliga de som hör Guds ord och tar vara på det."[9]

Det vill säga: Jesus godtar inte tanken att en kvinnas huvudsakliga uppgift är att föda söner, utan menar att hon själv – liksom männen – skall söka Gud.

När han avvisar sin biologiska familj till förmån för sin nya andliga familj talar han som vi sett också om systrar och mödrar, när han talar om priset för att följa honom nämner han att en dotter skall komma i konflikt med sin mor, en sonhustru med sin svärmor.

Om gifta kvinnor – så som sägs i Lukas – färdas med Jesus kan det sistnämnda Jesusordet beröra just en sådan kritik.

När Jesus i Markusevangeliet räknar upp vilka lärjungarna lämnat för hans skull nämner han bröder, systrar, mödrar, fäder och barn – men inte fruar.[10] Bland dem som lämnat sina hem för Jesus skull kan med andra ord också finnas kvinnor.

Och kanske hade de manliga lärjungarna i somliga fall sina fruar med sig. I första brevet till korinthierna skriver Paulus att Petrus har sin fru med sig på sina missionsresor: "Har vi inte rätt

---

[9] Lukas 11:27–28.

[10] Detta gäller Markus och Matteus, men inte Lukas, som anger att också fruar lämnades. Det framställs för övrigt gärna att Jesus brydde sig om barnen, "låt barnen komma hit till mig", men det sägs ingenting om hur de barn mådde vars fäder övergivit dem för Jesus skull – eller hur de fick sin försörjning. Kanske också dessa faderlösa barn liksom liljorna på marken skulle förlita sig på Herren.

att ta med oss en troende hustru liksom de andra apostlarna och Herrens bröder och Kefas?"[11]

Så småningom reser alltså Kefas, eller Petrus som vi vanligen kallar honom, med sin hustru i sällskap. Kanske gjorde han det redan när han följde Jesus. Vi kan naturligtvis inte veta. Men vi vet att kvinnor följde Jesus, och att Jesus accepterade dem.

Enligt flera texter är Maria från Magdala till och med den främsta av Jesus lärjungar, utvald av honom får hon särskild och hemlig undervisning.

En rivalitet kan för övrigt ha funnits mellan Petrus och Maria från Magdala, som möjligen speglar schismen mellan dem som accepterade och dem som inte accepterade kvinnor som ledare.

På flera ställen i de apokryfiska evangelierna skildras hur Petrus försöker utesluta Maria från Magdala ur kretsen av lärjungar och blir tillrättavisad av såväl Jesus som de andra lärjungarna.

> Simon Petrus sade till dem: "Må Mariham gå bort från oss, ty kvinnor är inte värda livet." Jesus sade: "Se, jag skall leda henne för att göra henne till en man för att hon också skall bli en levande ande, som liknar er män. Ty varje kvinna som gör sig till en man skall gå in i himmelriket."[12]

Som vi vet är det de mer kvinnofientliga som med tiden skall gå segrande ur denna maktstrid, och kanske är det därför Maria från Magdala snart marginaliseras till den grad att hon i nästan två tusen år betraktats som hora och botfärdig synderska i stället för den lärjunge hon troligen var.

Jesus var kanske inte den enda som Petrus förnekade.

---

[11] 1 Korinthierbrevet 9:5. Den bokstavliga översättningen från grekiskan lyder systerhustru, och kan ha varit en beteckning på kvinnliga apostlar som kunde utföra sitt arbete genom att resa med en manlig apostel som dennes "hustru" och ansågs därför respektabel.
[12] Tomasevangeliet 114:1–3.

106

Vi är vana att se Maria från Magdala som den botfärdiga synderskan, klädd i rött som den babylonska skökan, trots att det inte finns ett enda belägg i evangelietexterna för att hon var hora.

Man brukar sammanblanda henne med den synderska som tvättar Jesus fötter med sina tårar och torkar dem med sitt hår, men den kvinnans namn nämns aldrig.

Inte heller finns det något som säger att hon är liktydig med den Maria som är Martas syster och som Johannesevangeliet identifierar som den synderska som smorde Herrens fötter med välluktande balsam och torkade hans fötter med sitt hår.[13]

Lukas meddelar att Maria från Magdala varit besatt och att Jesus kastat ut de demoner som hemsökt henne, men hur de demonerna visat sig sägs inte. Att de är sju till antalet tyder på att Lukas menar att hon varit helt besatt.

Traditionen och inget annat gör Maria till botgörerska – en katolsk tradition dessutom, som inte har någon egentlig motsvarighet i östkyrkan. Där är hon "myrrabärerskan"[14] – vittnet till uppståndelsen.

Ett antal kyrkofäder ur den östliga traditionen beskiver henne uttryckligen som en lärjunge och apostel fastän hon är kvinna. Gregorius av Antiochia (500-talet) låter Kristus säga till kvinnorna vid graven i en av sina predikningar: "Förkunna för mina lärjungar det mysterium som ni har sett. Bli de första lärarnas lärare. Petrus, som har förnekat mig, måste lära sig att jag även kan göra kvinnor till apostlar."[15]

När evangelisterna räknar upp de kvinnor som följer Jesus nämns alltid Maria från Magdala först, och Johannesevangeliet låter

---

[13] Johannes 11:2.
[14] Myrra användes för att smörja den avlidnes kropp.
[15] Esther De Boer, *Maria Magdalena – bakom myterna*, övers. Annika Johansson, Cordia, 1998, s. 26.

henne till och med vara ensamt vittne till uppståndelsen och blir tillsagd av Jesus att undervisa de andra.[16]

Flera av de apokryfiska evangelierna, såsom Frälsarens dialog, Filipposevangeliet och Första Jakobsapokryfen nämner Maria från Magdala som lärjunge, och på flera ställen beskrivs rivaliteten mellan henne och Petrus.

I den gnostiska texten Pistis Sofia från tvåhundratalet säger Petrus: "Min Herre, vi tolererar inte längre denna kvinna: hon tar ifrån oss tillfället att tala och låter inte en enda av oss komma till tals medan hon själv tar till orda flera gånger", medan Maria från Magdala på ett annat ställe säger: "varje gång jag träder fram för att ge den rätta tolkningen av dina ord är jag rädd för Petrus, för han hotar mig och hatar vårt kön."

I Mariaevangeliet blir Petrus tillrättavisad av de andra lärjungarna:

> Om Frälsaren har gjort henne värdig, vem är då du att förkasta henne?[17]

Dessa apokryfiska texter är i ännu mindre utsträckning än de kanoniska evangelierna ögonvittnesskildringar med korrekt återgivna replikskiften från historiska händelser, men de speglar ändå traditioner som tvivelsutan funnits i några av de första kristna församlingarna. Tendensen är att kyrkan får ett alltmer problematiskt förhållande till sina kvinnliga ledare med tiden. Föreställningar om hur Jesus inkluderat kvinnor och accepterat Maria från Magdala som lärjunge är därför knappast uppfunna av kyrkan.

Kristendomen var tidigt en kvinnornas religion. De kristna församlingarna – till skillnad från i Romarriket i övrigt – kom

---

[16] Johannes 20:11–18.
[17] Mariaevangeliet 18:10.

snabbt att bestå av fler kvinnor än män. Samhällen där kvinnorna överväger tenderar att värdera kvinnorna högre. Så intog kvinnor också ledande positioner i den första kyrkan, inte minst Paulus räknar upp mängder med kvinnor som ledare och lärare för församlingarna, bara i Romarbrevet räknas en mängd kvinnor upp som apostlar, nära medarbetare och stöttepelare: Prisca, Maria, Junia, Tryfania, Tryfosa, Julia och Olympas.[18]

Men det finns som vi ser i de citerade texterna en tydligt växande konflikt inom och mellan olika församlingar i synen på kvinnor, och vi vet att det skedde en maktkamp ur vilken den "kvinnofientliga" synen gick segrande, och med åren blev Maria stämplad som synderska och kvinnorna förvisades från ledande positioner i kyrkan. Till slut blev föraktet mot kvinnor så stort att man på allvar diskuterade huruvida de ens var att betrakta som människor. Enda godtagbara skälet man kunde finna till att kvinnor ändå kunde betraktas som människor var att de var skapta av mannens revben.

I sitt brev till Galaterna skriver Paulus: "Nu är ingen längre jude eller grek, slav eller fri, man eller kvinna. Alla är ni ett i Kristus Jesus."[19] När han emellertid använder samma formulering i

---

[18] Kristna kvinnor hade vidare starkare position i sina äktenskap än andra kvinnor i romerska riket, eftersom skilsmässa var förbjudet hos de kristna och inte bara kvinnan utan också mannen förväntades vara trogen, man tillät inte abort (annars en mycket vanlig dödsorsak för kvinnor, och mannen hade också rätt att befalla sin kvinna att göra abort) och inte heller var det tillåtet att döda nyfödda (vilket var både lagligt och vanligt och drabbade framför allt flickebarn). Fler kvinnor och högre födelsetal bidrog också till att antalet kristna ökade – medan befolkningsmängden i riket i stort minskade drastiskt. "Överskottet" på kvinnor i de kristna församlingarna gjorde också att många kvinnor gifte sig med hedniska män, och på detta sätt förblev de kristna församlingarnas nätverk öppna, vilket är ännu en förutsättning för att kunna växa, eftersom alla nya religioner och sekter rekryterar nya anhängare först och främst ur sina medlemmars familj- och vänkrets.

[19] Galaterbrevet 3:28.

sitt första brev till korinthierna utesluter Paulus kvinnorna[20] och låter uttryckligen mannen vara kvinnans huvud[21].

Man kan inte låta bli att fråga sig vad som hänt däremellan.

Efter vilken gruppering, efter vilka omständigheter Paulus rättade sig.

Men Jesus själv accepterade och undervisade alltså kvinnor. I Johannesevangeliet undervisar Jesus exempelvis – till lärjungarnas stora förvåning – en samarisk kvinna, och därefter predikar hon själv för sina landsmän och många samarier kommer till tro genom henne.[22]

Johannesevangeliet låter till och med en kvinna vara den första som kommer med den Messiasbekännelse som annars brukar tillskrivas Petrus. Det händer när Jesus skall uppväcka den döde Lasaros och frågar Marta om hon tror på honom, och hon svarar:

> Ja, herre, jag tror att du är Messias, Guds son, han som skulle komma hit till världen.[23]

Kvinnor både vittnade och missionerade. Och detta i sig kanske var ytterligare ett tecken på att Guds rike var i antågande. I Apostlagärningarna citerar Petrus i sitt pingstdagstal profeten Joel: ”Det skall ske i de sista dagarna, säger Gud, att jag utgjuter min ande över alla människor. Era söner *och döttrar* skall profetera … Ja, över mina tjänare *och tjänarinnor* skall jag i de dagarna utgjuta min ande, och de skall profetera.”[24]

Kvinnor vittnade alltså och profeterade. Kvinnor följde Jesus,

---

[20] 1 Korinthierbrevet 12:13.
[21] 1 Korinthierbrevet 11:3.
[22] Johannes 4:1–39.
[23] Johannes 11:27.
[24] Apostlagärningarna 2:17–18, min kursivering.

undervisades av honom, uppfyllde alla krav på lärjungeskap. Kvinnorna var också de enda som inte övergav honom vid korset:

> Längre bort stod också några kvinnor och såg på, och bland dem var Maria från Magdala och den Maria som var Jakob den yngres och Joses mor och Salome. De hade följt med honom och tjänat honom när han var i Galileen. Och där var många andra kvinnor, de som hade gått med honom upp till Jerusalem.[25]

Det var också, enligt evangelierna, kvinnor som var de första vittnena till uppståndelsen på påskdagsmorgonen. Det brukar sägas att ingen skribent i det första århundradet skulle ha hittat på en sådan generande detalj. Inte i ett samhälle där kvinnor inte fick vittna i domstol och inte yttra sig högt. Att behöva stödja sig på kvinnor som vittnen är inget som någon hade gjort frivilligt.

Ändå kallas inte någon av de omnämnda kvinnorna för "lärjunge". Inte i något av evangelierna.
Skälet kan emellertid vara enkelt.
Det hebreiska och arameiska språket hade helt enkelt inget ord för kvinnlig lärjunge. Ordet – *talmid* – är i maskulin form!
Så hur mycket Jesus än kan ha betraktat Maria från Magdala och andra kvinnor som fullvärdiga lärjungar saknades på deras eget språk en term som kunde benämna dem så![26]

Till Våra Föreställningars Jesus Kristus måste vi vidga bilden av vilka som följde honom. Det var inte bara tolv utvalda män, utan ännu fler män *och* kvinnor som han kallat och accepterat som lärjungar och följeslagare.

---

[25] Markus 15:40–41.
[26] På grekiska finns ordet lärjunge i feminin form. Det används av Lukas i Apostlagärningarna 9:36, ordagrant: "Och i Joppe var en lärjunginna vid namn Tabita ..."

Det berättas om kvinnan som smörjer in Jesus fötter med en flaska äkta nardusbalsam. Hur några blev arga och menade att man för den dyrbara oljan hade kunnat få mer än tre hundra denarer att ge till de fattiga. Men Jesus tillrättavisar dem.

> Låt henne vara! Varför gör ni henne ledsen? Hon har gjort en god gärning mot mig. De fattiga har ni alltid hos er, och dem kan ni göra gott mot när ni vill, men mig har ni inte alltid. Hon har gjort vad hon kunde. I förväg har hon sörjt för att min kropp blev smord till begravningen. Sannerligen, överallt i världen där evangeliet förkunnas skall man också berätta vad hon gjorde och komma ihåg henne.[27]

Jesus befaller alltså uttryckligen att man skall omtala och minnas denna kvinna. I Israels historia var det en profetisk uppgift att smörja en Messias, att utse en kung. Det gör profeten Samuel med Saul och David, det gör en annan profet med Jehu. Den kvinna som smörjer Jesus fötter kan alltså uppfattas som en profet som smörjer Messias, som utser Jesus till kung.

Men ingen av de närvarande vid middagen hos Simon den spetälske brydde sig om att lägga hennes namn på minnet.

Varför, i en värld som inte ens hade ett ord för kvinnlig lärjunge, skulle man bry sig om att minnas något sådant?

Vad Lukas däremot vet att slå fast är att kvinnan var en synderska, det vill säga att hon inte åtföljdes av en man som kunde legitimera hennes närvaro, och alltså var värd de andras avståndstagande och förakt.

Häromåret kablades bilder ut över världen på två iranska pojkar, sjutton och arton år gamla, som stod tätt tillsammans med förbundna ögon och hängsnaror om sina halsar. De hade torterats

---

[27] Markus 14:6–9.

i fängelset och nu hängdes de offentligt. Deras brott var att de älskade varandra.

De dödades i Guds namn, för att ha brutit mot Guds lag. Man trodde att världen skulle skälva, men världen höll sig alldeles still.

Inte långt därefter skrevs spaltkilometer om hur kränkta religiösa människor blivit för några danska nidteckningars skull.

Bilderna på tonårspojkarna som avrättades kablades ut, men världen skakades inte om, som i upprördheten efter Muhammedkarikatyrerna.

Tidningarna fylldes inte dag efter dag med sida efter sida om protesterna.

Inga ambassader sattes i brand.

De här pojkarna torterades och avrättades. Det blev en notis. Sedan blev det inget mer.

På fotografierna från demonstrationerna mot Muhammedteckningarna bara män.

Som alltid bara män. På gatorna bara män.

Och ungefär samtidigt rapporterades i Sverige om en tonårsflicka som torterades med pinnar och glödande cigaretter i underlivet medan pojkarna stod i ring kring henne och filmade övergreppet med sina mobiltelefoner samtidigt som de skanderade: "Hora! Hora! Hora!"

Denna männens värld.

När det valdes ny ärkebiskop i Sverige för något år sedan sades allmänt att Sverige inte var moget för en kvinnlig ärkebiskop. Till och med en av de två kvinnliga biskoparna höll med.

Det är skrämmande. Har man inte fattat någonting?

Vi vet i dag att Maria från Magdala var en lärjunge.

Vi vet att kyrkan gjorde henne till hora.

Kanske tvingade de in en glödande cigarett eller en pinne i hennes underliv och filmade med sina mobiltelefoner också. Jag vet inte.

Jag är så trött på att respektera människor som inte respekterar mig. Erkänna människor som inte erkänner mig tillbaka. Detta daltande.

Min Gud är de utsattas Gud, kvinnornas Gud, de homosexuellas Gud. Min Gud är de mobbades Gud, de lidandes Gud, de maktlösas Gud.

Jag förklarar krig mot den andra guden.

11

MIRAKELMANNEN

Jesus var inte bara en profet och en visdomslärare, så som vi vant oss vid att betrakta honom. Han var också en man som kunde utföra mirakel. Det vill säga, han utförde sådant som både han själv och hans samtid – såväl vänner som fiender – betraktade som underverk. Det var dessa mirakel som gjorde honom känd och omtalad, och dessa mirakel – menade han själv och de som följde honom – var tecken på att hans budskap var sant.

Vi måste emellertid först av allt återigen skilja på vad vi i dag ibland tar för självklart och vad en jude i första århundradets Palestina tog för givet.

För många av oss finns det en direkt koppling mellan att Jesus var Guds utvalde och att han kunde utföra underverk. Men för Jesus samtid fanns det ingen som helst förväntan på att den kommande Messias skulle vara en mirakelman.

Officiellt administrerades israeliternas religion av Jerusalems prästfamiljer. Parallellt fanns också en folklig religion med så kallade *ishe ha-Elohim,* heliga män som ansågs uttyda Guds vilja och vars böner Gud lyssnade till.

Att diagnostisera sjukdomar tillhörde prästernas uppgifter, det fanns få om ens några läkare att tillgå. Gud slog människor med sjukdom, och det var Gud som hade makt att läka. I Andra Krönikeboken förebrås kung Asa att han sökt hjälp hos läkare när han blivit sjuk i stället för att vända sig till Gud: "Men inte ens under sin sjukdom sökte han sig till Herren utan till läkare."[1]

---

[1] 2 Krönikeboken 16:12.

För fattiga människor var läkare uteslutet, och för dem återstod bara att söka upp en ish ha-Elohim, en helig man, någon som Gud lyssnade till. En sådan hade exempelvis profeten Elia varit, och det är i den traditionen vi kan förstå Jesus.

Heliga män uppträdde då och då. De ansågs stå nära Gud, men de hälsades inte som den Messias Gud skulle sända. Före Jesus verkade exempelvis Honi Cirkelritaren, som ansågs kunna be om regn, och ett par decennier efter Jesus framträdde en Hanina ben Dosa, vars mest omtalade mirakel liknar det som Jesus utför med en romersk officers tjänare, då båda botar på avstånd.

I Apostlagärningarna berättas om en Simon som bedrivit trolldom som fått folket i Samarien att häpna, men som kom till tro och lät sig döpas.[2]

Jesus tror sig inte heller vara ensam om sina förmågor. Också bland fariseerna finns de som driver ut demoner. Och när hans lärjunge Johannes kommer till honom och berättar att de sett en man driva ut demoner i Jesus namn som inte hörde till gruppen svarade Jesus:

Hindra honom inte. Ingen som gör underverk i mitt namn kan genast efteråt tala illa om mig.[3]

Eftersom Jesus utförde mirakel betraktades han säkert som en helig man med en nära relation till Gud, men så var judarna ett heligt folk med en nära relation till Gud – det i sig gjorde inte Jesus unik. Många var de konster och magiska hemligheter som ansågs stamma ända tillbaka till judarnas store gamle konung Salomo.

---

[2] Apostlagärningarna 8:9. Apostlarna verkar ha utfört sina mirakel medelst handpåläggning, och när Simon såg det erbjöd han dem pengar för att få samma förmåga.

[3] Markus 9:39.

Jesus är alltså inte ensam om sina förmågor, och hans förmågor gör honom inte automatiskt till Guds enfödde son. Jesus var en budbärare, det var *budskapet* man skulle tro på.

Och till det tjänade miraklen.

Vi tenderar ofta att se Jesus i första hand som en visdomslärare och profet, men för sin samtid var han framför allt känd som mirakelman och exorcist, något som inte alltid var oproblematiskt, kanske eftersom trollkarlar inte var helt ovanliga men sågs som suspekta. Trollkarlarnas förmågor var ofta en handelsvara. Man kunde gå till trollkarlen för att få hjälp med allt ifrån att be om regn till att kasta förbannelser över en fiende. Dessutom kunde magikerna lika gärna syssla med svart som vit magi. Flera gånger anklagas Jesus också för att ha fått sin kraft från Beelsebul, djävulen.

Kung Salomo ansågs vara en stor magiker. Flera av israeliternas profeter utförde mirakel och prästerna kände till trolldom: exempelvis utmanade Moses bror Aron faraos alla trollkarlar och spåmän på duell då han förvandlade sin stav till en stor orm och förvandlade Nilens vatten till blod. (Detta förmådde för övrigt också faraos trollkarlar och spåmän med sina hemliga konster.) Senare i Israels historia uppträdde profeten Elia som utförde många under och ägde förmågan att uppväcka döda – ett par av hans bedrifter upprepades för övrigt av Jesus – och hans efterföljare Elisha kunde få Jordanflodens vatten att dela sig.

Detta var helt enkelt tider då mirakel ännu skedde.

Människorna trodde på deras möjlighet.

De heliga skrifterna skildrade inte bara judarnas tro utan också deras historia. De mirakulösa händelser som berättades där, från delningen av Sävhavet till Jerikos fall, uppfattades inte som mytiska, utan som historiska. De var fakta, inte uppdiktade sägner, även om man inte förbisåg deras symbolik.

Världen befolkades inte bara av människor, utan även av änglar och demoner. Det var för de flesta något naturligt och självklart (även om det också i antiken fanns rationella människor som avfärdade allt sådant).

På både hebreiska och grekiska är ordet för "vind" och ordet för "ande" ett och samma. På hebreiska heter det *ru'ah* och på grekiska *pneuma*. Det övernaturliga existerade jämsides med det naturliga utan att det var något märkvärdigt med det. Tvärtom, det var så hela existensen förklarades.

I vår tid tror vi oss veta att sjukdomar orsakas av virus, bakterier och ärftliga egenskaper. På Jesus tid var det lika självklart att de orsakades av demoner eller var straffet för en människas synder.

> Där fanns en kvinna som hade plågats av en sjukdomsande i arton år. Hon var krokryggig och kunde inte räta på sig.[4]

Diskbråck eller ryggskott skulle vi säga. Sjukdomsande är evangelistens förklaring.

När Jesus botar en pojke med symptom som vi i dag skulle diagnostisera som epilepsi, är det lika tveklöst att Jesus själv och hans samtid menar att han kastar ut en oren ande.

I evangelierna och Apostlagärningarna berättas också om mirakel som inträffar utan att någon verkar tycka att det är särskilt märkvärdigt. Som när Jesus mättar flera tusen människor med bara några kornbröd och ett par fiskar.

Intrycket man får när man läser om händelsen är att det mest var ett praktiskt problem som måste lösas: Många människor kom för att lyssna till Jesus predikningar och så småningom blev de hungriga och måste få mat. Jesus utförde sitt mirakel och alla åt och blev mätta. Sedan kommenteras händelsen inte mer. När

---

4 Lukas 13:11.

Jesus botade sjuka eller drev ut onda andar står det ofta hur ryktet om hans gärningar for vida omkring, men efter detta stordåd är det märkligt tyst.

Eller som när aposteln Filippos döpte den etiopiske hovmannen på vägen mellan Jerusalem och Gaza. När de stigit upp ur vattnet ryckte Herrens ande bort Filippos, och hovmannen såg honom inte mer. Hovmannen blev varken förvånad eller skräckslagen över att Filippos blev borttrollad. Tvärtom fortsatte han sin resa fylld av glädje och försvann sedan ut ur historien.[5]

Detta var i miraklens tidevarv. Det övernaturliga existerade jämsides med det naturliga. Det mirakulösa var en realitet – och tvärtom – det vi i dag kallar "naturfenomen", såsom storm, åska och vulkanutbrott, tolkades som gudarnas olika manifestationer.

Att Jesus var en helbrägdagörare måste anses vara historiskt riktigt även om inte vart och ett av de beskrivna miraklen är det. Somliga mirakel lade evangelisterna själva till, som när den formmedvetne Matteus fyllde ut miraklen i sitt åttonde och nionde kapitel så att de blev tre grupper om tre mirakel. Flera mirakelhistorier bär också tydliga spår av hur de utvecklats genom den muntliga traditionen innan de fann sin slutgiltiga form i evangelierna. Somliga detaljer har lagts till, andra försvunnit.

Ett exempel är den märkliga berättelsen om hur Jesus befaller en demon att fara ut i en grishjord, som sedan kastar sig i Genesarets sjö och drunknar.

Det är möjligt att det finns en historisk kärna, det vill säga att Markus för vidare minnet av att Jesus utfört en exorcism i Gerasa – anmärkningsvärt eftersom Jesus annars sällan gav sig in på hellenistiskt område och Gerasa var en hellenistisk stad – men att svinen skulle ha rusat de närmare fem milen (!) till Genesarets sjö för att kasta sig i den är nog sådant som lagts till med tiden.

Matteus och Lukas som båda inkluderar Markus berättelse

---

[5] Apostlagärningarna 8:39.

försöker komma till rätta med det geografiska problemet och föreslår andra städer för att komma närmare vattnet, Gadara respektive Gergesa.

Evangelisterna använder sig också ofta av miraklen för att utveckla sin teologi. Ett tydligt exempel är när Markus, strax innan Petrus bekänner att Jesus är Messias, återger hur en blind man botas utanför byn Betsaida[6] och omedelbart före det stycket hur Jesus skäller ut sina lärjungar för att de inget förstår med orden: "Kan ni inte se fast ni har ögon ..."[7]

Det vill säga, först botas den fysiskt blinde, sedan den andligt blinde.

Men även om Jesus mirakel alltså ofta bär tydliga spår av denna typ av redaktionell påverkan, och även om det är mycket svårt att avgöra vilka av evangeliernas mirakel som faktiskt går tillbaka till den historiske Jesus, innebär det *inte* att den historiske Jesus inte verkligen ansågs vara en undergörare!

Vi kan ställa oss frågan om Jesus kunde återuppväcka döda. Evangelisterna bidrar med flera sådana historier, och det finns sådant som tyder på att den historiske Jesus faktiskt tillskrevs den typen av mirakel.

Jag vill poängtera att det viktiga är inte huruvida Jesus verkligen kunde återuppväcka döda personer, utan att han och hans närhet *trodde* och *ansåg* att han gjorde det.

Man har i den moderna Jesusforskningen föreslagit mängder med förklaringar på Jesus mirakel – att det Jesus gjorde egentligen bara var att lösa de sjuka från det sociala stigmat att vara orena genom att inkludera dem i Gudsrikets gemenskap, att de som botades bara var psykosomatiskt sjuka, att de döda han uppväckte var skendöda, att den tidiga kyrkan uppfann miraklen för att tillfredsställa de ickejudiska Jesustroendes förväntan på hur

---

[6] Markus 8:22–26.
[7] Markus 8:18.

gudar i människogestalt skulle uppträda eller att evangelisterna helt enkelt kopierade andra mirakelberättelser ur den judiska och grekiska traditionen.

Alla dessa förklaringar missar något väsentligt: alldeles oavsett vad vi i dag menar om underverken så *trodde* Jesus att han ägde förmågan att utföra dem, hans samtida *trodde* på hans förmåga, och som vi skall se framöver betraktade både han och de första kristna dessa mirakel som tecken på att Guds rike var nära – eller redan närvarande. Eller för att uttrycka det mer precist: Gud tillät att Jesus verksamhet blev ett tillfälligt uttryck för Guds rike.

Det finns forskare som föreslagit att Jesus var magiker. Ordet har en negativ klang av humbug och lurendrejeri. Man är inte enig om hur man skall skilja magi från mirakel, men en viktig skillnad skulle kunna vara att magikern följer en formel, utför en ritual eller upprepar en ramsa, och genom denna formel, ritual eller ramsa försöker han framkalla ett visst resultat, manipulera gudomen att handla efter sin vilja. Magikern besvärjer med andra ord gudomen, han tillber den inte.

Det finns några tillfällen då Jesus faktiskt verkar ha använt sig av metoder med inslag av magi för att hela den sjuke. Som när han botade en döv i Dekapolisområdet – en region med hellenistiskt inriktade städer som Jesus vanligen inte besökte.

Han tog honom avsides från folket och stack fingrarna i hans öra och spottade och rörde vid hans tunga. Sedan såg han upp mot himlen, andades djupt och sade till honom: "Effata!" (det betyder: Öppna dig!). Med ens öppnades mannens öron och hans tunga löstes och han talade riktigt.[8]

---

[8] Markus 7:33–35.

Vid ett annat tillfälle lade han lera på den sjuke för att göra honom frisk, spottade på den blindes ögon för att de skulle bli seende.[9] När Jesus botade den blinde mannen i Betsaida måste han spotta två gånger, första försöket tog inte som det skulle.

> Han tog den blinde vid handen och ledde honom ut ur byn. Sedan spottade han på hans ögon, lade sina händer på honom och frågade: "Ser du något?" Mannen öppnade ögonen och sade: "Jag ser människorna: de liknar träd, men de går omkring." En gång till lade han sina händer på mannens ögon, och nu kunde han se riktigt och var botad och såg allting tydligt.[10]

Lägg märke till att han vid bägge dessa helanden tar de sjuka avsides för att slippa åskådare.

I det första av de ovan citerade exemplen har evangelisten, som ju skrev på grekiska, låtit bevara det arameiska uttryck som Jesus använde: "Effata!"

Det är som om själva ordet – för evangelisten – bar på en magisk kraft, som om det vore en trollformel. Det Jesus i övrigt säger är ju översatt till grekiska. Detta sker också vid ett annat tillfälle, när Jesus uppväcker en synagogaföreståndares dotter från de döda.

> Så tog han barnets hand och sade: "Talita koum!" (det betyder: Lilla flicka, jag säger dig, stig upp!). Och genast reste sig flickan och gick omkring, hon var tolv år gammal.[11]

---

[9] Saliven från en framstående man tillskrevs i antiken välsignande egenskaper.

[10] Markus 8:23–25. Att mannen botas i två etapper kan också ges en teologisk förklaring: miraklet återges direkt före Petrus Messiasbekännelse. Petrus "ser" först grumligt, och det är först efter Jesus uppståndelse som han till fullo skall "se klart" och förstå att Jesus är Messias.

[11] Markus 5:41–42.

Det är med något undantag[12] enbart i Markus som Jesus utför sådant som skulle kunna vara en magisk ritual eller uttalar något som skulle kunna vara en trollformel. Såväl Matteus som Lukas har varit så besvärade av dessa likheter med magi i det äldre evangeliet att de uteslutit passagerna i sina egna evangelier, trots att de annars tar med varje helande Markus berättar om.

Absoluta huvuddelen av de underverk Jesus utför har emellertid inga likheter med magi. Tvärtom: när Jesus botar sjuka är miraklet oftast kopplat till tro. [13] Det är ibland inte ens Jesus som gör något, utan det är den hjälpsökandes *tro* som är avgörande.

Men en kvinna som hade lidit av blödningar i tolv år kom bakifrån och rörde vid tofsen på hans mantel eftersom hon tänkte: "Får jag bara röra vid hans kläder, så blir jag hjälpt." Jesus vände sig om och fick se henne och sade: "Var inte orolig, min dotter. Din tro har hjälpt dig." Och från det ögonblicket var hon frisk.[14]

När Jesus såg deras tro sade han till den lame: "Mitt barn, dina synder är förlåtna."[15]

När Jesus hörde detta förvånade han sig över honom och vände sig om och sade till folket som följde med honom: "Jag säger er, inte ens bland israeliter har jag funnit en så stark tro." Och

---

[12] Johannes 9:6–12.

[13] De enda helanden som inte kopplas till tro är de gånger som Jesus botar sjuka på sabbaten – medan han för en debatt om huruvida det är tillåtet eller inte att göra så. Lukas lägger också till ett mirakel där Jesus uppväcker en änkas son från de döda, men det miraklet återfinns inte i något annat evangelium och tangerar nästan fullständigt ett mirakel som profeten Elias utförde, och kan nog sägas vara en rekonstruktion av 1 Kungabokens 17:e kapitel.

[14] Matteus 9:20–22.

[15] Markus 2:5.

när de utskickade kom tillbaka till huset fann de tjänaren frisk igen.[16]

I de båda senare exemplen är det inte ens den sjuke som har tron, utan de runt omkring den sjuke. I första fallet den lames vänner, i det andra fallet tjänarens herre, en romersk officer. Det är alltså som om Jesus förmåga att utföra mirakel står i direkt förbindelse med omgivningens vilja att tro. Allra tydligast blir det när han är i sin hemstad Nasaret där byborna avvisande undrar vem han tror att han är, denne Jesus, snickaren, Marias son, vars bröder och systrar bor bland dem.

> Han kunde inte göra några underverk där, utom att bota några sjuka genom att lägga sina händer på dem. Och han förvånade sig över att de inte ville tro.[17]

Med andra ord, i en fientlig omgivning där ingen trodde på honom förmådde han inte heller utföra mirakel. Det är inte svårt att förstå hur frustrerande det måste ha varit för den hemvändande Jesus att misslyckas med helandet just i Nasaret.

Att Markus låter Jesus vara så mänsklig är rörande. Det är också Markus som låter Jesus vara arg, bedrövad, stingslig, tvekande och ibland överväldigad av kärlek, för att inte tala om att hos Markus erkänner Jesus sin makts begränsningar, och förutsättningen för Jesus helande förmåga är alltså tron, både hos den som helar och den som skall helas.

De ord som Jesus säger till synagogföreståndaren när han uppväcker hans dotter från de döda – "Var inte rädd, tro bara" – skulle kunna sammanfatta Markusevangeliets budskap om Jesus.

När Jesus grips kommer alla att överge honom och fly. De ger

---

[16] Lukas 7:9.
[17] Markus 6:5–6.

efter för rädslan och vågar inte tro. När kvinnorna kommer till graven på påskdagens morgon och finner en ängel där blir de åter en gång rädda, och ängeln säger, som Jesus hela tiden sagt: "Var inte förskräckta",[18] och uppmanar Maria från Magdala och de andra kvinnorna att vittna för de andra lärjungarna.

Skrivet under det ödeläggande judiska kriget då Jerusalems tempel ödelades, och för församlingen i Rom som några år tidigare utstått kejsar Neros förföljelse, uppmanar Markus sina läsare att inte ge efter för rädslan, inte fly mer, inte tiga längre – utan bara tro. Tro och de skall vara räddade, tro och de skall få leva.

Den återuppväckta flickan förebådar den kristna återuppståndelsen från de döda. Liksom synagogföreståndaren fick sin dotter tillbaka genom att tro kommer Markusevangeliets läsare att få livet tillbaka genom tron på Jesus återuppståndelse.

När de tror att allt är för sent skall det visa sig att det inte alls är det. Mörkret och döden skall inte segra. "Var inte rädda, tro bara!"

De människor som Jesus möter i evangeliet och som tror på budskapet tjänar som förebilder för de nyvunna kristna – tro på budskapet och du är räddad!

Tron är nyckeln till helandet, till botandet och till syndaförlåtelsen. Tilliten skapar den närhet till Gud i vilken miraklet blir möjligt.

En gång tar en far med sig sin son som är besatt av en oren ande och ber lärjungarna att driva ut den. När de misslyckas blir Jesus irriterad på dem och säger: "Detta släkte som inte vill tro! Hur länge måste jag vara hos er? Hur länge måste jag stå ut med er!"[19]

---

[18] Markus 16:6.
[19] Markus 9:19.

Därefter ber Jesus att man skall föra fram pojken som genast faller omkull och vältrar sig på marken med fradga kring munnen. Fadern ber Jesus att hjälpa dem, om Jesus bara kan.

> Jesus sade: "Om jag kan? Allt är möjligt för den som tror." Då ropade pojkens far: "Jag tror. Hjälp min otro!"[20]

När Jesus botat gossen frågar lärjungarna varför han lyckades när de misslyckades. Jesus ger dem inte det självklara svar som jag som frikyrkobarn tyckte: "Det är för att jag är Guds son och ni är vanliga människor." I stället säger han:

> Därför att er tro var svag. Sannerligen, om ni har tro så stor som ett senapskorn kan ni säga till det här berget: Flytta dig dit bort, och det kommer att flytta sig. Ingenting blir omöjligt för er.[21]

Ingenting är omöjligt för den som tror! Samma ord som vanligen används om Gud. Jesus uppmanar människan att vara fullkomlig liksom Gud är fullkomlig. Jesus egen förklaring till sin förmåga som helbrägdagörare är hans egen starka tro, men han menar att denna förmåga kan också andra äga.

När Jesus går på vattnet räcker han ut handen till Petrus och säger: Kom!

Men Petrus tvekar och när han tvekar sjunker han. Jesus sträcker ut handen och räddar honom men förebrår honom samtidigt: "Du trossvage, varför tvivlade du?"[22]

---

[20] Markus 9:23–24.

[21] Matteus 17:20–21.

[22] Matteus 14:25–33. Av någon anledning är berättelsen om hur Jesus går på vattnet ofta den som tas upp i den affekterade debatten om Jesus förmåga att utföra mirakel.

Egentligen är det djupt olyckligt eftersom just denna berättelse är så tydligt teologisk. Vattnet, havet, var i Främre Orientens kulturer alltid en sym-

Om man tror kan miraklet ske, men miraklen är också till för att i sig leda människor till tro.

Och miraklen lät naturligtvis tala om sig.

Det var genom sin förmåga att bota sjuka och kasta ut demoner som kännedomen om honom spreds. Den botade "började tala vitt och brett om saken, så att Jesus inte längre kunde visa sig i någon stad utan stannade ute i ödemarken. Och det kom folk till honom från alla håll."[23]

Gång på gång skriver evangelisterna om folkmassor som trängs för att se och höra honom. Överallt ifrån kom man till honom med sina sjuka och besatta. Hela städer, sägs det, samlades för att se vad han kunde, tills det blev omöjligt för honom att vistas bland folk och han fick söka sig ut i ödemarken, men det kom ändå människor överallt ifrån till honom.

När Petrus på pingstdagen öppet vittnar om sin tro är som vi hört det första han säger om Jesus att Gud lät honom utföra kraftgärningar och mirakel mitt ibland folket, och Petrus tillägger: "som ni själva vet".[24]

Det var vad folk i första hans ansågs kunna känna till om Petrus läromästare, det övriga fick Petrus förklara för dem.

---

bol för kaosmakterna som ville tillintetgöra människan och var Guds fiende. Genom att besegra havet skapar Gud ordning. I Gamla testamentet finns det flera spår av Guds kamp med havsmonstret, och också delningen av Sävhavet i 2 Mosebok kan tolkas i den riktningen. När Jesus stillar havets vågor och när han går på vattnet visar textförfattaren tydligt för sina läsare att Jesus är Gud. När Jesus och Petrus stigit upp i båten och vinden lagt sig är det också så lärjungarna tolkar det. De faller på knä framför Jesus som inför en gudom och säger: "Du måste vara Guds son". I Johannesevangeliets version av berättelsen uttalar han också "Jag är"-frasen som är så vanligt förekommande hos Johannes och som parafraserar Guds namn som är: "Jag är den jag är". Men som vi ser är det inte bara Jesus utan också Petrus som enligt sin mästare skall kunna besegra kaosmonstren, mörkret och Satan – om han bara håller fast vid sin tro.

[23] Markus 1:45.
[24] Apostlagärningarna 2:22.

Jesus trodde själv på mirakel. Han trodde på andevärlden. Han var jude i en judisk omvärld. Det får man aldrig glömma.

Även om han eventuellt var Gud, eller blev upphöjd till Gud, var han – när han levde – ett barn av sin tid, och ibland med de gränser för sitt tänkande som hans kultur satte.

Vi vill gärna att Jesus skall vara modern. Vi vill att han skall vara *vår* samtida.

Svårt då att vänja sig vid en mästare som ägnade stor energi åt att kasta ut demoner, som hutade åt stormen eftersom han trodde att den var orsakad av en ond ande, och som sade "Håll tyst!" till sjön när den var för gropig,[25] som talade strängt till febern som red Petrus svärmor eftersom febern var ett väsen som skulle tuktas.[26]

Den helige mannen från Galileens glesbygd trodde på detta.

Han trodde på att en stor kosmisk förändring var nära förestående, då Människosonen skulle komma på himlens moln med alla änglarna, med makt och stor härlighet och döma var och en efter hans gärningar.

På jorden skulle upprättas ett rike där han, hans lärjungar och hans övriga anhängare skulle sättas att regera över alla folken, och i det nya kungadömet skulle de få mångfalt igen vad de försakat nu. Och dessa belöningar skulle ges dem – inte i livet efter detta, inte på en ny jord, utan i *detta* livet på *denna* jorden. Snickaren trodde och hoppades att det skulle ske så snart att många av dem som lyssnade till honom ännu skulle vara i livet när det skedde.

Det hela var så konkret och påtagligt för dem att hans lärjungar började träta om vilken rangordning som skulle gälla i det nya riket, och de tog till och med sin ledare avsides för att i hemlighet be om speciella tjänster i det kommande kungadömet.

Miraklen som Jesus utförde var tecken, inte på att han var

_____

25 Markus 4:39.
26 Lukas 4:39.

Guds enfödde son, den tanken föddes senare, inte heller med nödvändighet på att han var Messias – utan miraklen var tecken på att Jesus budskap om Guds rikes närhet var sant.

Innan Jesus väcker Lasaros från de döda säger han att han skall göra det för att de närvarande skall tro på att det är Gud som har sänt honom.

Det var på riket som hans åhörare skulle komma till tro. Och de underverk som skedde genom honom såg han och dem som följde honom som bevis på att tiden verkligen var inne.

Riket var alldeles nära, riket var redan här – och så kom hans egen familj ner från Nasaret för att hämta hem honom.

De trodde att han blivit galen.

Liksom andra anklagade honom för att vara besatt av en ond ande.

Oren.

12

OREN! OREN!

Genom sin verksamhet som mirakelman och demonutdrivare kom Jesus regelbundet i kontakt med orena människor.

Gud var helig, landet de levde i var heligt, templet var heligt, och judarna själva var Guds egendomsfolk. Det heliga fick inte orenas eller befläckas.

Orenhet uppstod vid kontakt med blod och döda, vid vissa sjukdomar, främst spetälska, men också vid barnafödande och sexuella kontakter. Orenheten kunde dessutom smitta via föremål och via kroppskontakt med någon som i sin tur varit i kontakt med en oren.

Det fanns olika grader av orenhet. Somlig orenhet var enkel att rena sig ifrån och drabbade alla utan att det var något märkvärdigt med det, medan annan orenhet, som exempelvis spetälska, var direkt stigmatiserande och utestängde en från all social gemenskap. Allt land utanför Palestina räknades som orent, liksom egentligen alla hedningar.

Somliga forskare menar att orenhet inte var något man undvek, eftersom det knappt *gick* att undvika, och att ens orenhet fick konsekvenser först om man tänkte sig till Jerusalems tempel.

Arkeologiska fynd visar emellertid att så kallade *mikva'ot*, reningsbassänger, också fanns i regioner långt borta från Jerusalem och dess tempel, och flera källor visar på att judar i diasporan, alltså judar som inte levde i Palestina, om de kunde undvek att bli orena.

Argumentet att man inte undvek att bli oren eftersom det var så relativt enkelt att rena sig förutsätter dessutom att det första århundradets djupt religiösa judar hade en lättvindig och avfärdande syn på lagen, vilket de naturligtvis inte hade.

Ett problem med att på allvar bedöma renhetslagarna är att vi inte vet med säkerhet hur det första århundradets judendom tillämpade dessa regler i praktiken. De direktiv som anges i *Mishna*[1] är resultat av en flera sekel lång utveckling och är inte med nödvändighet relevanta för den tid Jesus verkade i.

Det råder också oklarhet kring hur orenhet och synd hörde ihop. En oren människa var inte med självklarhet syndig, att begrava sina döda exempelvis var en gudomlig plikt trots att varje kontakt med en död kropp orsakade orenhet.[2]

Kontakt med kroppsvätskor såsom sperma och menstruationsblod orsakade orenhet, liksom barnafödsel. Inget av detta orsakade emellertid annat än en rituell orenhet, det vill säga man renade sig och väntade till kvällen (eller i somliga fall en vecka) och därefter betraktades man som ren igen.

Men det finns också texter i Torah där man gör en tydlig koppling mellan orenhet och synd: återigen exempelvis spetälska, som orsakade orenhet och dessutom ansågs vara ett gudomligt straff för synder. Det berättas bland annat att Moses syster Mirjam blir straffad för sin synd genom att få spetälska.

> Herrens vrede flammade mot dem, och han lämnade dem. Men när molnet höjde sig från tältet hade Mirjam blivit vit som snö av spetälska. Aron vände sig mot henne, och när han såg att hon

---

[1] Mishna är ett hebreiskt ord som betyder "upprepning". I allmänhet betecknar Mishna den rabbinska traditionens lagtolkningar och rättspraxis så som den skrevs ner på 200-talet evt efter att tidigare ha traderats muntligt. Som sådan blev Mishna en del av Talmud, men ordet kan också användas för en enskild rabbis lärosatser.

[2] Översteprästen var den ende som aldrig över huvud taget fick komma i kontakt med någon död, inte ens i sin egen familj.

blivit spetälsk sade han till Mose: "Nåd, herre! Straffa oss inte för den synd som vi var dåraktiga nog att begå."[3]

Denna typ av orenhet var mycket grövre, och dessa orena ålades att hålla sig undan från alla, de fick inte bo i byarna eller städerna, och de förväntades på långt håll varna den som närmade sig dem så att de kunde undvikas.

Alla evangelierna bär med sig minnestraditioner om hur Jesus ändå inte undvek denna typ av orena, hur Jesus upprepade gånger hade kontakt med spetälska och till och rörde vid dem, och på så sätt själv blev oren.

Ingenstans står i texterna att detta bekom Jesus illa.

Inte heller beskrivs någonstans hur han efteråt renar sig.

Tvärtom berättar flera texter att Jesus betraktade den inre – moraliska – renheten som betydligt viktigare än den yttre.

> Inget av det som kommer in i människan utifrån kan göra henne oren. Bara det som kommer ut ur människan kan göra henne oren.[4]

Tidigare har vi poängterat att Jesus var jude i en judisk kontext. Nu måste tilläggas att Jesus *inom* sin judiska kontext emellanåt intog andra ståndpunkter än andra judiska grupper, exempelvis när det kom till frågor om renhet.

Men att inta en annan ståndpunkt innebar inte att bryta med judendomen, som varken var eller är någon konsensusreligion, utan en religion inom vilken man alltid debatterat, argumenterat, för att inte säga grälat.

Evangelierna bär spår av att Jesus intog en låt oss kalla det mer avslappnad attityd till rent och orent, vilket knappast passerade

---

[3] 4 Mosebok 12:9–11.
[4] Markus 7:15. Det råder delade meningar om Jesusordet är historiskt riktigt.

obemärkt hos somliga, men som inte heller orsakade en konflikt så oförsonlig att hans meningsmotståndare sökte vägar för att få honom dödad.

Det är också möjligt att Jesus, som kom från det som en gång var Norra riket, såg annorlunda på reglerna för renhet än de som bodde i Jerusalem där templet låg, det är möjligt att hans syn på renhet också präglades av att han inte kom från staden utan från landsbygden, man tror nämligen att det fanns olikheter i sättet att se på renhetsföreskrifterna beroende på om man kom från stad eller landsbygd, liksom att det spelade in om man var rik eller fattig, bildad eller obildad.

Det finns därtill en koppling mellan orenhet och demoner. Många av de demoner Jesus driver ut kallas i evangelierna för "orena andar", och i Torah har flera av de reningsritualer som beskrivs drag av exorcism och magi och söker sitt ursprung långt tidigare än i prästernas tempelkult.

För att rena den som blivit frisk från spetälska skall man exempelvis låta hämta "två levande, rena fåglar, cederträ, karmosinröd ull och isop[5] åt den som skall förklaras ren. Prästen skall låta slakta den ena fågeln över ett lerkärl med friskt vatten. Och han skall ta den levande fågeln och cederträt, den karmosinröda ullen och isopen och doppa alltsammans, också den levande fågeln, i blodet från fågeln som slaktades över det friska vattnet. Sju gånger skall han stänka på den som skall förklaras ren från spetälskan. Därefter skall han förklara honom ren, och sedan skall han låta den levande fågeln flyga sin väg, ut i det fria."[6]

Jesus var, som tidigare poängterats, för sin samtid först och främst känd som exorcist. Det finns som vi ser en koppling mellan sjukdom, demoner, synd och orenhet.

---

[5] Denna "rekvisita" återfinns i mesopotamiska motsvarigheter till denna ritual.

[6] 3 Mosebok 14:4–7. Fågeln man låter flyga bort bör ha varit en vild fågel så att den inte återvänder och så att säga kommer tillbaka med sjukdomen.

Inte alltid och inte jämt, men det finns.

Sjukdomen orsakades av demoner, var ett resultat av synd och gjorde i många fall människan oren.

Gränserna är därför oklara mellan att bota en sjukdom, driva ut en demon, förklara någon ren och förlåta någons synder.

Jesus såg också sin exorcism i ljuset av det eskatologiska budskapet om det kommande Gudsriket. När han blev anklagad för att få sin makt från Beelsebul svarade han:

> Men om det är med Guds finger jag driver ut demonerna, då har Guds rike nått er.[7]

Uttrycket "Guds finger" återfinns hos evangelisterna bara hos Lukas, och refererar till Andra Moseboks berättelse om Moses och Arons duell med faraos trollkarlar.

De första miraklen kunde de egyptiska trollkarlarna imitera, men när Aron förvandlade markens stoft till aggressiva myggor kunde de inte längre hänga med, utan förklarade för farao att "Detta är Guds finger".[8] Så som första århundradets judendom tolkade denna berättelse stod Satan bakom de egyptiska magikerna. Arons och Moses duell med Egyptens trollkarlar kan alltså, liksom Jesus kamp mot demonerna, ses som en maktkamp mellan Gud och Satan, och lika lite som Satan förmådde rå på "Guds finger" i Egypten kan han rå på det "Guds finger" som verkar genom Jesus.

Denna väldiga andliga auktoritet som Jesus besitter som exorcist skulle också kunna vara en av anledningarna till att han kunde utsätta sig för orenhet utan att tveka, vidröra spetälska, vidröra döda och så vidare.

---

[7] Lukas 11:20.
[8] 2 Mosebok 8:19.

Ingen orenhet och inga demoner i världen kunde på allvar göra honom oren.

Satan stod maktlös mot Jesus.

Allt tal om renhet och orenhet var underordnat det kommande Gudsriket.

13

GUDS RIKE

När Johannes hade blivit fängslad kom Jesus till Galileen och för-
kunnade Guds budskap och sade: "Tiden är inne, Guds rike är
nära. Omvänd er och tro på budskapet."[1]

Med de orden låter författaren till Markusevangeliet Jesus inleda
sin verksamhet. "Tiden är inne, Guds rike är nära." Med de or-
den kan man också sammanfatta Jesus budskap: Världen så som
vi känner den skall mycket snart omvandlas i och med att Gud,
så som han lovat profeterna, skall gripa in och återupprätta det
fallna Israel.

I Jesus förkunnelse är Guds rike en dominerande tankegång.

Det märkliga är emellertid att det *bara* är i Jesus *egen* förkun-
nelse som Guds rike är så dominerande.

Paulus använder exempelvis termen Guds rike endast en hand-
full gånger – och då mest för att slå fast vilka som *inte* skulle få
vara med där, oftast sådana som Jesus med stor emfas predikade
att riket faktiskt *omfattade*.

Men för Jesus är detta det centrala: Guds rike står i begrepp
att upprättas där Gud för evigt skall vara kung. I detta rike skall
de hungriga mättas och de fattiga och utstötta tröstas. Till det
riket är till och med syndarna och hororna bjudna att gå in, och
åtminstone somliga hedningar skall sitta tillsammans med de
återuppståndna Abraham, Isak och Jakob.

Jesus liknar Gudsriket vid ett glädjefyllt gästabud, en stor fest

---

[1] Markus 1:14.

eller ett bröllop – där vi alla är brudar som väntar vår brudgum.

Gudsriket är alltså något som skall komma – men som också kan sägas förverkligas i stunden – i Jesus ord och handlingar, i hans läkande och helande, när vi delar måltid tillsammans och gör Guds vilja.

Och eftersom Jesus inte gör anspråk på att vara den ende som läker och helar eller delger människan det glada budskapet, kan den del av Gudsriket som är här och nu spridas som ringar på vattnet.

Det växer för var och en som nås av det.

Det växer för var och en som *utövar* det.

Alla som kallar sig kristna har säkerligen en uppfattning om vad Guds rike innebär – om det är något som uppnås när vi följer Guds vilja och älskar varandra, om det är något vi själva har ett ansvar att upprätta, om det rentav är något inom oss själva (som en av evangelietexterna säger vid ett tillfälle) eller om det är den plats vi kommer till efter döden då de troende skall få leva för evigt i Guds rike.

Låt oss emellertid först titta närmare på vad Jesus själv avsåg när han talade om Guds rike.

Gudsriket är, som vi redan varit inne på och kommer att återkomma till, en judisk angelägenhet, och även om Jesus inte är helt typisk för en judisk domedagsprofet – han talar till skillnad från exempelvis Johannes Döparen mycket lite om omvändelse, bot och bättring – så är Jesus i grunden jude i en judisk kontext. Visionen från Daniel om den från himmelen kommande Människosonen som Jesus talar om handlar om ett judiskt rike som skall upprättas efter de babylonska, persiska och grekiska rikenas världsdominans. Gudsriket består av Israels återsamlade tolv stammar. Det är därför Jesus samlar en inre krets av trogna som han kallar sina "tolv". De symboliserar de återförenade stammarna. I det upprättade Israel skall han själv och "de tolv" ha en ledande position.[2]

> Sannerligen, vid världens återfödelse, när Människosonen sätter sig på härlighetens tron, skall också ni som har följt mig sitta på tolv troner och döma Israels tolv stammar.[3]

I den judiska traditionen är Herrens dag då Gud griper in och upprättar sitt kungavälde på jorden ursprungligen inte frågan om en annan värld än denna, snarare en annan tidsera – då Herren för evigt skall regera här på jorden, liksom han redan regerar i himlen. Sedan judendomen börjat omfatta tron på ett liv efter döden blir det en smula mer komplicerat, eftersom man dels väntar sig Guds rike som skall upprättas här och nu, och dels väntar sig evigt liv i himmelriket, där Gud ju alltid regerat.

> Sannerligen, var och en som för min och evangeliets skull har lämnat hus eller bröder eller systrar eller mor eller far eller barn eller åkrar skall få hundrafalt igen. *Här* i världen skall han få hus och bröder och systrar och mödrar och barn och åkrar mitt under förföljelser, och *sedan* evigt liv i den kommande världen.[4]

Guds rike är dels dit vi kommer efter att vi har dött: "Om ditt öga förleder dig, så riv ut det. Det är bättre för dig att gå in i

---

[2] Detta är naturligtvis också en av anledningarna till den kontrovers som uppstår i den första kyrkan just kring hedningarnas plats i församlingen, som vi skall återkomma till senare.

[3] Matteus 19:28.

[4] Markus 10:29–30, min kursivering. Ett problem kan möjligen vara att när Jesus talar om husrum och social gemenskap trots förföljelser gör han snarast reklam för en kommande kristen kyrklig gemenskap som ännu inte existerar, varför åtminstone delar av Jesusordet kan vara redigerat av evangelisten.

Guds rike enögd än att ha bägge ögonen i behåll och kastas i helvetet".[5]

Dels är det ett kommande rike på jorden: "Sannerligen, några av dem som står här skall inte möta döden förrän de har sett Guds rike komma med makt."[6]

Gudsriket är alltså ett rike i himmelen, återigen är det ett rike som skall upprättas på jorden, och som sådant är det både något kommande och något som på något sätt upprättas här och nu, i Jesus egen verksamhet: "Men om det är med Guds ande jag driver ut demonerna, då har Guds rike nått er."[7]

Man står med ena foten i det gamla och den andra foten i det nya.

Som i gryningen när horisonten färgas rosa men solens första strålar ännu inte brutit igenom. Så alldeles omedelbart förestående är omvälvningen.

Jesus verksamhet är en del av denna omvälvning, denna historiens vändpunkt. Och Jesus förväntan på Guds rike är lika spänd och stark som de andras: "Sannerligen, aldrig mer skall jag dricka av det vinstocken ger förrän den dag då jag dricker det nya vinet i Guds rike."[8]

De gånger som Jesus befattar sig med ickejudar är lätt räknade, och då skall man ha i minnet att evangelisterna framför allt skriver för en ickejudisk läsekrets och därför har allt att vinna på att få Jesus att framstå i en så "hednapositiv" dager som möjligt. Jesus liknar till och med en gång ickejudarna vid hundar.

En kvinna, vars dotter hade en oren ande, fick höra talas om honom och kom och kastade sig för hans fötter. Hon var inte judinna

---

[5] Markus 9:47.
[6] Markus 9:1.
[7] Matteus 12:28.
[8] Markus 14:25.

utan av syrisk-fenikisk härkomst. Nu bad hon honom driva ut de-
monen ur hennes dotter. Han sade: "Låt barnen äta sig mätta
först. Det är inte rätt att ta brödet från barnen och kasta det åt
hundarna." – "Nej, herre", svarade hon, "men hundarna under
bordet äter smulorna som barnen lämnar kvar."[9]

Judarna är barnen. Alla vi andra är hundar som får äta smu-
lorna. Jesus är i den här berättelsen som vi märker inte alls sym-
patisk. Han avfärdar arrogant den hjälpsökande kvinnan för att
hon inte är israelit. Kvinnan förnedrar sig och jämför sig med en
hund som äter smulor från människornas bord. Dessutom – och
kanske det allra mest spännande – Jesus ger sig för den syrisk-
fenikiska kvinnans argument. Denna utländska kvinna är den
enda i någon minnestradition om Jesus som utmanar honom i
argumentation och vinner!

Det är intressant att en berättelse som framställer Jesus i så
dålig dager står kvar. Kanske var evangelisterna så måna om att
inkludera historier där Jesus befattar sig med hedningar att de
inte hade råd att avstå från någon enda sådan tradition.

Gamla testamentets profeter varierar annars i sin syn på hed-
ningarna, från att gudfruktiga hedningar skall förena sig med
judarna i dyrkan av den ende Guden, över att de skall tvingas
dyrka Jahve, till ytterligheten att de skall utplånas och judarna
och Gud skall berusa sig på deras blod.

Ingenstans talar Jesus om hedningarnas förintelse eller föröd-
mjukelse i samband med Gudsriket, men lika fullt uppmanas lär-
jungarna när de vandrar runt att inte ta "vägen till hedningarna",[10]
utan enbart vända sig till "de förlorade fåren i Israels folk."[11]

---

[9] Markus 7:25–28.
[10] Matteus 10:5.
[11] Matteus 10:6.

Riket omfattar med andra ord inte alla.

Det sker ett urval.

Och eftersom där sker ett urval måste det följa någon form av domens dag då de som skall ingå i riket skiljs från dem som inte får rum där.[12]

Jesus själv förväntar sig att detta skall ske på ett traditionellt apokalyptiskt vis:

> man skall få se Människosonen komma på himlens moln med makt och stor härlighet. Och han skall sända ut sina änglar vid ljudet av en stor basun, och de skall samla hans utvalda från de fyra väderstrecken, från himlens ena gräns till den andra.[13]

De första kristna församlingarna började snart förvänta sig att "Människosonen" var liktydig med Jesus själv,[14] att Jesus alltså beskrev sin egen återkomst, men det är långtifrån säkert att den historiske Jesus gjorde den kopplingen. Allt vi vet är att han talade om en från himlen kommande Människoson utan att med nödvändighet identifiera den Människosonen med sig själv.[15]

---

[12] Jesusrörelsen är en apokalyptisk rörelse, och sådana skiljer sig från de gammaltestamentliga profeterna som öppet vänder sig till ett helt folk. I de apokalyptiska rörelserna vänder man sig medvetet till ett utvalt fåtal där budskapet ofta meddelas på fler nivåer, där endast den invigde och initierade till fullo kan förstå dess rätta innebörd. Flera av Jesustexterna både i Nya testamentet och de utanför beskriver att Jesus tar lärjungar avsides för att ge dem – för andra, för vanligt folk – hemlig undervisning. Detta går helt i linje med den apokalyptiska boken Daniel där det står: "Orden hålls hemliga och förseglade intill den sista tiden. Många kommer att rensas, renas och luttras, medan syndarna fortsätter att synda, utan att förstå detta – men de insiktsfulla skall förstå det." (Daniel 12:9–10)

[13] Matteus 24:30–31.

[14] 1 Thessalonikerbrevet 4:15–17.

[15] Jesus omtalar sig som Människosonen vid flera tillfällen, men många forskare pekar på att det kan vara skillnad på det och den "från himlarna kommande" Människosonen.

Jesus föreställning är för övrigt inte hans egen, utan är hämtad från den gammaltestamentliga boken Daniel:

> en som liknade en människa kom med himlens skyar; han nalkades den uråldrige och fördes fram inför honom. Åt honom gavs makt, ära och herravälde, så att människor av alla folk, nationer och språk skulle tjäna honom.[16]

Utifrån denna förväntan utvecklade evangelisterna föreställningar om vad som mer exakt skulle ske denna dag då änglarna samlade ihop de utvalda från världens alla hörn.

Flera av Matteus liknelser uppehåller sig vid hur detta urval skall ske, men det är oerhört svårt att veta vad av detta material som går tillbaka till den historiske Jesus och vad som är teologi i den församling som evangelisten tillhör.

I flera av dessa liknelser påminner Jesus lära om andra samtida judiska sekter som ser sig själva som ljusets barn medan alla andra tillhör mörkret, och på Herrens dag skall änglarna skilja de ”onda” och dem ”som bryter mot lagen” från de ”rättfärdiga”. De ratade skall kastas i den brinnande ugnen, där man skall gråta och skära tänder medan de rättfärdiga utan pardon eller barmhärtighet samtidigt skall ”lysa som solen, i sin faders rike”.[17]

Människan är en växt, ett gräs eller ett ogräs, och Gud och hans änglar är trädgårdsmästare som rensar och gallrar ut det som de inte vill ha i sin trädgård. Människosynen i de här liknelserna är inte mindre förfärlig än i vilken annan apokalyptisk sekt som helst, och Gud framstår i dessa texter som både kärlekslös och futtig.

---

[16] Daniel 7:13–14.
[17] Matteus 13:42–43.

I detta *urskiljande* döljer sig ett av monoteismens största problem: Vad gör vi med alla de miljarder människor som inte är kristna? De som tror på andra gudar, de som tillhör andra religioner, de som är ateister. Lämnar Gud dem utanför? Många kristna godkänner ju inte ens andra kristna, utan enbart den egna gruppen, de som tror exakt rätt, inga andra.

Kvar blir verkligen bara en spillra, inte mer.

Var det bara för denna spillra vår frälsare dog? Var det allt vår allsmäktige Gud hade att komma med? Är Gudsriket ett litet reservat omgivet av en oändlig tomhet eller ännu värre, ett ofantligt helvete?

Vilket följer om Gud verkligen är en urskiljandets, en gallrandets Gud.

Som kristna måste vi hitta ett sätt att förhålla oss till denna Jesus, som onekligen också finns i evangelierna, den Jesus som skiljer fåren från getterna och som säger till getterna: "Gå bort från mig, ni förbannade, till den eviga eld som väntar djävulen och hans änglar."[18]

Det fanns en tid då varje kung, hur barmhärtig, kärleksfull eller faderslik han än ansågs vara, självklart hade tortyrkammare och fängelsehålor i slottets källare för oliktänkande och sådana som misshagat honom.

Sådan kan vi inte längre tänka oss en kärleksfull kung eller far.

Är det så att dessa Jesusord inte går tillbaka till den historiske Jesus, att de är tillägg de första församlingarna gjort? Eller hade Jesus som barn av sin tid begränsningar som vi måste överse med? Eller finns det ett inbyggt tankefel som gör att ekvationen faktiskt inte går ihop, att Jesusbygget liksom Gamla testamentets Gud till slut rämnar och brakar sönder av sin egen tyngd?

I min bok om Gamla testamentet, *Om Gud*, skriver jag följande:

---

[18] Matteus 25:41.

Lager har lagts till lager, text till text, gudsbild har överlappat gudsbild.

Vi står till slut vid en korsning där vi måste välja vilken väg vi vill fortsätta på. Vi kan inte följa mer än en utan att slitas sönder. Förlusten är vår, liksom nederlaget. Nationen gick förlorad, templet brändes ner. Förbindelsen med Gud borde därmed vara bruten.

Likafullt förnimmer vi Gud.

Vad kan man då göra när allt har gått om intet?

Då finns det två vägar att välja mellan.

Antingen kan vi drömma om hämnd och upprättelse då vi skall få ge igen, eller också kan vi studera Guds ord, hans heliga lag, lära känna Gud i vårt inre, söka en Gud som inte lovar yttre framgång men inre frid, inte världslig makt men andlig storhet.

Människan måste själv välja vilken Gud hon åkallar, vad hon söker och förväntar sig av Gud. Det ansvaret ligger på människan.

Sida vid sida står motsatsparen, kärleken och hatet, viljan att försonas och begäret att hämnas, den ödmjuke och den som inga oförrätter tål. I bibeln löper bägge spåren. I Psaltaren kan man i den 131:a psalmen läsa:

Herre, jag är inte övermodig,
har inga stolta later.
Jag ägnar mig inte åt stora ting,
åt det som övergår mitt förstånd.
Nej, jag har lugnat och stillat min själ,
jag är som ett litet barn,
som barnet i moderns famn.

Hoppas på Herren, Israel,
nu och för evigt.[19]

---

[19] Psaltaren 131.

Vänder man blad två gånger kommer man till den 137:e psalmen och ett näst intill omättligt oförsonligt hämndbegär som tar sig uttryck i ett par av bibelns mest hatiska rader:

Babylon, du förstörerska,
lycklig den som får vedergälla
vad du har gjort mot oss.
Lycklig den som får ta dina späda barn
och krossa dem mot klippan.[20]

Samma profeter som i ena andetaget predikar om evig fred, kärlek till nästan och kamp mot sociala orättvisor kan i nästa andetag girigt fantisera om den blodigaste hämnd och upprättelse.

Det löper genom bibeln två parallella linjer. De löper aldrig samman. De står emot varandra och låter sig inte förenas: försoningens Gud och hämndens, kärlekens inkluderande Gud och den Gud som gör ett urval. I ena ögonblicket kan inte en sparv falla till jorden utan Guds omsorg och kärlek, i nästa är Gud inget annat än en keramiker som avsiktligt tillverkar kärl bara för att krossa dem.

Bestämmer inte krukmakaren över sin lera, så att han av en och samma klump kan göra både ett fint kärl och ett som inte är så fint? Kanske har Gud, för att visa sin vrede och göra sin makt känd, länge sparat de kärl som han har gjort för att förstöra i sin vrede?[21]

Så skriver Paulus, och jag ryser, sörjer och undrar: Varför är det så svårt att försona sig med tanken att Guds främsta uppgift *inte* är att vara urskiljare, bortrensare, gallrare?

---

[20] Psaltaren 137:8–9.
[21] Romarbrevet 9:21–22.

145

Om vi skulle acceptera tanken på att Gud gallrar, att Gud rensar bort, att han välsignar eller förkastar, att han föredrar eller ratar, då accepterar vi att det inte finns någon principiell skillnad mellan Gud och Hitler och hans dröm om ett tredje rike.

Gud gallrar inte.

För mig är det mycket enkelt: Om min lillasyster som jag innerligt älskar, men som inte tror på Gud, inte skulle få vara med i paradiset, måste jag gå fram till Gud och säga: "Jag vill vara där min syster är!"

Annars vore jag helt förlorad.

Och tänk, jag är övertygad om att Gud skulle svara: "Du har rätt. Kom så går vi dit tillsammans, jag måste dela din systers lidande."

En för alla, alla för en.

Samtidigt vet jag att genom hela bibeln löper en berättelse där Gud välsignar någon och förbannar en annan, föredrar den ene och förkastar den andre.

Urskiljandets Gud. Gallrandets Gud. Och så de som blivit bortvalda. Låt oss nu stanna upp och läsa om denna Gud och om de av Gud förskjutna.

De första människorna dyrkade inte Gud. Kanske visste de inte ens om att han var en Gud. Det står ingenstans att han talar om det för dem. Han säger inte till dem: "Jag är Herren, er Gud." Vad han säger är att de skall föröka sig, det är allt.

De första människorna dyrkade inte Gud, det var först deras söner som gjorde det – Kain och Abel och så småningom Set, de avvisade, de som fötts med Guds förbannelse och vrede över sig. De som aldrig fått se Guds trädgård, än mindre strövat omkring i den, de som bara fått höra föräldrarna berätta om dess ljuvlighet och eftermiddagssvalka.

Om den trädgården skulle de beständigt drömma.

Den Gud som förbannat dem och drivit ut dem ur trädgården, honom ville de dyrka.

Och de gjorde det prövande och försiktigt, var och en efter sin förmåga och möjlighet. Kain som odlade marken byggde ett altare och offrade ovanpå altaret säd. Gud från sin himmel såg förundrat på hans havanden och göranden, skakade på huvudet och stängde sedan himmelen för Kain.

Sädeskorn upphetsade honom föga.

Men så kände han plötsligt en ny och märklig lukt kittla honom i näsan. Hans gudomliga näsborrar vidgades, intstinktivt drog han in ett djupt andetag och kände hur det liksom darrade av välbehag i kroppen.

Nyfiket öppnade han sin himmel igen och såg att det var Abel, herden, som slaktat ett lamm och nu bränt det ovanpå altaret. Lukten som eggat honom förstod han nu var den av bränt kött. Genast visste Gud att det brända fettet från djuret först gjort honom hungrig men sedan på ett förunderligt sätt mättat honom, och eftersom han visste allt visste han också att detta hädanefter skulle bli hans föda.

Han öppnade därför sin himmel, han öppnade sin mun och han lät höra sin majestätiska röst som dånade som åskan över jorden. Till allt levande där nere ropade han: "Min föda är fett och blod! Jag vill bli mättad av slaktdjurens fett!"

Detta var också vad sönerna till de första människorna lärde sig när de prövande och försiktigt började dyrka den Gud som fördrivit dem och förbannat dem: inför Kains sädeskorn stängde Gud sin himmel medan Abels offerlamm fyllde honom med välbehag.

Gud sade: "Abels offer vill jag ha. Kains offer vill jag inte ha."

Och han vände Kain ryggen, och Kain stod förbluffad och mållös. Han dög inte. Hans offer dög inte. Gud ville inte ha honom. Rasande över Guds orättvisa dödade han sin broder Abel.

Något nytt hade människan nu erfarit om Gud.

De visste att han kunde förskjuta, de visste att han ägde makt att förbanna, nu lärde de sig också att denna Gud som de prövande och ovant dyrkade var en orättvis Gud som favoriserade vem han ville.

Det står att när Kain blev ratad av Gud blev han mycket arg och hans blick blev mörk. Kain var den första människan som fick erfara vad det innebar att inte bli godtagen av Gud, och detta gjorde honom utom sig av förtvivlan, och i sin vanmakt dödade Kain sin bror. Gud förebrådde honom och sade: "Vad har du gjort! Hör, din broders blod ropar till mig från jorden!"

Men det var Gud som inte hade tagit emot Kain, det var i förtvivlans vanmakt som Kain dräpt sin bror. Trots det skyllde Gud nu ifrån sig med den bestämdhet som tillkommer en Gud, och han sade: "Vad har du gjort! Så må du nu vara förbannad och förvisad. När du brukar jorden skall den inte mer ge dig sin gröda. Ostadig och flyktig skall du bli på jorden!"

När Gud valde Abel framför Kain gjorde han för första gången något som han sedan skulle ta till vana att göra: han favoriserade någon på en annans bekostnad.

Gång efter gång föredrar Gud den ene framför den andre. Abraham får två söner och Gud utväljer Isak framför Ismael. Isak får två söner och Gud utväljer Jakob framför Esau. Jakob får tolv söner och Gud utväljer Josef framför alla de övriga. Och lika fruktansvärt är det för var och en som blir försmådd.

När Esau upptäckte att lillebrodern Jakob genom svek och list lurat till sig faderns välsignelse blev han förtvivlad och ropade: "Far, välsigna också mig!" Men Isak satt där blind och åldrad och kunde inget göra, och Esau upprepade i än större ångest: "Har du då ingen välsignelse kvar för mig?" Men någon ytterligare välsignelse fanns inte att få. En sista gång bönföll Esau sin far: "Far, har du då bara den enda välsignelsen? Far, välsigna också mig!" Därefter brast Esau i gråt.

"Jag skall förbarma mig över den jag vill och jag skall ha medlidande med vem jag vill." Så sade guden som människan lärt sig att dyrka. Och eftersom han var den enda guden var de som valdes bort av honom förlorade. Bestämde inte krukmakaren över sin lera, så att han av samma klump kunde göra både ett fint kärl och ett som inte var så fint? Det ankom verkligen inte på människan att ha invändningar.

Rättvist eller inte, för den som inte var menad att bli välsignad stod ingen välsignelse att få.

Det finns så många som är som de. Som är som Kain, som Ismael och

Esau. Som liksom Saul ropar efter Herren, men Herren svarar dem inte.

De av Gud förskjutna.

De som inte blev utvalda men som ändå i förtvivlan beständigt ropar efter Gud.

Kanske var också Jesus en av dem som Gud förskjutit. Han dog på korset, som av judarna kallades förbannelsens trä. Att dö på korset var i den judiska tron ett tecken för att vara av Gud förskjuten.

I Guds lag stod med obarmhärtig klarhet: "Om på någon vilar en sådan synd som förtjänar döden och han så blir dödad och du hänger upp honom på trä, så skall den döda kroppen inte lämnas kvar på träet över natten, utan du skall begrava den samma dag, ty en Guds förbannelse är den som blivit upphängd."

Jesus var jude. Han trodde på skriften, han uttolkade lagen, han hade själv sagt att inte en bokstav av den skulle förgås.

Ingen Gud kom till hans undsättning där han hängde. Ingen Herrens ängel ingrep och sade: "Låt inte din hand komma vid gossen och gör ingenting med honom."

Enligt det äldsta bevarade evangeliet dog Jesus i mörker. Ett mörker föll över hela jorden, och i det mörkret dog Jesus. Det sista han ropade var ett rop i förtvivlan till den Gud som han hade kallat för "abba", fader, han ropade: "Eloi, Eloi, lema sabachtani?"

Min Gud, min Gud, varför har du övergivit mig?

Han ropade efter sin far, men fadern stängde sin himmel. Jesus var som den till intet gjorda Esau, som sveks av sin mor, sin bror och sin far, Esau, som förgäves ropade: "Far, välsigna också mig!"

Jesus skrek i mörkret efter fadern som övergivit och förskjutit honom. De som stod intill hörde vad han sade men förstod inte, de trodde att han ropade efter profeten Elia. Någon sprang bort för att fylla en svamp med surt vin för att ge honom att dricka. Och när så hans brinnande strupe fuktats med ättiksvinet skrek Jesus en sista gång. Den här gången hörde ingen vad han kunde ha velat.

Han bara skrek.

Sedan slutade han att andas.

Så slutar berättelsen om Gud som väljer ut och som ratar, som förbannar och förskjuter. Urskiljandets Gud. Gallrandets Gud. I en återvändsgränd. I mörkret. I en konflikt utan försoning, utan något glädjebudskap, utan evangelium. I en långfredag där ingen påskdagsmorgon följer.

Jag kan inte se det på något annat sätt än detta: det som gör oss till kristna är hur vi förhåller oss till påskdagens morgon. Uteslut en enda, lämna en enda ute i mörkret, och solen stiger aldrig upp över graven där den som av Gud förskjutits ligger.

Då är graven inte tom.

Då ligger den förbannade kvar, och tillsammans med honom vi alla.

Jag får inte ihop urskiljandets och gallrandets Gud med den Gud som omfattar och inkluderar, och precis som när det gäller Gamla testamentet tror jag att vi måste välja vilken väg vi vill gå i vårt andliga sökande.

Ett vet jag. Gud måste också vara Kains, Ismaels och Esaus Gud. Gud måste komma också till Saul, när Saul i vanmakt ropar.

I de äldsta föreställningarna av det som skall bli vår Gud är han en klangud, vars uppgift var att främja den egna stammen, en klangud som med tiden bestämde sig för att vara allas Gud. Och det går inte. Man kan inte både vara någras Gud och allas Gud. De nytestamentliga texter som talar om urskiljandets Gud står också i bjärt kontrast till de centrala delar i Jesus lära som är omfattande och inkluderande, och som man tror sig veta verkligen går tillbaka till den historiske Jesus – Jesusord som säger att syndare och horor skall gå in i Guds rike förr än många fariseer och renläriga, som liknar Gud vid en älskande far som omfamnar sina förlorade barn och slaktar gödkalven för att fira deras återkomst till hemmet.

I en annan berättelse liknas riket vid en fest där de som först blir bjudna inte tackar ja. Man går då ut och bjuder in fattiga och krymplingar och blinda och lytta.[22]

Riket skall alltså också omfatta sådana som är orena enligt Moses lag, sådana som det judiska samhället uteslöt ur gemenskapen med Gud.

Och en farisé om aldrig så rättfärdig kan inte räkna med en plats mer än den föraktade tullindrivaren:

> Farisén ställde sig och bad för sig själv: "Jag tackar dig, Gud, för att jag inte är som andra människor, tjuvar och bedragare och horkarlar, eller som tullindrivaren där. Jag fastar två gånger i veckan, jag lämnar tionde av allt jag köper." Men tullindrivaren stod avsides och vågade inte ens lyfta blicken mot himlen utan slog med händerna mot bröstet och sade: "Gud, var nådig mot mig syndare." Jag säger er: det var han som gick hem rättfärdig, snarare än den andre.[23]

Ja, i Guds rike skall roller och hierarkier kastas om. Den minste skall bli den störste, den störste den minste.[24] Den förste skall bli den siste, och den siste först. Budskapet är ju riktat till dem som i denna världen är de fattiga, de utblottade, de skuldsatta och de maktlösa.

Jesus har lämnat allt och uppmanar också dem som följer honom att göra detsamma och att lita på att Gud själv skall föda dem.

---

[22] Lukas 14:21.

[23] Lukas 18:11–14. Denna liknelse är troligen ett tillägg av Lukas – med tanke på tullindrivarens stora ånger och att det är särdrag hos Lukas att betona ånger och omvändelse – men likafullt pekar den på Guds rike som en plats eller ett tillstånd där ordningen vänts upp och ner.

[24] Också detta Jesusord förutsätter att Jesus faktiskt tänker sig någon form av hierarki i det kommande riket, att vi har en rangordning. När ett par av hans lärjungar ber honom lova dem platserna till höger och vänster om honom i riket säger han aldrig att där inte skall finnas platser till höger och vänster om honom, bara att det inte ankommer på honom att lova bort dem.

Gör er därför inga bekymmer, fråga inte: Vad skall vi äta? Vad skall vi dricka? Vad skall vi ta på oss? Allt sådant jagar hedningarna efter. Men er himmelske fader vet att ni behöver allt detta. Sök först hans rike och hans rättfärdighet, så skall ni få allt det andra också. Gör er därför inga bekymmer för morgondagen. Den får själv bära sina bekymmer. Var dag har nog av sin egen plåga.[25]

Som snickare eller fiskare hade Jesus och hans lärjungar varit fattiga men inte helt utblottade, vilket deras kringvandrande verksamhet gjorde dem. Det beskrivs hur hans lärjungar under en sabbat började rycka av ax och äta medan de gick genom sädesfälten.[26] Det var enligt Torah lagligt för den fattige att rycka av ax från någons sädesfält och äta, men man fick inte använda skära, det vill säga ta för mycket.[27] Jesus försvarar deras handling med det enkla men slagkraftiga argumentet att de faktiskt var hungriga.

På samma sätt kan man bokstavligt förstå historien om fikonträdet som inte bar frukt, även om evangelisten har gjort den till en symbol: Jesus är så hungrig att han förbannar ett fikonträd som han sett på avstånd men som visar sig inte bära frukt.[28] Bara den riktigt svultne kan förbanna ett träd för att det inte bär fikon när det inte är rätta tiden på året. Jesus saligprisningar riktar sig också till de hungriga med löftet att de skall få äta sig mätta i Guds rike. Och en av raderna i den bön som Jesus lär ut handlar om att på något sätt få sitt dagliga bröd, att få slippa svälta.

Om det är någon som inte omfattas av Jesus budskap är det den välbärgade. Evangelium är bokstavligen ett glädjebud till de fattiga. Till de djupt skuldsatta säger han att Guds vilja är att man

---

[25] Matteus 6:31–34.
[26] Markus 2:23–24.
[27] 5 Mosebok 23:25.
[28] Markus 11:12–14.

inte skall kräva igen det man lånat ut.[29] Det är svårt för dem med pengar att komma in i Guds rike, konstaterar han vidare. Man kan inte ha två herrar, det går inte att tjäna både Gud och mammon.[30] "Det är lättare för en kamel att komma igenom ett nålsöga än för en rik att komma in i Guds rike."[31] Den rike har fått ut sitt under sin levnad på jorden, i himmelen är det tiggaren Lasaros som får sitta vid patriarken Abrahams sida medan den rike pinas i dödsriket.[32]

Med sådana och liknande berättelser tröstar Jesus de utblottade, de svältande och de halvnakna.

De som är som han.

Till och med djur har ett hem, någonstans att bo, men han själv har ingenstans där han kan vila sitt huvud.

Eller som Lukas diktar i sin hymn Marias lovsång:

"Hungriga mättar han med sina gåvor, och rika skickar han tomhänta bort."[33]

269 människor omkom i en oljeexplosion i Nigeria på juldagen 2006. Tjuvar hade öppnat en ledning för att stjäla olja, och fattiga människor passade på att fylla plastdunkar med olja.

Först kom tjuvarna, fyllde sina tankbilar och försvann. Därefter kom den fattiga lokalbefolkningen med sina hinkar, spannar och dunkar, och då exploderade det.

Liken låg utspridda på olycksplatsen. Det sades att de var så sönderbrända att de inte kunde identifieras.

Döda för en dunk, för en tioliters plasthink, för en spann med olja. Döda för ingenting.

För sin eländiga fattigdoms skull.

---

[29] Lukas 6:35.
[30] Matteus 6:24.
[31] Markus 10:25.
[32] Lukas 16:19–25.
[33] Lukas 1:53.

Samma dag satt jag i ett varmt och ombonat arbetsrum i Stockholm och skrev om Jesus till min kommande Jesusbok, skrev om den yttersta fattigdom 90 procent av befolkningen levde i, och att Jesus var en av dem.

Jag skrev:

> Det beskrivs hur hans lärjungar under en sabbat började rycka av ax och äta medan de gick genom sädesfälten. Det var enligt Torah lagligt för den fattige att rycka av ax från någons sädesfält och äta, men man fick inte använda skära, det vill säga ta för mycket. Jesus försvarar deras handling med att de faktiskt var hungriga.
>
> På samma sätt kan man bokstavligt förstå historien om fikonträdet som inte bar frukt, även om evangelisten har gjort den till en symbol: Jesus är så hungrig att han förbannar ett fikonträd som han sett på avstånd men som visar sig inte bära frukt. Bara den riktigt svultne kan förbanna ett träd för att det inte bär fikon när det inte är rätta tiden på året.

Jesus budskap till de fattiga var hoppet, löftet, drömmen om det kommande, alldeles omedelbart förestående Gudsriket där de äntligen skulle få äta sig mätta. Det skimrade som en pärla i solen.

Två tusen år har gått. De fattiga väntar ännu. Gudsriket har ännu inte kommit. Så de fattiga gör vad de måste, gör vad de kan för att klara sig – och dör för en blå tio liters plasthink med stulen bensin.

Även om Jesus riktar sig till de mest utblottade, tar de fattigas parti och med hätskhet talar om de som har många ägodelar, så attackerar han inte samhällsordningen i stort.

Faktum är att många av Israels profeter varit betydligt djärvare och mer radikala än Jesus när det kommit till att häckla makthavare eller kritisera samtidens sociala orättvisor.

Det gör aldrig Jesus.

Förklaringen kan emellertid vara enkel.

För Jesus rasar tiden hastigt mot sitt slut. Politiska och sociala reformer är inte intressanta eftersom Guds rike står för dörren.

Jesus och hans anhängare har gett upp hela sitt normala liv, den lilla trygghet de hade – de har lämnat familjer, hem och arbete för att tillsammans vandra från by till by, leva som liljorna på marken och predika att Guds rike är nära, och att det är nu, i denna stund, som de som nås av budskapet måste bestämma sig, måste ändra sitt sätt att leva. Låt de döda begrava de döda och följ mig, säger Jesus. Redan i morgon kan det vara för sent.

Johannes Döparen predikade rikets snara ankomst, likaså gjorde den tidigaste kristna kyrkan. Att Jesus, som är länken mellan dem, *inte* skulle omfatta samma tro på den korta tidsaxeln är inte sannolikt.

Däremot säger han aldrig exakt när riket skall komma.

Han medger till och med att han inte vet. Därför ber han sina lärjungar att vaka och vara beredda.

För det är snart.

Alldeles snart.

Det är inte längre tid att så, inte tid att skörda. Det är inte tid att bilda familj, inte tid att arbeta eller samla i lada. Sälj allt, lämna allt – och samla i stället skatterna i det nya riket.

Denna brådska. Denna känsla av hur lite tid som återstår delas av Paulus. Ännu tjugofem år efter Jesus död och uppståndelse skriver Paulus i ett brev till församlingen i Rom, att nu är deras räddning närmare än när de kom till tro. "Natten går mot sitt slut och dagen är nära."[34]

Det hastar. Därför är det extra viktigt att leva rätt och värdigt så att man inte går miste om sin plats i det nya riket. "Låt oss leva värdigt, som det hör dagen till, inte med festande och drickande,

---

[34] Romarbrevet 13:12.

inte med otukt och orgier, inte med strider och avund. Nej, ikläd er Herren Jesus Kristus, och ha inte så mycket omsorg om det jordiska att begären väcks."[35]

Riket är nära. Det hastar.

Därför kan vi sälja allt vi äger och ge till de fattiga. I den nya tiden behöver vi inte våra ägodelar. Bättre då att samla skatter i himlen.

Därför kan vi leva i celibat och låta bli att sätta barn till världen, trots att Gud i sitt första bud uppmanar oss just till att föröka oss.

Därför kan vi avsäga oss det jordiska – och leva som liljorna på marken och fåglarna i himlen – vara fiskare som övergivit våra nät, bönder som inte längre brukar jorden, handelsmän som bommat för luckorna till boden: riket är så nära att det är som en gäst som väntas vid dörren när som helst, alldeles snart skall vi höra en knackning.

Det är inte en fråga om år, det är inte en fråga om månader, det är en fråga om att natten blir dag, och vi kan redan ana det första gryningsljuset.

Man kan förstå med vilken iver och vilken upphetsning Jesus och hans lärjungar bad: Låt ditt rike komma!

Ja, låt ditt rike komma! Den bön som Jesus lärde sina lärjungar tror man faktiskt härstammar från Jesus själv. Den återfinns i två versioner, Matteus har fler tillägg men tros bättre bevara den exakta ordalydelsen, medan Lukas är närmre den ursprungliga formen men ibland väljer andra ord. Den ursprungliga bönen är kort, rakt på sak och lär på arameiska också vara rytmisk och rimma. Om man skalar bort tillägg och ändringar skulle bönen kunna lyda ungefärligen:

---

[35] Romarbrevet 13:13–14.

Far,
låt ditt namn bli helgat.

Låt ditt rike komma.

Ge oss i dag vårt dagliga bröd.

Och förlåt oss våra skulder
liksom vi förlåter dem som står i skuld till oss.

Och utsätt oss inte för prövning.

Otaliga är de tolkningar man gjort av bönens rader, otaliga är de innebörder man lagt in i orden, men faktum är att om man håller i minnet att Jesus är en eskatologisk profet i det första århundradets judendom framstår Fader Vår tydligt som just en eskatologisk bön: Vi ber om att Gud skall vara vår far och vår kung, att han snarast skall upprätta sitt rike och att vi skall överleva prövningarna som föregår det. Vi överlämnar oss i Guds händer – som barn och som undersåtar, sätter vår tillit till Gud utan att ha något att ge i gengäld.

Somliga forskare läser in en eskatologisk betydelse till och med i raden: "Ge oss i dag vårt dagliga bröd" och menar att Jesus ord syftar på det himmelska gästabud som skall hållas när riket är här, och som redan i samtiden manifesterar sig när Jesus äter med syndare och tulltjänstemän.

Hur som helst handlar också denna rad om överlämnande. På samma sätt som att det är Gud själv som grundar sitt rike och helgar sitt namn, är det Gud som skall ge oss vad vi behöver för vår överlevnad. På domens dag hoppas vi få våra synder förlåtna, och Jesus sätter den förlåtelse vi får i direkt samband med vår förmåga att själva förlåta.

Bönen inleds med ordet "abba" – pappa eller far, och brukar användas för att peka på det nära och kärleksfulla förhållandet mellan Gud och människan. Att likna Gud vid en himmelsk fader sker allt oftare i judiskt tänkande seklen före Jesus, och är inget bruk som Jesus inför från ingenstans.

Genom att se på vilket sätt som Jesus utövar "sitt" faderskap kan vi förstå hur han tolkar Guds faderskap: han avvisar inte barnen, utan tar upp dem och välsignar dem.

Det är inte oviktigt. I antiken hade mannen makten att acceptera eller inte acceptera ett barn som legitimt. Det var fadern som avgjorde vilka barn som skulle få leva, och Jesus fader är en som inte avvisar någon.[36]

Att Gud är vår far är emellertid inte enbart en symbol för hans kärlek till oss. På Jesus tid hade fadern en absolut makt i familjen. I de judiska hemmen var fadern den som fattade alla de avgörande besluten.

Fadern är med andra ord lika mycket en symbol för lydnad och underkastelse som den är en symbol för närhet och tillgivenhet.

Också en kung sades vara som en fader för sitt folk, hur blodigt hans styre än var, hur grymt han än regerade sitt rike. Att i bönen rikta sig till Gud både som far och kung är alltså ingen motsägelse.

Bland Dödahavsrullarna finns texter som säger att Gud kuvar sina fiender för sitt namns skull.

Att be "Låt ditt namn bli helgat" är inte bara ett fromt sätt att prisa Gud, utan slår fast att det är Gud själv som helgar sitt namn och det gör han genom att besegra hedningarna, återsamla Israels stammar och ge dem landet tillbaka i Guds eviga kungarike.

Det är vad Jesus ber om.

Det är därför de två raderna "Låt ditt namn bli helgat" och "Låt ditt rike komma" följer varandra.

I de yttersta dagarna innan Guds rike slutgiltigt är här tänkte man sig vanligen en sista fasansfull och blodig prövning av de återstående resterna av Israel, där ytterligare ett antal skulle falla

---

[36] Den första kyrkan skulle också ta på sig uppgiften att ta sig an föräldralösa och övergivna barn.

bort. Den sista raden i bönen, "Utsätt oss inte för prövning", är helt enkelt en vädjan om att få undslippa denna sista plåga och befinnas värdig riket.

Detta är troligen den betydelse som man på Jesus tid lade i bönen. Detta är vad man bad om.

Och där satt vi på min mormors glasveranda i Bergslagen med knäppta händer och rabblade alla: "... så som ock vi förlåta dem oss skyldiga äro!"

Inte tänkte vi oss tidens slut. Vi bad bara de ord som Jesus hade lärt oss, och som för oss betydde att man skulle förlåta varandra, få mat på bordet och frälsas från djävulens alla lömska frestelser.

Två tusen år tidigare hade Jesus och hans följeslagare med iver och hetta bett om den kommande omvälvning som de på alla sätt kände var på väg att ta form i deras egen tid.

På glasverandan satt vi och bad samma bön, på ett annat språk och med en helt annan innebörd.

Vilket i och för sig visade att Gud inte hörsammat bönen, varken då eller under de två tusen år som gått.

Han dröjde ju uppenbarligen ännu med sitt rike.

14

OM HERREN DRÖJER

Efter de omvälvande händelserna kring påsken i Jerusalem då deras mästare först togs ifrån dem och sedan kom tillbaka, på något sätt levande igen, började apostlarna föra vidare budskapet om det eskatologiska mirakel de själva just upplevt. Först till Judeens synagogor och sedan till synagogorna i diasporan. Inom ramen för synagogorna bildade man Jesustroende gemenskaper som sedan spred sig vidare till alltmer avlägsna delar av det romerska imperiet.

Men varken Jesus eller hans apostlar tänkte sig någonsin att någon som jag skulle sitta här, på en veranda vid Östersjön, i ett land långt bortom deras världs gränser, vid ett hav som de aldrig hört talas om, två tusen år efter deras tid på jorden, och läsa teologers, religionsvetares, historikers, arkeologers och samhällsvetares försök att rekonstruera deras liv och lära.

Guds rike var nära, Slutet närmade sig. Att jag sitter på den här verandan och studerar och att du som läser min text faktiskt finns till är levande bevis för hur fel de tog.

Kristendomen var en apokalyptisk rörelse.

Varje apokalyptisk rörelse sedan tidernas begynnelse har haft fel.

Man väntar på ett omedelbart förestående Slut som sedan aldrig infinner sig. Efter några år får man börja hitta förklaringar till varför Slutet dröjer, varför Slutet inte kommer som utlovat. Med tiden blir förklaringarna alltmer krystade, och i regel tynar sekten bort medan jorden fortsätter att snurra runt solen, människor föds och människor dör, och släkten följa släktens gång.

Här är den stora svårigheten att komma över för varje kristen: kristendomen är en apokalyptisk rörelse. Den första kyrkan såg sig själv som en sådan! Dess viktigaste budskap var att Slutet – då deras korsfäste Messias skulle återvända som kung – var omedelbart förestående.

Och som apokalyptisk rörelse hade och har kristendomen fel.

Kan vi alltså tro på en rörelse som hade fel i vad den själv ursprungligen ansåg vara det viktigaste i sin förkunnelse?

Till en början gick allt enligt planerna. Tecknen var så många på att Guds rike verkligen var nära. Deras korsfäste Messias hade återuppstått, liksom de döda skulle återuppstå i den yttersta tiden. Hedningarna lät omvända sig, liksom profeterna i skrifterna förutsagt att hedningarna skulle. Apostlarna profeterade och utförde mirakel som också var tecken på rikets närhet.

Och ändå dröjde riket. Ändå återkom inte deras korsfäste Messias.

Därtill kom att Israel inte hörsammade deras Messias.

Israel omvände sig inte.

Till en början fanns det många judar som var beredda att tro också på en korsfäst Messias, men med Messias skulle naturligtvis följa också en messiansk tidsålder, och någon sådan levde man verkligen inte i.

Inte betade lejonen tillsammans med lammen, inte smiddes svärden om till plogbillar, och inte vände sig hela världen mot Israel och bekände att Herren var Gud. Alldeles uppenbart fortsatte världen som förut, fullständigt ovetande om att den utlovade Messias kommit och gått.

Och Jesusrörelsen, vars främsta uppgift var att kalla samman de förlorade fåren i Israel, misslyckades med just det, man lyckades inte attrahera sina landsmän.[1]

_____

[1] Här måste vi också skilja på judar som levde i hemlandet Palestina och

Slutet hade redan varit, och ändå var det inte slut. Tecknen var de rätta men ändå upprättades inte Guds rike.

Så man började föreställa sig ytterligare ett Slut.

Ett Slut efter Slutet, då Jesus skulle återkomma från himlen för att döma levande och döda.

Och också det Slutet var alldeles omedelbart förestående. Också nu handlade det om veckor eller månader, högst några år.

Slutet efter slutet. Jesus återkomst.

Människosonen som stiger ner till jorden medan domedags-änglarna stöter i sina basuner blir till Jesus Kristus själv som återvänder i makt och härlighet.

I sina föreställningar om den kommande prövningens tid och den Stora Slutstriden mellan det Goda och det Onda hämtar den unga kristna kyrkan bilder och tankegods från den gängse apokalyptiska sörjan av jordskalv, hav som förvandlas till blod, och verop över dem som måste genomlida de prövningar som Gud ändå kortat för att någon enda skall överleva – och den stora frågan för oss i dag är väl i vilken mån Jesus delade dessa uppfattningar och hur mycket som är visioner skapade ur den frustration som följde av att Jesus död och uppståndelse ändå inte utgjort Slutet.

Klart är att det inte går att få ihop Jesus kärleksbudskap med hämndgiriga och blodtörstiga fantasier om en Vredens dag.

Till sin gestalt hade den historiske Jesus från Nasaret utgjort en märklig och nästan otänkbar Messias. Hans uppträdande och hans lära stämde inte alls överens med hur man tänkte sig Guds utvalde – men när han återkom, försäkrade den nya Jesusrörel-sen, skulle han ha alla de kungliga tecken och maktbefogenheter som en Messias skulle ha.

---

dem som levde i diasporan. De senare var ofta betydligt mer helleniserade. I den mån Jesusrörelsen attraherade judar var det först och främst sådana som levde i diasporan.

Då skulle han, som när han levde lärde ut att vi aldrig skulle döma, agera domare.

Då skulle han, som när han levde lärde oss att vi skall älska våra fiender, förpassa sina egna fiender till eviga straff.

Då skulle han, som gjorde sitt intåg i Jerusalem saktmodigt ridande på en åsna, sitta på en vit stridshäst, klädd i en mantel doppad i blod, och ur hans mun skulle ett skarpt svärd sticka.

Kärlekens Jesus som förklarade alla rena blandades samman med rösten från den nytestamentliga ängel som med hög röst ropar till himlens fåglar: "Kom hit och samlas till Guds stora måltid, så skall ni få äta kött av kungar och härförare och mäktiga män och kött av hästar och deras ryttare och kött av alla människor, fria och slavar, höga och låga." [2]

På några få år hade Guds stora gästabud förvandlats till en fest för asätare. Jesus kärleksmåltid i himmelen hade förvandlats till en förintelse av aldrig skådat slag, för alla utom dem som hörsammat Jesusrörelsens budskap.

Så gick åren återigen, och Jesus i form av den från himlen kommande Människosonen steg inte ned med sina härskaror till jorden.

Åren gick och i församlingarna började människor att dö, vilket uppenbart var ett problem – man upplevde sig ha blivit lovade att riket var så nära antågande att man inte skulle hinna leva sina liv och dö. Paulus tvingades, i det som tros vara Nya testamentets äldsta bevarade text, svara oroliga nyfrälsta om vad som sker med dem som hinner dö innan Jesus återkommer:

> Bröder, vi vill att ni skall veta hur det går med dem som avlider, så att ni inte behöver sörja som de andra, de som inte har något hopp.
>
> Om Jesus har dött och uppstått, vilket vi tror, då skall Gud också

---

2 Uppenbarelseboken 19:17–18.

genom Jesus föra till sig de avlidna tillsammans med honom. Med stöd av vad Herren lärt oss säger vi er detta: vi som är kvar här i livet då Herren kommer skall inte gå före de avlidna. Ty när Herren själv stiger ner från himlen och hans befallning ljuder genom ärkeängelns röst och Guds basun, då skall de som är döda i Kristus uppstå först, och därefter skall vi som är kvar i livet föras bort bland molnen tillsammans med dem för att möta Herren i rymden.[3]

De som hunnit avlida skall alltså uppstå före dem som ännu lever, och lägg märke till att Paulus förväntar sig själv vara kvar i livet när Jesus återkommer.

I och med Jesus död och uppståndelse infann sig Slutet. Trots det fortsatte jorden att snurra som förut. Nu väntade man på något sätt på ett "andra" Slut, då Jesus skulle återkomma.

Och inte heller det kom.

Den första Jerusalemförsamlingen gick nästan under i besvikelse över att Jesus dröjde. Och generationen efter den första fick börja söka förklaringar till vad som kunde ha hänt.

Exempelvis var en av Paulus motiveringar till att riket inte infann sig var att han själv skulle få tid att fullfölja sin uppgift – att missionera bland hedningarna. När det antal hedningar som Gud bestämt skulle omvända sig var fulltaligt skulle riket komma.

Därför var det viktigt för Paulus att hedningarna inte omskar sig. Om hedningarna omskar sig och iakttog Lagen var de inte längre hedningar utan judar, och då försenades riket ytterligare. Ett av tecknen som måste uppfyllas var ju just att hedningar skulle bekänna Israels Gud. Då måste de med andra ord fortsätta vara hedningar.

Markus hittade ett par årtionden senare en annan förklaring, liksom Lukas och Matteus efter honom fann ytterligare andra, liksom Johannes efter dem hade sin.

---

[3] 1 Thessalonikerbrevet 4:13–17.

Markusevangeliet, det allra äldsta, är det som mest bevarat känslan av brådska. Skrivet under det stora judiska kriget – möjligen har templet ännu inte förstörts – är världen på väg att rasa samman. Församlingen i Rom som Markus troligen riktar sig till har utsatts för hårda prövningar. Dess medlemmar har torterats och kastats till vilddjuren.

Evangeliet är skrivet kortfattat, utan utläggningar, vilket ytterligare förstärker intrycket av att det hastar, och därför finns bara tid med det allra viktigaste.

Håll er alltså vakna, ni vet inte när husets herre kommer, om det blir på kvällen eller vid midnatt eller i gryningen eller på morgonen. Se upp, så att han inte plötsligt kommer och finner er sovande. Jag säger till er, och jag säger till alla: Håll er vakna![4]

Att dagen för Jesus återkomst dröjer beror på att "Först måste evangeliet förkunnas för alla folk".[5] Sedan skall följa en prövningarnas tid med jordskalv, solförmörkelser och plågor som brukar inträffa i apokalypser – och sedan kommer Människosonen. Markus lovar till och med att detta sker under deras egen livstid: "Sannerligen, detta släkte skall inte förgå förrän allt detta händer."[6] Eller ännu tydligare: "Sannerligen, några av dem som står här skall inte möta döden förrän de har sett Guds rike komma med makt."[7]

Författarna till Lukas och Matteus väntar sig emellertid inte längre, till skillnad från Paulus och Markus, att Jesus skall komma under deras livstid. De skriver sina evangelier under andra omständigheter, på andra platser.

---

[4] Markus 13:35–37.
[5] Markus 13:10.
[6] Markus 13:30. Om det är Jesus som talar om sin generation eller Markus som talar om sin (som inte skall förgås) är oklart.
[7] Markus 9:1.

Hos Lukas finns faktiskt inget Slut i sikte över huvud taget – utan en lång framtid. Han låter till och med Jesus rätta dem som tror att riket redan är på väg.

Många kommer att uppträda under mitt namn och säga: Det är jag, och: Tiden är nära. Men följ dem inte.[8]

De som hade samlats frågade honom: "Herre, är tiden nu inne då du skall återupprätta Israel som kungarike?" Han svarade: "Det är inte er sak att veta vilka tider och stunder Fadern i sin makt har fastställt."[9]

Visst väntar de på Slutet, men det är inte längre lika omedelbart förestående.

Tillfrågad av fariseerna om när Guds rike skulle komma svarade han: "Guds rike kommer inte på ett sådant sätt att man kan se det med sina ögon. Ingen kan säga: Här är det, eller: Där är det. Nej, Guds rike är inom er."[10]

Utsagan om Guds rike som är inom oss återfinns bara i Lukas och ingen annanstans. Hur tilltalande denna bibelvers än är för en modern läsare, för att inte tala om att den löser hela problemet med det uteblivna Gudsriket, så är versen emellertid troligen en skapelse av författaren själv. Lukasevangeliet är över huvud taget det evangelium som mest försöker dämpa förväntningarna på ett snart förestående Gudsrike.

---

[8] Lukas 21:8.
[9] Apostlagärningarna 1:6–7.
[10] Lukas 17:20–21.

Hos Johannes har antalet som ännu skall vara i livet krympt till en enda, "lärjungen som Jesus älskade", och inte ens det är säkert:

> Jesus svarade: "Om jag vill att han skall bli kvar tills jag kommer, vad rör det dig?"... Därför spred sig ett rykte bland bröderna att den lärjungen inte skulle dö. Men Jesus hade inte sagt till Petrus att lärjungen inte skulle dö utan: "Om jag vill att han skall bli kvar tills jag kommer, vad rör det dig?"[11]

För Matteus, Lukas och Johannes är uppståndelsen ett tecken på Jesus legitimitet, inte ett tecken på att Slutet är nära.

Och sedan dess har kristenhetens budskap varit – inte att riket är nära – utan att Guds son redan varit här. I den allra yngsta texten i Nya testamentet, Andra Petrusbrevet, angriper författaren de "hånare" som frågar: "Hur blir det med löftet om hans ankomst? Våra fäder har redan dött, och allt är som det har varit sedan världens skapelse."[12] Författaren svarar:

> för Herren är en dag som tusen år och tusen år som en dag. Det är inte så som många menar, att Herren är sen att uppfylla sitt löfte. Han dröjer för er skull, eftersom han inte vill att någon skall gå förlorad utan att alla skall få tid att omvända sig.[13]

Låt oss repetera. Först skulle alla vara i livet när Herren återvände. Sedan somliga. Sedan bara en enda. Till slut får vi nöja oss med argumentet att Guds tidsuppfattning nog är en annan än vår.

Löftena kunna ej svika. Men det kan uppenbarligen dröja ofantligt länge innan de uppfylls.

---

[11] Johannes 21:22–23.
[12] 2 Petrusbrevet 3:4.
[13] 2 Petrusbrevet 3:8–9

De allra första kristna följer bokstavligen Jesus radikala budskap – de lämnar sina liv och följer honom. Sätter sig upp mot sina föräldrar, lämnar sina äktenskap, överger sina barn, och lever i stället tillsammans med sina nya "systrar" och "bröder" i egendomsgemenskap. Det är Gud man skall visa lydnad, ingen annan. Ingen nation, ingen kejsare, ingen världslig makt. I martyrdöden kan till och med slaven bevisa att han innerst inne är fri.

Men redan i andra århundradet måste kyrkan ha vuxit så pass att man inte längre kan vara så rebellisk mot de samhälleliga institutionerna eller predika något så radikalt mot äktenskap, barnalstrande och familj.

De nyblivna kristna, vars majoritet därtill är ickejudisk, behöver ledning och direktiv. När de väl är frälsta och döpta måste de ha förhållningsregler om hur de skall leva i sin vardag, särskilt som Kristus återkomst ser ut att dröja.

Vid den här tiden tillkommer brev – som också i vissa fall tas med i Nya testamentet – som tillskrivs Petrus eller Paulus, men som troligen är skrivna ett par generationer senare och som modifierar de mer radikala tankar Jesus och Paulus förfäktade.

I Lukasevangeliet säger Jesus:

> Tror ni jag är här för att skapa fred på jorden? Nej, säger jag, men splittring![14]

> Om någon kommer till mig utan att hata sin far och sin mor och sin hustru och sina barn och sina syskon och därtill sitt eget liv, kan han inte vara min lärjunge.[15]

Författaren till "Petrus" första brev skriver däremot:

---

[14] Lukas 12:51.
[15] Lukas 14:26.

Underordna er för Herrens skull all samhällsordning, det må vara kejsaren, som har den högsta makten, eller ståthållarna, som är sända av honom för att straffa dem som gör det onda och belöna dem som gör det goda.[16]

Ni som är slavar, underordna er era herrar, lyd och respektera dem, inte bara de goda och hyggliga utan också de orättvisa.[17]

Och ni kvinnor, underordna er era män …[18]

Här vänds inga hierarkier längre upp och ner, här splittras inga maktstrukturer eller sprängs familjer.

På samma sätt mildras snart idealet om sexuell avhållsamhet. Paulus i Första Korinthierbrevet skriver på följande sätt om äktenskapet:

Till de ogifta och till änkorna säger jag att det är bäst för dem om de förblir vad de är, liksom jag.[19]

"Paulus" i första brevet till Timotheos skriver däremot:

Jag vill därför att yngre änkor skall gifta om sig, föda barn och sköta sina hus …[20]

Dessutom skriver han att det är demonläror som förbjuder äktenskap, spridda av hycklande lögnare med bortbränt samvete.[21]

Vid den här tiden tillkommer också de apostoliska fädernas

---

[16] 1 Petrusbrevet 2:13–14.
[17] 1 Petrusbrevet 2:18.
[18] 1 Petrusbrevet 3:1.
[19] Det vill säga lever i celibat. 1 Korinthierbrevet 7:8.
[20] 1 Timotheosbrevet 5:14.
[21] 1 Timotheosbrevet 4:1–3.

texter, som accepteras i hög utsträckning av de kristna som nära på likvärdiga med de bibliska, och det kanske behövs när man skall tackla Jesusord som: "Ingen kan tjäna två herrar. ... Ni kan inte tjäna både Gud och mammon",[22] "sälj allt du har och ge åt de fattiga",[23] och "Ge åt alla som ber dig, och tar någon det som är ditt, så kräv det inte tillbaka."[24]

I texten De tolv apostlarnas lära från omkring år 100 ges det mer förnuftigt småsnåla rådet: "Låt pengarna svettas i din hand tills du vet vem du skall ge dem."[25]

Det sker alltså en gradvis anpassning till den verklighet som uppstår när tidens Slut visar sig inte vara lika omedelbart förestående som man i förstone trott och kyrkan så småningom vill bli en respekterad del av det romerska samhället.

Ett par århundraden senare är man inte längre en förföljd minoritet, utan tvärtom en stor samhällsgrupp som gynnas av statens ledning, och det är naturligtvis svårare att döma ut den världsliga makten som styrd av demoner om kejsaren själv låter döpa sig och ger pengar, gods, guld och inflytande till kyrkans män.

Man anpassar sig till den rådande världsordningen, och då blir det enklare att förstå den kristna författare som i "Petrus" namn säger att man skall ära kejsaren. Samtidigt strider det mot vad som var det grundläggande budskapet från Jesus själv.

De apostoliska fäderna är också upptagna med att institutionalisera kyrkan, skapa en tydlig hierarki och maktstruktur samt bestämma vad som är den sanna läran och vad som är villospår utlagda av Satan.

Gradvis ändrar kyrkan sin förkunnelse. Samtidigt skapar man de instrument och institutioner som gjort att den kunnat överleva i två årtusenden.

---

[22] Matteus 6:24.
[23] Matteus 19:21.
[24] Lukas 6:30.
[25] De tolv apostlarnas lära 1:6.

Kyrkan lyckas med andra ord anpassa sig till både evigheten och vardagen. Kanske var det nödvändigt. På många sätt var det förödande. Evangelisterna och efterföljande generationers kyrkofäder anpassade budskapet, omtolkade Jesusorden för att göra dem relevanta för just den tid och det samhälle som de levde i.

Samtidigt är det kanske vad vi har att lära av dem.

Att vi måste göra detsamma.

Kristendomens första och viktigaste budskap var att tiden var Slut och Gudsriket här.

Kristendomen hade fel.

Ändå har kristendomen överlevt.

Den måste sålunda innehålla något mer, något djupare, något viktigare än blodtörstiga och hämndgiriga spekulationer om Slutet.

Vi står inför samma dilemma som evangelisterna. På något sätt måste vi finna en rimlig förklaring – eller ursäkt – för det faktum att Jesus hade fel i det som han själv ansåg som det mest centrala i sitt budskap.

Är vi tvungna att omtolka Jesus för att över huvud taget kunna fortsätta vara kristna?

För att förstå Jesus måste vi ofrånkomligen låta honom vara det han faktiskt var: en judisk lärare och undergörare som (om än bitvis i opposition) verkade i judisk tradition och som aldrig avsåg att bryta sig loss ur den.

Men då riskerar vi samtidigt att Jesus blir oviktig för oss, att han förlorar sin relevans. Att han inte talar till oss här och nu. Att han inte griper in i våra liv.

Det mest centrala i Jesus budskap var att Guds rike var omedelbart förestående. Varje förklaring eller ursäkt till varför Guds rike dröjer är ovillkorligen en *omtolkning* av vad den historiske Jesus själv lärde ut.

Det går inte att vara kristen utan att ta ställning till den eska-

tologiske Jesus. Det går inte att blunda för att många av Jesus-
orden som man faktiskt tror är autentiska pekar mot en Jesus
som vänder sig till sitt eget judiska samhälle och som inte är in-
tresserad av *goyim*, hedningarna, det vill säga de flesta av oss som
kallar oss kristna.

Det är kanske det svåraste vi har att göra när vi studerar Jesus
så som han möter oss i Nya testamentet, att hitta ett sätt, en
förklaringsmodell, där vi faktiskt är inkluderade, inte bara som
hednisk utfyllnad för att påskynda den kommande Herrens dag.

Och då lämnar vi åter med nödvändighet den historiske Jeshua
från Nasaret och måste på nytt omfamna våra föreställningars
Jesus Kristus.

Vi har inget annat val.

Den historiske Jesus sjunker undan i historiens dunkel som
någon som vi inte alltför ivrigt får gripa efter om vi skall kunna
fortsätta kalla oss kristna.

Samtidigt skimrar Gudsriket lika löftesrikt, lika åtråvärt och
lika lockande som någonsin.

15

BJUDEN TILL BORDS AV JESUS

Han lyfte blicken, såg på sina lärjungar och sade:
"Saliga ni som är fattiga,
  er tillhör Guds rike.
Saliga ni som hungrar nu,
  ni skall få äta er mätta.
Saliga ni som gråter nu,
  ni skall få skratta."[1]

En sak som man inte alltid tänker på är att Jesus saligprisningar inte med nödvändighet riktar sig till goda människor som gör goda handlingar och som därför blir belönade. Snarare riktar de sig till människor som varken är goda eller onda, utan nödställda.

Gud hjälper dem inte för att de förtjänar det, utan för att de behöver det, och däri ligger en stor skillnad.

För Jesus omfattar Guds rike inte bara de fattiga, utan också de föraktade, de små och de maktlösa. De som med ett hebreiskt ord brukade kallas för *am ha-aretz*.

När Jesus i sin lära låter Guds kärlek omfatta dessa samhällets minsta är han inte alls unik, utan knyter an till en viktig tradition i judiskt tänkande, från sjuhundratalets skriftprofeter och framåt – Amos, Hosea, Mika med flera – som lär ut att rättfärdighet är en *inre* kvalitet som inte med nödvändighet motsvaras av världslig, yttre framgång och att religionens kulthandlingar är utan värde om de inte följs av ett socialt engagemang där vi tar

---

[1] Lukas 6:20–21.

hand om varandra, ger åt den fattige, försvarar den faderlöse och befriar den förtryckte.

När Jesus blir anklagad av fariseerna för att bryta mot sabbats- och renhetslagarna svarar han dem att de måste förstå vad som menas med orden: "Barmhärtighet vill jag se, och inte offer."

Citatet är hämtat från profeten Hosea, just en av dessa medlidandets och empatins profeter från sjuhundratalet fvt.

Jesus förklarar själv orden i en liknelse där det är den orene samariern, en person som en rättlärig jude på Jesus tid helt skulle undvika och förakta, som gör Guds vilja genom att visa barmhärtighet, till skillnad från prästen och leviten som bara går förbi den man som rånats och misshandlats av rövare och lämnats liggande halvdöd.[2] Såväl prästen som leviten tjänstgjorde vid templet och var ansvariga för de lagstadgade kultoffren. Prästerna och leviterna måste följa extra stränga renhetsföreskrifter och kontakten med en halvdöd skulle riskera att göra dem rituellt orena, och därför går de förbi.

De sätter med andra ord offret före barmhärtigheten och handlar på så sätt mot Guds vilja.

Jesus sällar sig tydligt till den rad av profeter som lär oss att det inte är religionsutövandet i sig som gör en människa from, utan att all tro på Gud till slut måste mynna ut i att ta hand om sin nästa. Att dyrka skaparen måste innebära att värna om skapelsen. Allt Gud gör står i relation till människan. Det måste också kulten av honom göra.

Det är viktigare att göra det goda och det rätta än att till punkt och pricka följa lagen så som den uttolkades av samtidens renhetsivrare.

det enda Herren begär av dig:
att du gör det rätta,

---

2 Lukas 10:25–37.

lever i kärlek
och troget håller dig till din Gud.[3]

Så enkelt sammanfattas i profeten Mikas bok religionens kärna.

Liknelsen om den barmhärtiga samariern berättas enligt evangelisten för en laglärd som ställt frågan om hur han skall vinna evigt liv och vem som är vår nästa.

Ja, vem är vår nästa? Vem är det som vi skall älska? I det här fallet är det den föraktade samariern, och det är på många sätt typiskt för Jesus.

Om Jesus nöjt sig med att Guds kärlek omfattade samhällets minsta skulle emellertid ingen i hans samtid ha blivit upprörd, även om det fanns puritaner som ansåg denna "pöbel" oren och som skulle vägrat lägga sig till bords med sådana.

Men Jesus gjorde inte halt vid de marginaliserade, vid *am haaretz,* han fortsatte vidare ut till de avskydda, de föraktade och de utstötta.

Om vi i dag lever i ett samhälle som präglas av individualism, var det judiska samhälle som Jesus levde i präglat av kollektivet, grupptillhörigheten. Antingen var man innanför eller utanför gemenskapen.

Omfattad eller utesluten. Ren eller oren.

Den viktigaste grupptillhörigheten var familjen.

Låt oss nu läsa tre Jesusord som många kristna helst hoppar över.

Ty jag har kommit för att ställa en man mot hans far, en dotter mot hennes mor, en sonhustru mot hennes svärmor, och mannens husfolk skall bli hans fiender.[4]

---

[3] Mika 6:8.
[4] Matteus 10:35–36.

Om någon kommer till mig utan att hata sin far och sin mor och sin hustru och sina barn och sina syskon och därtill sitt eget liv, kan han inte vara min lärjunge.[5]

"Vem är min mor och mina bröder?" Han såg på dem som satt runt omkring honom och sade: "Det här är min mor och mina bröder. Den som gör Guds vilja är min bror, min syster och min mor."[6]

Det verkar faktiskt inte bättre än att Jesus bryter mot Tio Guds bud som säger att man skall hedra sin mor och sin far. Jesus underkänner alltså familjen – den kanske viktigaste grupptillhörigheten i det judiska samhället.

Jesus menar allvar med att omfatta de utstötta, de som han saligprisat, de nödställda. Men hur skall man kunna få med de utstötta om man inte spränger de hierarkier som stänger dem ute?

"Det är inte de utslagna som skall in i samhället, det är de inslagna som skall ut!" som vi brukade ropa i min ungdoms anarkistdemonstrationer.

Det är vad Jesus gör – han spränger varje hierarki som stänger människor ute.

Gång på gång i evangelierna liknar Jesus Guds rike vid en plats eller ett tillstånd där den nuvarande ordningen och hierarkier ställts på ända. Den som vill vara främst i himlen måste bli den ringaste av alla och vara de andras tjänare.[7]

Tullindrivaren skall förr än farisén räknas som rättfärdig.[8]

Den fattige skall få ligga till bords med patriarken Abraham medan den rike skall plågas i lågorna.[9]

Gång på gång förklarar Jesus för oss att "Många som är sist

---

[5] Lukas 14:26.
[6] Markus 3:33–35.
[7] Markus 9:35.
[8] Lukas 18:9–14.
[9] Lukas 16:19–24.

skall bli först, och många som är först skall bli sist",[10] och bara om man tar emot Guds rike som ett barn kan man komma dit.[11]

Och detta – att allt förvandlas och vänds i sin motsats – är som vi kommer ihåg tecken på att riket är nära: de blinda ser och de lama går, de spetälska blir rena och de döva hör, de döda står upp och de fattiga får ett glädjebud.

I Guds rike får vi börja om från början igen.

Det berättas att när en spetälsk kommer till Jesus och säger: "Herre, vill du, så kan du göra mig ren!" sträcker Jesus ut sin arm och rör vid honom och säger "Jag vill! Bli ren!"[12]

Följande säger lagen om den spetälske:

> Han skall gå med sönderrivna kläder och med hängande hår, dölja sitt skägg och ropa: "Oren, oren!" Så länge han har sjukdomen är han oren. Han är oren och skall bo för sig själv och ha sin bostad utanför lägret.[13]

Det är vad Jesus borde ha sagt till den spetälske. Påmint honom om vad lagen sade, om reglerna, om den rådande ordningen.

Men det gör han inte. Han säger: "Jag vill. Bli ren!"

Och han *rör* vid honom.

I ett samhälle som omfattar eller utesluter, som delar upp i rena och orena, och som stöter bort de orena, sträcker Jesus ut sin arm och rör vid den ovidrörbare, och gör samtidigt sig själv oren.

Jesus anklagades för att umgås med syndare, och en sådan generande anklagelse var knappast något som den första kyrkan hittade på. Texterna vittnar om att Jesus samtida upprördes över att Jesus åt och drack tillsammans med syndare och socialt utstötta. Mål-

---

[10] Markus 10:31.
[11] Markus 10:15.
[12] Matteus 8:2–3.
[13] 3 Mosebok 13:45–46.

tiden har i alla kulturer och i alla tider varit en social angelägenhet. Man äter tillsammans för att visa att man erkänner och accepterar varandra. Det är oerhört noga vilka man ligger till bords med eftersom det är markeringar av hierarki och status. Varje gång man sluter förbund med någon äts en gemensam rituell måltid. Att äta tillsammans är ett sätt att visa att man hör samman.

I det judiska samhället var att ligga till bords med någon liktydigt med att säga att man betraktade denne som ren, också i Guds ögon, den rene kunde gå in i Guds heliga helgedom utan att besudla den.

> När Jesus sedan låg till bords i hans hus kom många tullindrivare och syndare dit och lade sig till bords tillsammans med honom och hans lärjungar. Fariseerna som såg det sade till lärjungarna: "Hur kan er mästare äta tillsammans med tullindrivare och syndare?" Han hörde det och sade: "Det är inte de friska som behöver läkare, utan de sjuka. Gå och lär er vad som menas med orden: Barmhärtighet vill jag se och inte offer. Ty jag har inte kommit för att kalla rättfärdiga, utan syndare."[14]

Det chockerande med Jesus handlande var med andra ord att när han åt och drack tillsammans med syndare och socialt utstötta innebar det att han förklarade dem rena.

Han hade kommit för att kalla också syndarna!

Och märk väl, syndare som ännu *var* syndare!

Han säger: "Sannerligen, tullindrivare och horor skall komma före er till Guds rike."[15]

Han säger inte: "Tullindrivare som slutat driva in sina skatter och horor som har upphört med sitt yrke, dessa skall gå in i Guds rike."

---

[14] Matteus 9:10–13.
[15] Matteus 21:31.

När Jesus kallar tullindrivaren Levi att bli hans lärjunge står det ingenstans att tullindrivaren omvänder sig och betalar tillbaka vad han roffat åt sig. Det står bara att tullindrivaren följer honom.[16]

Så blev Jesus syndarnas och tullindrivarnas vän.[17]

Guds kärlek är alltså så stor att den omfattar också den orene. Till och med den orättfärdige.

Inte undra på att det upprörde just fariseerna som var upptagna av renhetsfrågor, av att hela folket skulle följa de renhetsregler som annars bara gällde för prästerna. Inte undra på att de, som det står, anklagade honom för hädelse och intrigerade för att röja honom ur vägen.

I Lukas evangelium finns en historia om när Jesus på sabbaten var bjuden på måltid hos en högt uppsatt farisé. Mitt under måltiden läxar Jesus upp sin värd och säger till honom:

> När du bjuder på middag eller någon annan måltid, bjud då inte dina vänner eller bröder eller släktingar eller rika grannar, så att de bjuder tillbaka och det blir din belöning. Nej, när du skall ha en fest, så bjud fattiga och krymplingar, lytta och blinda.[18]

---

[16] I det för Lukas unika materialet om tullindrivaren Sackaios anges det att tullindrivaren blir så glad när Jesus vill besöka hans hem att han självmant ger bort hälften av vad han äger till de fattiga och fyrdubbelt igen till dem som han pressat på pengar. Lukas är den evangelist som mest poängterar omvändelsens betydelse, vilket vi skall återkomma till längre fram.

[17] Vid ett enda tillfälle uppmanar Jesus någon som han botat att följa lagens föreskrifter: "gå och visa upp dig för prästen och ge det offer för din rening som Mose har bestämt". (Markus 1:44) Jesus förmaning sticker ut eftersom det inte sker vid något annat av de otaliga tillfällen då Jesus borde ha sagt det till människor han botat eller syndare han varit i kontakt med.

[18] Lukas 14:12–13.

Sedan fortsätter Jesus under samma middag med att berätta att i Guds rike är det just så det kommer att vara, man kommer att bjuda in alla de fattiga och krymplingarna, de blinda och de lytta.

I det judiska samhället var man sjuk som en konsekvens av sina synder. Krymplingar var krymplingar, de blinda blinda, de lytta lytta, de var alla orena som ett straff, de förtjänade sin orenhet, de förtjänade sin utstötthet, och dessa, påstod Jesus – inför en högt uppsatt farisé dessutom – just dessa skulle Guds rike omfatta. Eller för att citera den feministiska teologen Elisabeth Schüssler Fiorenza: "Syndare, prostituerade, tiggare, tullindrivare, rituellt orena, krymplingar, fattiga – kort sagt, det palestinska samhällets avskum – utgjorde majoriteten av Jesus efterföljare. Dessa är de sista som har blivit de första, de hungrande som har blivit mätta, de oinbjudna som har bjudits in. Och många av dem var kvinnor."[19]

Guds rike liknas av Jesus flera gånger vid en fest och ett gästabud. I Guds rike skall vi dela måltid tillsammans. Det är detta som matundret när Jesus utspisar 5 000 personer med fem bröd och två fiskar handlar om.

> Då lät han dem säga åt folket att slå sig ner i matlag där det fanns grönt gräs. Och de lade sig ner i grupper om hundra eller femtio. Han tog de fem bröden och de två fiskarna, såg upp mot himlen och läste tackbönen. Sedan bröt han bröden och gav dem åt lärjungarna, för att de skulle dela ut dem åt folket. Också de två fiskarna fördelade han så att alla fick. Alla åt och blev mätta ...[20]

---

[19] Elisabeth Schüssler Fiorenza, *Hon får inte glömmas*, övers. Kerstin Askonius, Verbum, 1992 (orig. 1983), s. 149.
[20] Markus 6:39–42.

Det stora miraklet är egentligen inte att maten räcker, utan att Jesus säger åt alla att äta tillsammans.

Kan vi förstå det oerhörda i vad Jesus förmår dem till: De lägger sig ner i grupper om hundra eller femtio. Kvinnor och män, rika och fattiga, unga och gamla, rena och orena – om vartannat, utan åtskillnad, utan diskriminering.

Ibland får jag frågan hur jag som homosexuell kan vara aktiv i en religion och i en kyrka som ofta varit och är så homofob.

Detta är svaret.

Bortom kyrkan och bortom religionen med dess ibland fasansfulla förtryck har Jesus alltid väntat med sitt Gudsrike.

Han har väntat med middagen klar.

Kanske är detta ett sätt att beskriva Gudsriket: Så är vi alla en enda kropp, ty alla får vi del av ett och samma bröd. Älskade, önskade och omfattade av samma Gud.

Det Jesus gör i "bespisningsundret" är att konkret genomföra Guds rike just här, just nu. Varje gång vi firar nattvard tillsammans upprättar vi Gudsriket, just nu, just här.

Varje nattvardsmåltid är ett bespisningsunder. Genom att äta och dricka tillsammans utan åtskillnad och utan diskriminering erkänner vi varandras rätt att leva.

Jag tillåter dig. Du tillåter mig.

Tillsammans är vi en enda kropp, en enda mänsklighet. Godtagna och älskade just så som vi är.

Bjudna till bords av Jesus.

Jesus ropade ut att Guds rike var nära. Alldeles snart skulle det bryta in. Men Guds rike var inte bara kommande, utan också på något sätt redan där för dem som ville ta emot det. I den källa till glädje och läkedom som Jesus var. När Jesus delade måltid med syndare och skatteindrivare, när flera tusen människor slog sig ner i gräset för att äta tillsammans utan urskiljning eller diskriminering, när de av demoner besatta blev befriade och de orena blev vidrörda av Jesus och förklarade rena – i allt detta var det som om Guds rike, genom Jesus, redan var där. Eller som Paulus skrev: "Nu är ingen längre jude eller grek, slav eller fri, man eller kvinna. Alla är ni ett i Kristus Jesus."[21]

Titta runt omkring er i samhället, i er egen församling, eller låt bli, men tro mig när jag säger att omkring er finns knarkare och alkoholister och människor som har skurit sig och svultit sig och straffat sig på de hemskaste vis, några tycker kanske att det är förkastligt att jag är homofil, men här finns varenda sexuell variant fantasin kan hitta på, här finns människor som är döende i cancer och du ser det inte på dem, här finns människor som gjort sina närmaste så illa att det skulle du aldrig vilja veta. Här finns människor som blivit våldtagna och sönderslitna och trampade på och slagna. Här finns människor som själva har trampat och slagit och slitit sönder. Och alla måste vi våga steget utför stupet och överlämna oss till Guds kärlek. Gud älskar oss inte för att vi förtjänar det, utan för att vi behöver det. Saliga är inte de goda och rättfärdiga, utan saliga är de nödställda, för Gud är kärlek och står med middagsbordet dukat.

Välkommen och Amen.

---

[21] Galaterbrevet 3:28.

16

JAG KOMMIT HEM, JAG VILSEN VAR

Sannerligen, den som inte tar emot Guds rike som ett barn kommer aldrig dit in.[22]

Ett tema hos nästan alla judiska profeter har varit omvändelsen. Genom profeterna kallar Gud det syndande folket att vända om, vända hem igen till Gud, åter lyssna till hans röst och lyda hans vilja, och om folket gör det skall Gud åter stå upp för dem och försvara dem mot varje fiende. Den botfärdige sliter sönder sina kläder, slår sig för bröstet och strör aska i sitt hår.

Hos Jesus är det emellertid inte så mycket den klassiska omvändelsen som poängteras. I stället talar Jesus om att vi skall ta emot Guds rike som barn.

Lärjungarna skall lämna allt och följa Jesus. De skall – liksom barn – börja från början igen.

Jesus ger den rike mannen rådet att sälja allt han har, lämna sin familj och följa Jesus.

Man skall helt enkelt börja om från noll, som ett barn – och med ett barns hjälplöshet och tillit till sin förälder – lita på att Gud ger honom vad han behöver för att överleva. I bergspredikan låter Matteus Jesus säga:

Se på himlens fåglar, de sår inte, skördar inte och samlar inte i lador, men er himmelske fader föder dem. Är inte ni värda mycket mer än de? ... Gör er därför inga bekymmer, fråga inte: Vad skall

---

[22] Markus 10:15.

vi äta? Vad skall vi dricka? Vad skall vi ta på oss? Allt sådant jagar hedningarna efter. Men er himmelske fader vet att ni behöver allt detta.[1]

Guds rike är inget man kan förtjäna, bara något man kan ta emot, som ett barn tar emot från en förälder utan att ge något i gengäld, och det, enligt Jesus, är själva förutsättningen för att komma in i Guds rike.

Börja om från början, göra något nytt, något annat med sitt liv. Låta de döda begrava de döda. Lämna det som varit bakom sig. Det är en av de viktigaste poängerna med Jesus budskap: det som händer dem, det Guds rike vars portar de ser öppnas, är något så radikalt nytt att hela deras begreppsvärld står på ända.

Markusevangeliet berättar om hur Jesus botar en lam man i Kafarnaum. Det är en sådan trängsel att vännerna som bär den lame på en brits inte kommer fram, utan måste bryta upp taket och fira ner den lame genom öppningen. När Jesus ser vännernas tro, deras tillit till honom, säger han till den lame: "Mitt barn, dina synder är förlåtna", och sedan uppmanar han honom: "Res dig upp, tag din säng och gå!"

Res dig upp och gå! Bli inte kvar här i det som gjorde dig illa, i det som förlamade dig, i det som slog dig till marken, för blir du kvar här kommer du snart att göra dig illa igen, kommer du snart att vara förlamad på nytt.

Omedelbart på den händelsen berättas i Markus om tullindrivaren Levis kallelse till lärjunge. Det står att Jesus bara råkar gå förbi tullindrivarens hus och får syn på honom. Han säger bara två ord till Levi. "Följ mig!"

Och Levi stiger upp och följer honom.

Liksom den lame reste sig, tog sin säng och gick.

---

[1] Matteus 6:26, 31–32.

Det är Jesus uppmaning till var och en av oss: Res dig upp och gå! Följ mig! Börja om från början igen! Eller som Gud uppmanar det folk som levt i den babylonska fångenskapen: "glöm det som förut var, tänk inte på det förgångna. Nu gör jag något nytt. Det spirar redan, märker ni det inte? Jag gör en väg genom öknen, stigar i ödemarken."[2]

Att Gud befriar sitt folk är i ännu högre utsträckning än omvändelse ett tema i Gamla testamentet.

Och han befriar dem för sin besinningslösa kärleks skull.

Genom judendomens heliga texter löper berättelsen om uppbrottet: Abraham hörsammar en röst som befaller honom att bryta upp från allt gammalt och färdas till ett nytt land som Gud skall ge honom, hebreerna är slavar i Egypten, befrias av Gud och reser sig upp och går – genom öknen, genom havet – till friheten, israeliterna lever som fångar i Babylon, men Gud låter dem vända hem att börja på nytt igen.

"Var inte rädd, jag har friköpt dig", lovar Gud sitt folk i samma text som vi citerade ovan.[3] Det finns flera hebreiska ord för att "friköpa". Det som används här är *gaal*, en handelsrättslig term som hör hemma inom familjerättens område: någon friköper en annan för att de är släkt. Och mycket riktigt är det efter befrielsen ur babylonska fångenskapen som Gud börjar att kallas fader: "Du, Herre, är vår fader, alltid har du hetat vår befriare."[4]

Vi är inte slavar längre. Vi är hans barn. "Du, Herre, är vår fader."

I den första kristna kyrkan knyter Paulus tydligt an till idéerna om hur Gud som vår far har friköpt människan från slaveriet.

---

[2] Jesaja 43:18–19.
[3] Jesaja 43:1.
[4] Jesaja 63:16.

Alla som leds av ande från Gud är Guds söner. Ni har inte fått en ande som gör er till slavar så att ni måste leva i fruktan igen; ni har fått en ande som ger söners rätt så att vi kan ropa: "Abba! Fader!"[5]

Och i Galaterbrevet upprepar Paulus triumferande: "Alltså är du inte längre slav, utan son."[6]

Du är inte slav – du är Guds son.

Du är inte slav – du är Guds dotter.

Det är vad evangelium, det glada budskapet, vill lära i såväl Gamla som Nya testamentet: Var glad, för du är Guds barn. Ingen kan ta det ifrån dig.

Vad än som höll dig fången: Gud har köpt dig fri.

Så var inte fånge!

Bli inte ditt eget livs gisslan!

Stympa dig inte och lev inte ett mindre liv än nödvändigt!

Res dig upp, ta din säng och gå!

Kravet på omvändelse och botgöring finns förvisso i de texter som skrevs ett antal decennier efter Jesus verksamhet, framför allt i Lukasevangeliet, men är oftast tillägg gjorda av den första kyrkan. Omvändelse och botgöring är *inte* en del av Jesus huvudsakliga budskap, som handlar om Guds ofattbara kärlek, barmhärtighet och omsorg, hans glädje över var och en som återvänder till honom.

Jesus sänder ut sina lärjungar för att söka upp "de förlorade fåren i Israels folk"[7]. "De förlorade fåren" är syndarna, de som ställt sig utanför förbundet med Gud.

Jesus budskap är enkelt: Alla omfattas av Guds kärlek. Det är

---

[5] Romarbrevet 8:14–15.
[6] Galaterbrevet 4:7.
[7] Matteus 10:6.

på det sätt som Gud är fullkomlig, och som vi uppmanas vara fullkomliga.

Samtidigt är detta kanske det mest omstörtande, för det innebär att varje gräns vi sätter för Guds kärlek är vår egen privata gräns, vår egen oförmåga till kärlek. Denna radikalitet utmanade och provocerade hans samtid, liksom den utmanar och provocerar oss i dag.

> Människosonen kom, och han äter och dricker, och då säger man: "Se vilken frossare och drinkare, en vän till tullindrivare och syndare."[8]

"Syndare" betecknar någon som står utanför förbundet med Gud. Så var alla ickejudar "syndare" av naturen. Men också de judar som medvetet bröt mot lagen var "syndare", gudlösa: "Den gudlöse prisar sin egen lystnad, välsignar sin vinst, föraktar Herren. Han tänker i sitt övermod: 'Gud straffar inte, det finns ingen Gud.'"[9]

Jesus umgicks alltså med dessa gudlösa som medvetet bröt mot Moses lag, och också dessa, sade han, skulle få del av Guds rike!

Det är om dessa syndare – dessa gudlösa – som liknelser som de om det förlorade fåret, det förlorade myntet och den förlorade sonen handlar. Det är till dessa syndare som Jesus sänder ut sina lärjungar för att sprida det glada budskapet om Guds rike.

Evangelisterna erkänner att Jesus var syndarnas vän och att dessa utan omvändelse skall gå in i riket, men de försöker mildra detta chockerande faktum med tillägg som att det inte är de friska som behöver läkare, utan de sjuka.

Lukas är den evangelist som är mest angelägen om att betona omvändelsens betydelse, vikten av att syndarna upphör med att

---

[8] Matteus 11:19.
[9] Psaltaren 10:3, 4.

vara syndare, och han gör flera tillägg om detta, som när han låter Jesus säga: "Jag har inte kommit för att kalla rättfärdiga till omvändelse, utan syndare."[10] En märklig motsägelse – om någon redan är rättfärdig finns det ju ingen anledning att omvända sig.

I liknelsen om det förlorade fåret, där herden gläds över sitt återfunna får, gör Lukas ensam tillägget att det blir "större glädje i himlen över en enda syndare som omvänder sig än över nittionio rättfärdiga som inte behöver omvända sig".[11] Och med det tillägget förskjuter Lukas olyckligt liknelsens betydelse som vi skall se.

För liknelserna om det förlorade fåret, myntet och sonen handlar inte om omvändelse, även om Lukas försöker göra en sådan koppling, utan om att det är Gud själv som aktivt och engagerat söker dem som gått förlorade för att, när han hittat dem, glädja sig över att de blivit återfunna.

> Om någon av er har hundra får och tappar bort ett av dem, lämnar han då inte de nittionio i öknen och går och letar efter det borttappade fåret tills han hittar det? Och när han hittar det blir han glad och lägger det över axlarna.[12]

> Eller om en kvinna har tio silvermynt och tappar bort ett av dem, tänder hon då inte en lampa och sopar hela huset och letar överallt tills hon hittar det? Och när hon har hittat det samlar hon väninnor och grannkvinnor och säger: Gläd er med mig, jag har hittat myntet som jag hade förlorat.[13]

---

[10] Lukas 5:32.
[11] Lukas 15:7.
[12] Lukas 15:4–5.
[13] Lukas 15:8–9.

Sonen sade: "Far, jag har syndat mot himlen och mot dig, jag är inte längre värd att kallas din son." Men fadern sade till sina tjänare: "Skynda er att ta fram min finaste dräkt och klä honom i den, och sätt en ring på hans hand och skor på hans fötter. Och hämta gödkalven och slakta den, så skall vi äta och hålla fest. Min son var död och lever igen, han var förlorad och är återfunnen". Och festen började.[14]

De tillfällen som de synoptiska evangelierna över huvud taget nämner botgöring eller omvändelse i samband med Jesus är lätt räknade. Hos Lukas förekommer det 8 gånger, hos Matteus 4 och i Markusevangeliet en enda (1) gång.

Den enda gången hos Markus är när evangelisten i sitt första kapitel låter Jesus säga: "Tiden är inne, Guds rike är nära. Omvänd er och tro på budskapet."[15] Jesus återkommer sedan aldrig till omvändandet i evangeliet. Jämför detta med ordet Guds "rike" – som ju verkligen *är* Jesus huvudbudskap. Det förekommer 20 gånger hos Markus, 46 gånger hos Lukas och hela 55 gånger hos Matteus!

Om det var omvändelse som var Jesus budskap hade han aldrig behövt lämna Johannes Döparen, som fullt och fast var just en omvändelseprofet. Men Jesus bröt med Johannes. Och han utmanade honom! "Salig är den som inte kommer på fall för min skull!" "Den minste i himmelriket är större än Johannes."[16]

För Johannes är Herrens kommande dag en dag av eld och dom och vrede. För Jesus är det en festdag i glädje där också de förlorade fåren är kallade att delta, födda på nytt.

---

[14] Lukas 15:21–24. Sonen som förslösat sitt arv i främmande land (han hade alltså lämnat Guds land, det heliga landet) hade i sin nöd tvingats ta tjänst som svinaherde, och svinen var ju orena djur. Mycket lägre kan man med andra ord inte sjunka.

[15] Markus 1:15.

[16] Matteus 11:6 och 11:11, något omformulerad.

Som barn får vi ta emot Guds rike, som en gåva från den far som så innerligt älskar oss, och som aldrig någonsin övergivit oss, hur långt bort från honom vi än förirrat oss.

Gud både lovar att vi skall få glömma det som förut var och uppmanar oss att följa honom på nya vägar genom öknen.

Vi skall lämna allt bakom oss, fortsätta framåt mot något helt och hållet nytt.

Återfunna.

17

ATT VARA FULLKOMLIG

Omvändelse är alltså möjligen önskvärd men som vi sett inte alls en förutsättning för att man skall få ta del av Guds rike. Gud älskar oss inte för att vi förtjänar det, utan för att vi behöver det, och förutsättningen för att få ta del av riket – liksom för att få sina synder förlåtna och/eller bli botad från sjukdom – tycks snarare vara att man tror på Jesus budskap.

Gång på gång betonar Jesus trons betydelse. Men att omvändelse inte är nödvändig innebär verkligen inte att allt går för sig. Skälet är emellertid ett annat. Jesus uppmanar sina medmänniskor att likna Gud, att vara fullkomliga så som Gud är det, och när han gör det måste vi förstå på vad sätt Gud är fullkomlig: i sin allt omfattande kärlek och barmhärtighet.

Författaren till Matteusevangeliet låter i bergspredikan Jesus utvidga lagen på en mängd punkter. Jesus sätter så att säga "ett staket kring Torah" och påstår att det inte är tillräckligt med att inte dräpa, vi får inte ens bli arga, det är inte tillräckligt med att inte begå äktenskapsbrott, vi får inte ens tänka med lust på en gift kvinna, det är inte tillräckligt med att inte svära falskt, vi får inte svära över huvud taget och så vidare.

Eftersom det ligger i Matteus intresse att visa på att Jesus inte stod i konflikt med Torah finns det starka skäl att anta att de troligen autentiska Jesusord som ligger till grund för texten, som exempelvis förbudet mot skilsmässa, bearbetats kraftigt av evangelisten.

Men de utvidgade kraven på vår förmåga till förlåtelse och

kärlek ligger ändå helt i linje med den Jesus som framställer sig som en fredens Messias, som gör sitt intåg på en åsna och som gång på gång anmodar oss att aldrig döma varandra, utan att överlåta domen åt Gud:

> Nej, om någon slår dig på högra kinden, så vänd också den andra mot honom. Om någon vill processa med dig för att få din skjorta, så ge honom din mantel också. Om någon vill tvinga dig att följa med en mil i hans tjänst, så gå två mil med honom.[1] Ge åt den som ber dig, och vänd inte ryggen åt den som vill låna av dig.
>
> Ni har hört att det blev sagt: Du skall älska din nästa och hata din fiende. Men jag säger er: älska era fiender och be för dem som förföljer er; då blir ni er himmelske faders söner.[2]

Jesus uppmaning om fullkomlighet är som vi ser en uppmaning till kärlek, förlåtelse och tålamod. Det är så vi skall vara lika Gud. Det är så vi skall, liksom Jesus gör, imitera Gud. Vara barmhärtiga, så som Gud är barmhärtig. Älska varandra, så som Gud älskar oss.

Exakt så uppfattar också Johannesförsamlingen Jesus budskap. I Första Johannesbrevet skriver den för oss okände författaren:

> Mina kära, om Gud har älskat oss så, måste också vi älska varandra.[3]

---

[1] En romersk soldat hade rätt att utan betalning tvinga någon att bära hans packning en mil. Ett liknande påtvingat arbete, *angareuein,* har vi ett exempel på när Simon från Kyrene av soldaterna tvingas att bära Jesus kors. (Markus 15:21)

[2] Matteus 5:39–45.

[3] 1 Johannesbrevet 4:11.

Författaren påminner också om det bud som Jesus själv givit dem: "att den som älskar Gud också skall älska sin broder".[4] Här refererar författaren till Johannesevangeliets Jesus som i sitt stora sluttal i samband med den sista måltiden flera gånger poängterar hur Guds kärlek till dem måste föra med sig att de i sin tur visar kärlek till varandra:

> Mitt bud är detta: att ni skall älska varandra så som jag har älskat er.[5]

Även om det finns de som påpekar att de "bröder" man skall älska enligt Johannes församling inte med nödvändighet är hela mänskligheten utan snarare de egna församlingsmedlemmarna, så ser vi här att Guds kärlek till oss alltså länkas samman med vår förmåga att älska vår nästa.

På samma sätt kopplas den förlåtelse vi själva får direkt ihop med den förlåtelse vi själva ger.

> Döm inte, så skall ni inte bli dömda. Förklara ingen skyldig, så skall ni inte dömas skyldiga. Frikänn, så skall ni bli frikända. Ge, så skall ni få.[6]

Kyrkan är emellanåt – inte minst frikyrkorörelsen som jag själv stammar ur – besatt av idén om att vi skall bekänna våra synder och be om förlåtelse.

Går vi emellertid till evangelierna finner vi att Jesus inte över huvud taget är intresserad av att vi ber om förlåtelse.

Däremot talar han mycket och ofta om hur viktigt det är att själv förlåta. Sju gånger sjuttio gånger skall vi förlåta vår nästa,

---

[4] 1 Johannesbrevet 4:21.
[5] Johannes 15:12.
[6] Lukas 6:37–38.

lär han oss. Sju gånger sjuttio är en symbol för det oräkneliga. Ett oräkneligt antal gånger skall vi alltså förlåta vår nästa.

> Och förlåt oss våra synder,
> ty också vi förlåter var och en som står i skuld till oss.[7]

Det ena är en förutsättning för det andra. Du blir förlåten genom att själv förlåta. Det är villkoret. Förlåtelsen blir på det här sättet faktiskt en intern mellanmänsklig angelägenhet.

På flyget över till Oslo läser jag om Mattias Flink som mördade sju människor och dömdes till livstids fängelse. Nu, 14 år senare, 2008, nekas han fortfarande ett tidsbestämt straff. Modern till en flicka vars liv han tog säger sig vara lättad. Hela sommaren har hon varit orolig för att mördaren skall få sitt straff tidsbestämt, att han skall släppas fri.

I en norsk tidning läser jag dagen efter om en man som dömts för två ohyggliga barnamord för snart tio år sedan, men som kan vara oskyldig, och därför arbetar nu en advokat för att målet skall tas upp igen. Pappan till en av flickorna säger till tidningen: "I mina ögon och de två rättsinstanser som har dömt honom dräpte Viggo Kristiansen min allra käraste. Varje fiber i min kropp hatar honom. Han dräpte min Lena. Han kan gärna ruttna i fängelset."

Jag ryser när jag läser om de två föräldrarna. Hur de i sitt hat är fastbundna, ihopfogade, sammanlänkade med de män som tog deras döttrar.

För att själva kunna fortsätta måste de släppa taget om mördaren, låta honom gå.

Res dig upp, ta din säng och gå.

Inte så att jag inte förstår dem. Jag vet inte hur de skulle kunna

---

[7] Lukas 11:4.

hitta orken, kraften, energin att göra det, men jag vet också att så länge de inte släpper taget är de själva inte fria. Fångna tillsammans med förövaren. Straffet är livstid. Utan tidsbegränsning.

Jesus säger: Förlåt din nästa och du själv skall bli förlåten. Det låter så enkelt när han säger det, så självklart. Och så är det så fruktansvärt svårt. Likafullt sant. I förlåtelsen gömmer sig nyckeln till din frihet. Någon frågade mig om jag kunde tänka mig att gå till nattvard tillsammans med den man som våldtog mig när jag var barn. Jag valde att inte svara på frågan. Men jag vet att så länge jag inte är beredd att göra det är inte heller jag fri. I år när detta skrivs var det trettio år sedan. Jag minns hur han låste om oss med sjutillhållarlåset. Jag minns hur nyckeln vreds om och jag var inlåst, och han vände sig mot mig med all tid i världen att göra mig illa, hur jag backade bakåt in i hans lägenhet och visste vad som skulle ske. Det Jesus begär av oss är det allra svåraste. Han frågar mig: Kan du dela nattvard med den man som våldtog dig när du var liten? Han frågar: Är du fortfarande inlåst i samma lägenhet med samme man som då?

Jesus skiljer sig från många andra judiska profeter genom att inte tala till en nation eller till ett folk, utan till individer. (De olika apokalyptiska rörelserna hade de sista seklen gradvis förskjutit domens dag till att gälla individen snarare än folket som helhet.) Det gör att även om han ber sina lärjungar att undvika samarier så kan han själv stanna upp för att samtala med och undervisa en samarisk kvinna eller i en av sina liknelser göra en samarier till den som är vår nästa.

Likadant är det med hedningarna. Han har inte blivit kallad för att predika för hedningar, men den enskilde hedningen avvisas inte för den skull.

Guds rike kommer vi till en och en, inte som grupp, inte som folk, inte som nation. Var och en av oss blir i Guds rike Guds barn, inte slavar, utan söner.

En och en är vi Guds barn.

Därför är det viktigt för den enskilde individen att själv förlåta, att själv älska, att själv frikänna, att så att säga bevara sin inre renhet genom att visa barmhärtighet.

Därför skall vi vara fullkomliga så som fadern är det.

Och om fadern är fullkomlig innebär det att varje gräns vi sätter för Guds kärlek är vår egen privata gräns, vår egen oförmåga till kärlek, och vi uppmanas att utmana och utplåna dessa gränser.

I Lukas passionshistoria berättas om rövarna på korset. Anekdoten är knappast historiskt korrekt men i mitt tycke ändå en av de sannaste och viktigaste berättelserna om Guds kärlek: Jesus är korsfäst mellan två rövare, den ene hånar honom och säger att om du är Messias så hjälp dig själv och oss. Den andre rövaren tillrättavisar emellertid den förste och säger att de två faktiskt förtjänar att hänga där de gör. Sedan vänder han sig till Jesus och säger: "Jesus, tänk på mig när du kommer med ditt rike."[8]

Lägg märke till att han inte säger: Förlåt mig!

Inte heller säger han: Jag är skyldig till det och det, och jag ångrar mig djupt!

Inget sådant. Han säger endast: *Tänk* på mig när du kommer med ditt rike.

Och vad svarar Jesus?

---

[8] Lukas 23:42. Översättningen kan diskuteras, och borde kanske lyda "kommer till ditt rike".

"Sannerligen, redan i dag skall du vara med mig i paradiset."[9]
Han säger inte: Vad har du gjort? Vad är du skyldig till?
Inte heller säger han: Jag vill se brottsregister, jag vill ha syndabekännelse, bot och bättring!

Inget sådant. Han säger endast: Redan i dag skall du vara med mig i paradiset.

Jesus ser på syndaren, på den som brutit förbundet med Gud och vänt Gud ryggen, och han säger: Du skall med!

Varje gräns vi sätter för Guds kärlek är vår egen privata gräns, vår egen oförmåga till kärlek.

När skall ni lära er vad som menas med orden: "Barmhärtighet vill jag se, och inte offer."[10]

Så säger Jesus och visar själv vad som menas med profeternas ord genom sitt sätt att agera. Och på så sätt får Jesus från Nasaret en relevans också för oss, födda i fel tid, på fel plats.

Gång efter annan måste vi påminnas om att barmhärtigheten är mycket viktigare än offret, den korrekt utförda ritualen. Gång efter annan måste vi öva oss i att känna igen Gud i vår nästas ansikte och förstå att vår relation till henne är liktydig med vår relation till Gud.

Eller som det uttrycks i Matteusevangeliet – på den dagen skall Människosonen stå framför oss och säga:

"Jag var hungrig och ni gav mig att äta, jag var törstig och ni gav mig att dricka, jag var hemlös och ni tog hand om mig, jag var naken och ni gav mig kläder, jag var sjuk och ni såg till mig, jag satt i fängelse och ni besökte mig." Då kommer de rättfärdiga att fråga: "Herre, när såg vi dig hungrig och gav dig mat, eller törstig och gav dig att dricka? När såg vi dig hemlös och tog hand om dig eller

---

[9] Lukas 23:43.
[10] Matteus 9:13 och 12:7.

naken och gav dig kläder? Och när såg vi dig sjuk eller i fängelse och besökte dig?" Kungen skall svara dem: "Sannerligen, vad ni har gjort för någon av dessa minsta som är mina bröder, det har ni gjort för mig."[11]

Jag vet att många som anser sig kristna reagerar häftigt på tanken att sådana som de uppfattar som syndare, som ägnat sig åt sådant som de definierar som synd, kan omfattas av riket utan att dessa vederbörligen gjort bot och bättring.

Man kräver förkrosselse. Man vill se ånger, ruelse, blod och tårar.

Det går helt enkelt inte att försona sig med tanken att Guds kärlek är allomfattande, att kristendomens budskap inte är att människan skall be om förlåtelse, utan att hon skall upptäcka att hon redan *är* förlåten.

Hon är friköpt, hon är fri. Den stora utmaningen är därmed: Vad gör vi med vår frihet? Hur brukar vi den?

Vad som ansetts som "synd" har skiftat från tid till tid, från ett samhälle till ett annat, på samma sätt som man i Palestina under första århundradet hade olika syn på renhet och orenhet beroende på om man var rik eller fattig, stadsbo eller lantbo, bildad eller obildad och inte minst på i vilken landsände man bodde. De präster och predikanter som tvärsäkert påstår vad kristen förkunnelse är och vad kristna värderingar utgör, och att denna förkunnelse och dessa värderingar är oföränderliga sedan urminnes tider, har alltid och utan undantag fel. (Varje människa som med tvärsäkerhet uttalar sig om Guds vilja och beskaffenhet bör minnas vad en klok människa en gång sade, att "övertygelse är ett psykologiskt tillstånd som inte med nödvändighet har något med objektiv sanning att göra".)

---

[11] Matteus 25:35–40.

Motvilligt inser jag att jag i den här boken kanske inte kommer undan att nämna något litet om homosexualitet, eftersom inte så få av dem som bedömer mig och mitt arbete har det för ögonen.

Det är en aning märkligt att kyrkan inte med näbbar och klor kämpar för att förbjuda skilsmässor – som vi vet att Jesus verkligen förbjöd – utan i stället bekämpar homosexuella – som Jesus aldrig nämnde med ett ord.

Förvisso är homosexuella handlingar[12] förbjudna i Moses lag, där de visserligen inte beskrivs som till sitt väsen "onda", men något som gör judarna rituellt orena, som att äta fläskkött eller att ha sex under en menstruation. Det hebreiska ordet som används för att fördöma handlingen – *toevah* – används vanligen för att beskriva hedningarnas orenhet. Efter en laddad konflikt i de första församlingarna bestämdes på ett möte i Jerusalem att Jesustroende hedningar inte var bundna att följa judisk lag,[13] varför min mormor utan att tänka vidare på saken stekte sitt bacon och bjöd mig.

I den tidiga kyrkan uppstod nämligen gemenskaper mellan olika sociala, etniska och kulturella grupper och klasser – en alltför strikt och uteslutande syn på renhet hotade denna nya gemenskap. Därför kom man att betona den inre renheten framför den yttre och accepterade gradvis att man exempelvis åt sådant som tidigare betraktats som orent, umgicks med sådana som tidigare undvikits, och till slut också gav upp kraven på omskärelse eller på att iaktta sabbaten.

Faktum är att det inte finns någonting som tyder på att den tidiga kyrkan var särskilt avogt inställd till människor som vi i dag skulle kalla homosexuella. När kristendomen så småningom

---

[12] Homosexualitet fördöms naturligtvis inte i bibeln, eftersom termen uppstår under andra hälften av 1800-talet. Inte heller existerar någon homosexuell identitet i den antika världen.

[13] Apostlagärningarna 15.

blir mer intolerant är det samtidigt som sexualfientligheten ökar i hela det sena romerska riket. De första förbuden mot och bestraffningarna av homosexuella handlingar kommer inte tidigare än på femhundratalet då kristendomen redan varit statsreligion i två hundra år. Det är en kejserlig lag och det finns inga belägg för att den var understödd eller initierad av kyrkan. Tvärtom skulle kunna vara fallet: alla som bestraffades som vi känner till namnet på var biskopar.

När kyrkofäder som Johannes Chrystostomos eller Augustinus fördömer homosexuella handlingar talar de inte med nödvändighet för en majoritet av de kristna. Om så var fallet skulle deras indignation inte ha varit motiverad. (Det finns också en räcka kristna tänkare och teologer som inte alls är sexualfientliga, men dem har man en tendens att ignorera.)

Kyrkofadern Johannes Chrystostomos som var biskop i Antiochia på trehundratalet medger att många av dem som utan att rodna hänger sig åt homosex har ledande positioner i församlingarna.

Jag har alltid tyckt att det varit futtigt och andligen genant när man reducerar människans sökande efter det gudomliga, efter livets innersta mening, till att handla om vad hon gör eller inte gör med sina könsdelar.

Genom mitt arbete får jag många brev. Ibland är de från förtvivlade människor. Skrev just ett svar till en ung lesbisk kvinna som kämpade med att våga tro att Gud älskade henne när så många kristna i hennes närhet påstått motsatsen.

Jag skrev:

Det sägs att det bara finns två orsaker till allt. Kärlek och rädsla. Det du gör, gör du antingen i kärlek eller av rädsla. Inget annat finns. Av kärlek växer du och dem du handlar mot i kärlek. Av rädsla krymper du och din nästa. Det är just så enkelt och just så svårt. Sedan är det upp till dig. Du måste själv öva dig i att känna igen vad kärlek är och vad rädsla är. Detta är en tumregel du kan hålla dig till: Kristendom handlar *alltid* om kärlek. Homofobi handlar *alltid* om rädsla. Att vara homofob och kristen går därför inte ihop. Däremot går det alldeles utmärkt att vara homosexuell och kristen.

Gud är kärlek. Du är skapad och älskad just så som du är. Var inte rädd.

Och jag vet att jag kommer att få skriva det här brevet, om och om igen, ett helt liv.

Var och en av oss har ett heligt uppdrag att påminna varandra om att vi är av Gud skapade, av Gud älskade, omfattade och välsignade så som vi är. Varför gör somliga som kallar sig kristna så ofta motsatsen?

Det som gör oss till kristna handlar mycket lite om huruvida vi tror på varje enskildhet i de olika evangelierna, man kan för övrigt ta till sig Jesus hela lära utan att med nödvändighet bekänna sig som kristen, inte heller handlar det om vad vi gör eller inte gör i sängen eller hur vi förhåller oss till den uppräkning av dygdiga alternativt förkastliga handlingar som i min barndoms frikyrka kallades "syndakatalogen" – det som gör oss till kristna är den relation vi har till den tomma graven.

Påskdagens tidiga gryning.

Om vi tar till oss den oerhörda frihet, den början som slutet innebär.

Om vi lär oss att känna igen den uppståndne Jesus i vår behövande nästa och i oss själva.

Låt oss därför närma oss de händelser som ledde fram till Jesus korsfästelse.

Den brytningspunkt i historien som just den här påskveckan i Jerusalem kommer att bli.

18

SE VI GÅ UPP TILL JERUSALEM

Att Jesus korsfästs är en av de få saker som vi faktiskt vet om honom. Men nästan allt omkring avrättningen är omgivet av gåtor, frågetecken och motsägelser.

En fattig karismatisk profet från den galileiska landsbygden som predikar att man skall vända andra kinden till och älska också sina fiender blir korsfäst av romarna som rövare och politisk upprorsman. Hur går det ihop?

På ett sätt är det kanske inte förvånande att Jesus avrättas. Romarna slog till hårt och skoningslöst mot möjliga oroshärdar, hellre en gång för mycket än för lite. Att de som drabbades eventuellt var oskyldiga berörde dem föga om de kände sig hotade. I romarnas världsbild ingick att de var satta till att härska och alla andra folk till att lyda.

Ändå skonas Jesus anhängare och mycket snart efteråt kan hans lärjungar öppet predika i huvudstaden och föra hans budskap vidare – med det märkliga och mäktiga tillägget att deras korsfästa ledare var och *är* den Messias skrifterna talat om och som de väntat på.

Vi måste alltså svara på båda frågorna: "Varför dödas Jesus?" och "Varför skonas hans lärjungar?"

En kanske ännu märkligare fråga att besvara är vad det är lärjungarna upplever på påskdagen som är så omvälvande att de inte längre flyr, inte längre låter sig skrämmas och inte längre gömmer sig – utan öppet träder fram i samma stad utanför vars murar deras ledare nyligen avrättats.

Huvudpunkten i varje evangelium ligger på korsfästelsen och veckan i Jerusalem som föregår den.

Vi vet att Jesus blir korsfäst. Det bekräftas av flera av varandra oberoende källor. Paulus, evangelisterna, Josefus och ytterligare ett par av antikens historiker. Nästan varje annan detalj i de utförliga passionsberättelserna är emellertid fråga om en ibland till och med ilsken debatt mellan olika forskarfraktioner.

Vad man framför allt är oense om är i vilken grad skildringen av Jesus lidande och död är baserad på textställen i Gamla testamentet med vilkas hjälp evangelisterna har skapat och utvecklat sina berättelser. Det vill säga om evangelisterna, när de inte haft mer än knapphändiga historiska uppgifter att gå på, har utformat legender kring Jesus lidande byggda på olika ställen ur skrifterna, lite på samma sätt som när man utformade legenderna kring Jesus födelse. *Eller* kan passionsberättelserna i evangelierna faktiskt i mycket större utsträckning skildra ett historiskt skeende som evangelisterna sedan bara finner mer eller mindre långsökt bekräftade i olika skriftställen när de söker i de heliga texterna?

Ett enkelt exempel.

Markus påstår att soldaterna som korsfäst Jesus delade upp hans kläder mellan sig genom att kasta lott om dem.[1]

I Psaltarens 22:a psalm står:

> de delar mina plagg emellan sig,
> de kastar lott om mina kläder.[2]

Frågan är då om evangelisten återger ett historiskt minne av att soldaterna kastade lott om Jesus kläder – en dödsdömds kläder tillföll i regel hans bödlar – och att Markus sedan funnit ett bibelställe som så att säga *förutsäger* detta.

---

[1] Markus 15:24.
[2] Psaltaren 22:19.

Eller har evangelisten *först* läst den kända 22:a psalmen där det står om hur man kastar lott om ett offers kläder och *sedan* utformat sin berättelse om Jesus efter det.

Den 22:a psalmen börjar med de berömda orden: "Min Gud, min Gud, varför har du övergivit mig?"[3]

Enligt Markus och Matteus är det vad Jesus säger när han hänger på korset.[4]

Frågan är då: beskriver evangelisterna ett historiskt minne av att Jesus i sin vånda citerade den berömda psalmen när han hängde på korset eller har evangelisten först läst psalmens bittra utrop och sedan helt enkelt placerat det i Jesus mun?

Båda möjligheterna är fullt tänkbara.

Mycket tidigt började de Jesustroende tolka sin mästares död i ljuset av Torah och profeterna. De menade att de omvälvande händelserna i Jerusalem denna påskvecka förutsades där och var en del av Guds plan för att upprätta det förlorade Israel.

Det är så Paulus – som ju blir kristen endast några år efter uppståndelsen – fått lära sig att det är, att Jesus död och uppståndelse går att utläsa i de heliga texterna, att det är Jesus som profeterna talar om:

> Bland det första jag förde vidare till er var detta som jag själv hade tagit emot: att Kristus dog för våra synder *i enlighet med skrifterna*, att han blev begravd, att han uppstod på tredje dagen *i enlighet med skrifterna* och att han visade sig för Kefas och sedan för de tolv.[5]

Traditionen att förstå händelserna kring Jesus genom att läsa skrifterna är alltså mycket tidig, även om de tolkningar som evangelierna gör inte med nödvändighet är de ursprungliga. Att

---

[3] Psaltaren 22:2.
[4] Markus 15:34 och Matteus 27:46.
[5] 1 Korinthierbrevet 15:3–5, min kursivering.

förstå sin samtid genom att studera sin historia är dessutom något det judiska folket gärna gjorde. Deras Gud var ju historiens Gud som gång efter annan ingrep i händelserna, och han talade till folket genom Torah och genom sina utsända budbärare profeterna. Att söka sanningen på det viset var en självklarhet. Det var varken att ljuga eller att konstruera en historia som inte fanns. De första kristna trodde fullt och fast att hela berättelsen om Jesus lidande och död fanns förutsagd och beskriven i de heliga texterna. Eller som Paulus skriver till romarna:

Alla profetior i skriften står där för att undervisa oss ...[6]

Jesus speglade sig i skriften och skriften speglade sig i Jesus.

De tre synoptikerna följer en dramaturgi som är upplagd på samma sätt: Jesus vandrar runt i Galileen fram tills han drar mot Jerusalem för påskfirandet. I Jerusalem grips han och korsfästs.

Jesus är alltså enligt Markus, Matteus och Lukas i Jerusalem vid ett enda tillfälle, då han snabbt lyckas skapa sådant tumult kring sin person att myndigheterna finner sig nödgade att ingripa.

Johannesevangeliet låter emellertid Jesus komma till Jerusalem vid flera tillfällen, och incidenten när Jesus rensar templet sker vid ett besök flera år tidigare än den påsk som ändar med korsfästelsen.

Det är också då han förutspår templets förstörelse och ådrar sig sådan ilska att han inte längre kan besöka Jerusalem annat än i hemlighet eftersom han tror sig veta att man tänker döda honom.

Vi måste åter påminna oss om att evangelierna inte är biografier som skildrar ett exakt tidsförlopp, "först gick han hit, sedan

---

[6] Romarbrevet 15:4.

gick han dit", utan utgörs av från början självständiga delar som kittats samman av respektive evangelist.

Som vi tidigare nämnt brukar Johannesevangeliet inte användas för att finna historiskt korrekta utsagor om Jesus, men när det gäller uppgifterna om Jesus återkommande Jerusalemsvistelser går åsikterna isär.

En del menar att det knappast var så att så fattiga människor som Jesus hade ekonomiska möjligheter att ta sig till huvudstaden och stanna i flera veckor och att synoptikernas version därför ligger närmast sanningen.

Andra i sin tur menar att som from jude sökte sig Jesus till Jerusalem under högtiderna så ofta han hade möjlighet. Om han framträdde i staden vid flera tillfällen skulle det tjäna som förklaring till att han redan hade anhängare och fiender i staden, som vi skall se, till att han har anledning att säga till dem som kommer för att gripa honom: "Var dag har jag varit med er i templet och undervisat utan att ni gripit mig"[7], till att myndigheterna så snabbt blir medvetna om hans person, och till att rådet – *sanhedrin* – redan tidigare haft fallet Jesus uppe på dagordningen.

Det kan också vara en del av förklaringen till att en verksamhet som främst varit en angelägenhet för den galileiska landsbygden omedelbart efter sin mästares död får sitt centrum i huvudstaden.

Hur som helst kommer Jesus åtminstone denna gång med sitt följe till huvudstaden för att fira påsk – *pesach* – i templet. Det exakta årtalet är omöjligt att fastställa, men vi vet att Pontius Pilatus var prefekt i Palestina i tio år mellan år 26 och 36, och en god gissning är att korsfästelsen äger rum någon gång mellan år 28 och 33. Pesach infaller alltid den fjortonde dagen i den judiska

---

[7] Markus 14:49.

månaden Nisan[8] och firades som minne av när Gud dödade varje förstfödd i Egypten men skonade det judiska folket. Pesach, som varade en enda dag, övergick i "Det osyrade brödets högtid" som firades till åminnelse av uppbrottet ur Egypten.

Vid pesach tog varje familj eller följe som befann sig i Jerusalem ett lamm till templet där det offrades. Därefter fick man lammet tillbaka, det tillagades och åts på kvällen – då det hunnit bli den femtonde Nisan eftersom den judiska kalendern växlade dygn vid solnedgången.

Evangelierna är eniga om att den sista måltiden intas på torsdagskvällen och att avrättningen och begravningen sker på fredagen före solnedgången.[9]

Den galileiske mirakelmannen är inte ensam om sin pilgrimsfärd. Man räknar med att flera hundra tusen människor kan ha sökt sig till Jerusalem under de stora religiösa festerna.

I regel kom man en vecka i förväg – eftersom man måste ha tid till de reningsritualer som måste föregå besök i templet. Under året var det svårt att undgå att bli rituellt oren. Det räckte exempelvis att ha varit i kontakt med en död person, och att begrava döda ansågs som en helig religiös plikt. Om man så bara passerade ett begravningsfölje förväntades man faktiskt delta i tåget av sörjande, och blev därmed oren.

> Var och en som rör vid ett lik, en död människas kropp, och inte renar sig, han orenar Herrens boning. En sådan skall utstötas ur Israel.[10]

---

[8] Mars/april.

[9] Även om man är oense – liksom synoptikerna är oense med Johannesevangeliet – om vilka datum torsdagen och fredagen är.

[10] 4 Mosebok 19:13.

För att rena sig skulle man bli nedstänkt med reningsvatten på tredje och sjunde dagen, därefter badade man i en särskild typ av bassänger, *mikva'ot*. Hade man råd höll man sig med en egen *mikvah*, men flera rika judar lät också som en god gärning upplåta sina bad för de mindre bemedlade och främlingar att rena sig i.

Det står faktiskt ingenstans i evangelierna att Jesus och hans lärjungar renar sig när de kommer till Jerusalem, men det står att de är i Jerusalem i god tid för pesach, och det är närapå otänkbart att det inte är för att hinna rena sig, även om Jesus som vi sett inte var någon ortodox renhetsivrare.

När de närmar sig Jerusalem kommer de till de små byarna Betfage och Betania, som inte ligger mer än en halvtimmes vandring nerför Oljeberget och sedan uppför nästa kulle till huvudstadens portar. Där ger Jesus två av lärjungarna instruktionerna att hämta en ungåsna. Om någon frågar vad de skall med åsnan till skall de säga att "Herren behöver den, och han skall strax skicka tillbaka den".[11]

Med andra ord så arrangerar Jesus, enligt Markus, själv sitt intåg i huvudstaden. Det verkar också som om han har lärjungar eller sympatisörer i byarna utanför Jerusalem som är villiga att låna ut sitt riddjur och som vet vem Jesus är, vilket onekligen antyder att han varit där förr.[12]

Därefter sätter sig Jesus på åsnan och rider in i staden. I evangeliet står det att många bredde ut sina mantlar på vägen, andra strödde ut löv som de tog från träden runt om. Och de som gick före och efter ropade: "Hosianna! Välsignad är han som kommer i Herrens namn. Välsignat vår fader Davids rike som nu kommer!"[13]

---

[11] Markus 11:3.
[12] Johannes 12:14 .
[13] Markus 11:9–10.

I Johannes version sker det hela till synes mer slumpartat. Där har han inte i förväg gjort upp med en sympatisör om att få låna en åsna, utan där framstår händelsen mer som ett plötsligt infall: "Jesus fick tag i en åsna och satte sig på den ..."[14]

Också det är ju möjligt: att intåget var en impulsiv handling som utvecklades i ögonblicket. Jesus får fatt i en åsna och ser sin möjlighet.

Planerat eller inte – när Jesus på det här sättet själv iscensätter sin ankomst till Jerusalem gör han det som en uppfyllelse av en profetia i Sakarjaboken.

> Ropa ut din glädje, dotter Sion,
> jubla, dotter Jerusalem!
> Se, din konung kommer till dig.
> Rättfärdig är han, seger är honom given.
> I ringhet kommer han,
>   ridande på en åsna,
> på en ung åsnehingst.[15]

Som vi sagt är forskarna oeniga om vad i passionsberättelsen som går tillbaka till en historisk händelse och vad som evangelisterna hämtat ur de heliga texterna för att konstruera sitt Kristusdrama.

Emellertid vet vi att Jesus inte var främmande för att själv använda sig av symboler ur Israels historia. Han samlade "de tolv" omkring sig som en symbol för Israels tolv stammar, och han iscensatte sin egen verksamhet som Norra rikets store profet Elia.

Också andra karismatiska judiska folkledare iscensatte sitt budskap, använde sig av det förflutna som en relief som förklarade nuet och legitimerade dem själva.

---

[14] Johannes 12:14.
[15] Sakarja 9:9.

Så om berättelsen om Jesus intåg i Jerusalem går tillbaka till en historisk kärna – och det gör den alltså måhända – är det intressant på många sätt. Främst eftersom den berättar att Jesus möjligen faktiskt såg på sig själv som Messias, att han gjorde sådana anspråk.

Symbolhandlingen berättade också vilken sorts Messias han ansåg sig vara: en sådan som kommer på fredens riddjur, åsnan, i stället för på krigets riddjur, hästen. Enligt profeten Sakarja skall krigets vapen förintas och Messias förkunna fred för folken.[16]

En intressant invändning mot hela historien är att den utspelar sig vid fel tid på året. I Markus står att man strödde ut löv och ropade Hosianna, men i mars i Palestina var träden inte lövklädda. Lukas kan ha insett problemet och utesluter detaljen om löven, och Johannes ändrar löven till palmblad, som ju är gröna året om.

Saken är att vid en annan religiös högtid, *sukkot*, som firades på hösten, fanns en ritual där man viftade med lövruskor och sjöng Psaltarens 118:e psalm som innehåller orden "Välsignad den som kommer i Herrens namn."[17]

Skedde möjligen intåget vid ett helt annat tillfälle, vid en helt annan religiös högtid? Eller är detta ett tecken på att intåget inte

---

[16] Nu slutar profetian i och för sig inte med fred och lycka för alla. Efter kungens fredliga intåg sker en mängd prövningar i vilka Jerusalem och folket skall plågas tills, som så ofta hos profeterna, endast en rest återstår. Då kommer den stora slutstriden, och anledningen till att konungen, Messias, inte strider själv är att Gud gör det åt honom: Ty Herren skall dra ut och strida mot dessa folk, som förr när han stred på kampens dag. Fiendens kött skall ruttna medan de ännu står upprätta, deras ögon skall ruttna i sina hålor och tungan skall ruttna i munnen på dem, och därefter skall Gud själv regera som kung över sitt folk. Detta överensstämmer med tanken att det är Gud själv som helgar sitt namn, liksom med tanken att det är Gud själv som är den aktiva i befrielsen av judarna, som liksom barn skall bli ledda, födda och beskyddade av Gud.

[17] Psaltaren 118:26.

alls återger en historisk händelse, utan en liturgisk ritual som historiserats?

För att fortsätta måste vi välja att följa evangelisternas version av händelserna, men det kan vara sunt att hålla dessa invändningar i minnet, att det alltså är helt rimligt att intåget skedde vid ett annat tillfälle, vid en annan religiös högtid, liksom det inte är uteslutet att det aldrig inträffade över huvud taget.

Först skall vi ett ögonblick begrunda vad som sker. Läkare talar ibland om "Jesussyndromet". Människor som kommer till Jerusalem blir så påverkade av stadens helighet, historia och märkliga laddning att de själva tror sig vara Jesus Kristus. Ett antal människor tas varje år om hand i Jerusalem för att de tror att de är Messias.

Nu kan man ställa den lätt hädiska frågan om Jesus själv möjligen drabbades av "Jesussyndromet".

Vad var det egentligen som hände den där påsken i Jerusalem?

Glesbygdsprofeten, exorcisten och mirakelmannen Jesus från Nasaret kom med sitt följe till den heliga staden för att liksom hundratusentals andra judar fira pesach i templet.

Och som fromma judar kom de i god tid före så att de skulle hinna rena sig enligt föreskrifterna. De hade tillgång till ett hus som kanske en av hans sympatisörer som mött honom uppe i Galileen generöst erbjudit honom att nyttja under vistelsen i staden. Eller också hade denne träffat Jesus under något av hans tidigare besök i staden, om de synoptiska evangeliernas enda Jerusalembesök bara är en dramaturgisk finess.

Men så gick något fel under påskfirandet. Redan innan de kom till Jerusalem verkade deras mästare alltmer upphetsad och orolig. Evangelierna beskriver hur Jesus flera gånger förutser sin egen död.

Vi går nu upp till Jerusalem. Människosonen skall utlämnas åt översteprästerna och de skriftlärda, och de skall döma honom till döden och utlämna honom åt hedningarna, som skall göra narr av honom och spotta på honom, prygla honom och döda honom, och efter tre dagar skall han uppstå.[18]

Denna detaljerade och precisa förutsägelse är sannolikt en konstruktion av den kristna kyrkan. Det står att lärjungarna inte förstår vad han menar och inte vågar fråga, men Markus älskar att framställa Jesus lärjungar som enfaldiga och oförstående, hur mycket på näsan Jesus än skriver dem, hur tydlig han än är, förstår de aldrig någonting. Jesus går på vattnet, stillar stormar och uppväcker döda utan att de gör annat än gapar och skakar på huvudet medan de retoriskt utropar: "Vem är han!"

Även om Jesus knappast i detalj kunde berätta vad som skulle hända i Jerusalem är det möjligt att han faktiskt planerat att utföra de symboliska handlingar han sedan också genomförde – "intåget" i Jerusalem och "förstörandet" av templet – och kanske förstod lärjungarna på honom att han väntade att något avgörande skulle ske denna pesach när de kom till Guds stad.

Jesus ivriga, hetsiga, huvudsakliga budskap var trots allt att Guds rike var omedelbart förestående, att de stod med ena foten i den kommande eran då Gud skulle återupprätta det fallna Israel.

Kanske väntade han sig rent av att det var denna vecka som de stora omvälvningarna skulle ske och Gud låta sitt rike komma, och kanske anade han också att de symboliska handlingar han ämnade genomföra också kunde få dramatiska konsekvenser. Kanske trodde han att han själv på detta sätt kunde påskynda Herrens ankomst.

Hur som helst gjorde han halt i Betania, en liten by på andra

---

[18] Markus 10:33–34.

sidan Olivbergets kulle, bara några kilometer från Jerusalems stadsmurar, och bad sina lärjungar att skaffa fram en åsna.

Först begrep de inte varför men gjorde naturligtvis som han bad. Sedan gick det upp för dem att Jesus avsåg att rida in i Jerusalem på åsnan, och med bävan och stigande upphetsning förstod de vad han var i färd med att göra – uppfylla Sakarjas profetia, inta den heliga staden som dess kung. "Ropa ut din glädje, dotter Sion, jubla, dotter Jerusalem. Se, din konung kommer till dig. Rättfärdig är han, seger är honom given. I ringhet kommer han, ridande på en åsna, på en ung åsnehingst."

Så var deras mästare Messias ändå! Det kunde inte vara på något annat sätt. Han skulle rida in i Jerusalem som en kung!

Genast fick de bråttom att finna sätt att pryda åsnan och göra den värdig deras Jesus. Någon kom på att lägga sin mantel över åsnans rygg, någon annan gjorde genast detsamma. Därefter hjälpte de honom upp på åsnan och ledde den nerför Olivberget medan de jublade och sjöng, rusiga av lycka: "Bered vägen för vår Herre! Välsignad han som kommer, konungen, i Herrens namn!"

Också i vanliga fall var Jerusalem en stor stad, men nu, till de religiösa festligheterna, hade människor sökt sig från när och fjärran. Ett par hundra tusen personer var tillfälligt i staden för att delta i pesachfirandet, överallt kryllade det av människor, och när lärjungarna ropade och sjöng väckte de säkert både uppmärksamhet och nyfikenhet. Vi vet ju inte heller hur många det var som kommit med Jesus från Galileen, hur stort hans följe var.

Människor i stora klungor måste ha samlats runt omkring dem för att se vad som stod på, somliga kanske började sjunga med i psalmerna, andra började bedja, några skrattade och bredde ut sina mantlar på vägen framför åsnan. Exalterade sjöng lärjungarna allt högre.

Det var som om de ville sjunga ner Gud från sin himmel! Se här kom äntligen Messias, och de var hans utvalda. Israels räddning som de drömt om hela deras liv var här. Deras Messias hade visat sin makt med många tecken – döda hade uppstått, lama kunnat gå, blinda hade fått synen åter och frihetens jublande och trotsiga budskap hade förkunnats för de förtryckta! "Bered vägen för vår Herre! Välsignad han som kommer, konungen, i Herrens namn!"

I texten står att genom folkmassan trängde sig också några fariseer fram. Misstroget blängde de på mannen på åsnan och hans dansande och sjungande följe. Vad var detta för hädelse? Vem trodde mannen på åsnan att han var? Eller, det var ju alldeles uppenbart vem han sade sig vara.

En av fariseerna ställde sig i vägen och tilltalade den hyllade respektfullt men bestämt.

"Rabbi", sade han, "säg åt dina lärjungar att sluta med sitt narrspel."

Jesus såg upp på farisén som om han sovit och just vaknat. Hans mörka ögon betraktade den andre. Guds rike var här. Han själv var Guds utvalde. Förstod den allvarlige lille mannen framför honom inte det? Ett saligt leende spred sig över hans ansikte, och han strålade. Han lutade sig fram mot den främmande farisén och nickade åt honom att komma närmare. Fariseen tog ett par avvaktande steg mot honom. Utan att sluta le viskade Jesus till honom: "Ser du muren framför dig? Ser du dessa stenar?" Han gjorde en knyck med huvudet åt sitt följe. "Om dessa människor tiger kommer stenarna att ropa!" Han skrattade lyckligt. "De kommer att ropa!"

19

INCIDENTEN PÅ TEMPELOMRÅDET

Nästa symboliska handling är när han "rensar" templet. Enligt Markus gick det till så att han drev ut dem som "sålde och köpte", han välte omkull borden för dem som växlade pengar och stolarna för dem som sålde duvor. Detta medan han sa: "Står det inte skrivet: Mitt hus skall kallas ett bönens hus för alla folk? Men ni har gjort det till ett rövarnäste."[19] Detta skall översteprästerna ha hört och beslutat att han måste röjas ur vägen.[20] Så långt Markusevangeliet.

I Johannesevangeliets version – där tumultet i templet sker redan i början av Jesus verksamhet och återfinns i evangeliets andra kapitel – frågar man honom: "Vad kan du visa oss för tecken, du som gör så här?"[21]

Varför utför Jesus dessa handlingar och hur skall vi förstå dem?

Först av allt måste vi göra klart varför man sålde och köpte får, oxar och duvor i närheten av templet och i dess ytterområde, och varför det växlades pengar.

Djuren som såldes var djur som skulle offras i templet. Lagen föreskrev att de djur som skulle bäras fram i templet måste vara felfria. Att därför transportera djur långväga ifrån och riskera att

---

[19] Seloterna använde några årtionden senare Jerusalems tempel som ett slags fort för dem själva, som skydd och tillflykt, vilket kan ha givit eko i Markusevangeliets Jesusord: "ni har gjort det till ett rövarnäste."

[20] Markus 11:15–18.

[21] Johannes 2:18.

de skadades på vägen var både opraktiskt och dumt. Bättre då tillhandahålla sådana vid templet. Något som kom inte minst fattiga landsortsbor som Jesus till godo. Handeln med dessa djur ägde rum i små bodar i de yttersta delarna av tempelområdet, som var en gigantisk plats. Man har gjort beräkningar att templet under de stora religiösa högtidligheterna kunde rymma så många som 400 000 personer.

Pengarna som växlades var för den så kallade tempelskatten. Människor kom från hela världen till Jerusalems tempel och förde med sig mängder av olika myntslag. Dessa växlades in till det myntslag templet använde sig av.

Inte av den anledning som man först kan tro emellertid – att Torahs bildförbud omöjliggjorde mynt som hade exempelvis kejsarens bild. (Kejsaren var ju också en gud.) Myntslaget som användes var nämligen en tyriansk shekel, som hade guden Melkart på ena sidan och en örn på den andra! Anledningen till att man använde just detta myntslag står snarare att söka i att shekeln hade hög silverhalt och hade använts i templet i många sekel.

Såväl djurförsäljarnas som myntväxlarnas verksamhet var fullständigt nödvändig för att ruljansen i templet skulle fungera.

I min barndoms baptistkyrka hade vi planscher på en uppvredgad och blond Jesus som välte borden för giriga, judiskt mörkmuskiga affärsmän. Den gamla vanföreställningen kan vi helt och hållet avfärda. Jesus rensade inte templet på månglare och giriga köpmän som hade kommersialiserat templet och gjort det till en marknadsplats i stället för en plats för meditation och högtid. Jesus syfte var inte att rena templet och återställa det som en plats för bön och andakt.

Templet i forntiden var inte heller den plats för meditation och stillhet som vi i dag förknippar med kyrkor, moskéer och tempel. Templets primära uppgift var att tjäna som offerplats, och för det krävdes djur som uppfyllde de krav som Guds lag krävde. Försäljarna tillhandahöll dessa djur. Under pesach kan många tio tusen lamm ha slaktats i templet på en och samma dag. Vi måste försöka föreställa oss trängseln, fårens bräkande, lukten av blod, röken och oset från brända inälvor. Stressade präster och leviter med nedblodade kläder. Detta var – enligt Guds lag – den uppgift templet hade att fylla. Och Jerusalems tempel var den enda platsen där judarna kunde offra till sin Gud.

Alltså måste vi hitta ett annat sätt att förklara varför Jesus gjorde som han gjorde. Och kanske är svaret detsamma som på frågan varför han gjorde sitt intåg i staden på en åsna: det var en profetisk gest.

Och symbolisk. För på detta enorma tempelområde – hur mycket uppståndelse, hur mycket tumult kan Jesus egentligen ha åstadkommit? Hur många kan ha bevittnat vad som skedde?

Hur kan myndigheterna någonsin ha kunnat uppfatta detta som så hotande att de såg sig tvungna att avlägsna Jesus?

Men om det alltså inte är så att Jesus protesterade mot templets kommers – vad är det då den symboliska gesten betyder?

Kanske Johannes har rätt som kopplar följande meningsutbyte till tumultet i templet:

> "Vad kan du visa oss för tecken, du som gör så här?" Jesus svarade: "Riv ner detta tempel, så skall jag låta det uppstå igen på tre dagar."[1]

Markus och de andra synoptikerna återberättar också detta Jesusord, men gör det i ett stycke för sig, lämnar lite utrymme mellan Jesus handling och hans ord.

> När han gick ut från templet sade en av hans lärjungar: "Mästare, se vilka stenar och vilka byggnader!" Jesus svarade: "Du ser dessa

---

[1] Johannes 2:18–19.

stora byggnadsverk. Här kommer inte att lämnas sten på sten, utan allt skall brytas ner."[2]

Många forskare tror att detta Jesusord är autentiskt och inte konstruerat av evangelisterna efter templets förstörelse år 70, eftersom profetian i så fall borde ha utformats så att den helt uppfylldes när templet förstördes.

Som det nu är har Jesus faktiskt fel i profetians detaljer. Han påstår att templet skall rivas – när det i stället brändes – och att inte en enda sten skall lämnas kvar, medan vi vet att hela murar av templet står än i dag i Jerusalem.[3]

De som menar att profetian är en konstruktion av den första kyrkan hänvisar gärna till att Paulus inte i ett enda av sina brev nämner att han känner till ett sådant Jesusord. Paulus känner ju både Petrus och Jakob. Har de i så fall inte förmedlat en sådan viktig kunskap?

Å andra sidan är Paulus, som vi tidigare varit inne på, märkligt ointresserad av den jordiske Jesus, och det är oändligt mycket som han rimligen borde fått lära sig om Jesus som han aldrig bryr sig om att föra vidare till de församlingar han skriver till.

Att Jesus verkligen sagt någonting om templets förstörelse återkommer på flera ställen.

Såväl vid rättegången som vid korsfästelsen[4] samt när Stefanos innan han stenas anklagas för att ha fört Jesus profetia vidare:

---

[2] Markus 13:1–2.

[3] Någon forskare påpekar att profetian kanske gällde helgedomen, det allra heligaste, inte hela det enorma templet.

[4] En av anklagelserna mot Jesus är att han skall ha sagt: "Jag skall riva ner detta tempel som är byggt av människohand och på tre dagar bygga upp ett annat som inte är byggt av människohand." (Markus 14:58) Skildringen av rättegången är troligen en litterär skapelse, vilket vi skall återkomma till senare, men redovisar ändå en minnestradition av att Jesus anklagades för att ha hotat templet.

När han hänger på korset smädar förbipasserande honom och säger: "Du

"Vi har hört honom säga att Jesus, han från Nasaret, skall förstöra denna plats ..."⁵

Att Jesus alltså uttalat sig om templets förstörelse är med andra ord helt inom det möjligas gränser, och att Johannesevangeliet har rätt i att det skedde i samband med det symboliska "förstörandet" av templet är inte heller osannolikt.

Ord och handling gick kanske hand i hand.

Att profeter av olika slag emellanåt framträdde och uttalade domsord över Jerusalem eller templet vet vi. Också att myndigheterna inte lät det ske ostraffat. Prästsläktena bevakade naturligtvis det som var deras politiska, religiösa och ekonomiska intresseområden.

Vi känner till en profet ett par decennier efter Jesus som kallade sig Egyptiern och som hävdade att under hans ledning skulle Gud låta Jerusalems murar falla så som en gång Jerikos. Hans anhängare samlades vid Olivberget för att bevittna miraklet, men möttes av romerska soldater som slog ner dem skoningslöst.

Ytterligare ett par decennier senare framträdde en Jesus ben Ananias, som profeterade om templets förestående förstörelse. Översteprästerna sökte få honom avrättad, men den romerska prefekten ansåg mannen sinnessjuk och nöjde sig med att prygla honom.

Straffdomar över Jerusalem och profetior om templets förstörelse var en del av den judiska traditionen, inte minst hade profeten Jeremia farit ut om det kommande Gudsstraffet och närapå fått plikta med döden för det.

Men varför profeterade Jesus om templets förstörelse?

Flera judiska sekter stod i stark opposition till templet och dess överstepräster, men Jesus gruppering verkar inte ha varit en av

___

som river ner templet och bygger upp det igen på tre dagar – hjälp dig själv nu och stig ner från korset." (Markus 15:29–30)
⁵ Apostlagärningarna 6:14.

dem. Om Jesus budskap hade varit direkt fientligt mot templet är det svårt att förklara varför han undervisade där, varför han sade åt den spetälske som han botat att visa sig för prästen och offra i templet enligt föreskrifterna, och varför hans lärjungar när de förde vidare hans budskap "var ständigt i templet och prisade Gud",[6] som Lukas avslutar sitt evangelium.

En fingervisning om hur evangelisten vill att vi skall tolka förutsägelsen är att omedelbart efter följer en redogörelse för världens undergång. Lärjungarna frågar Jesus när templets förstörelse skall inträffa, och Jesus svarar genom att beskriva de jordskalv och svältkatastrofer som skall vara den nya världens "födslovärkar".[7]

Att templet förstörs är alltså ännu ett tecken på att Guds rike är i omedelbart antågande.

Det finns också en sådan tradition i samtida judisk tro, om än inte dominerande, dels hos några av profeterna och dels i den apokalyptiska litteraturen som Jubileerboken och Första Henoksboken, där Gud i de yttersta dagarna förväntas skapa ett nytt tempel varifrån han för evigt skall leda folken.

Återigen ser vi att Jesus agerar och predikar utifrån övertygelsen att slutet, omvälvningen, avgörandet, Herrens dag, är alldeles nära förestående.

---

[6] Lukas 24:53.
[7] Markus 13:3–27.

20

MYNDIGHETERNAS REAKTION

Inom loppet av några få dagar genomför Jesus i Jerusalem två symboliska demonstrationer som pekar framåt mot det Guds rike vars ankomst han predikar. Vilken uppståndelse hans närvaro orsakade går naturligtvis inte att säga. Vi vet att den heliga staden svämmade över av pilgrimer veckan före påsken. Vi vet att den romerska överhögheten tog sina soldater till staden i samband med de religiösa festligheterna för att stävja varje försök till uppror eller bråk. Vi vet att man korsfäste människor som avskräckande exempel, för att hålla folk lugna. Kanske är det här vi skall söka orsaken till att Jesus dödas.

Amnesty Internationals generalsekreterare Irene Kahn skriver i en artikel om Maher Arar, en kanadensisk medborgare med syriskt ursprung som på väg hem från en semester i Tunisien mellanlandade på JFK-flygplatsen i New York, greps av amerikanska myndigheter och några dagar senare fördes i kedjor och handfängsel till en minimal fängelsecell i Syrien där han hölls fången och torterades i tio månader. Maher Arar var inte skyldig till någonting, man hade inga bevis för att han gjort någonting. Man kidnappade honom ändå, berövade honom friheten och torterade honom lite för säkerhets skull, för utifall att han hade kopplingar till al-Qaida.

För säkerhets skull. Så har makten alltid gjort.

Man kan inte göra en omelett utan att knäcka några ägg, som det heter.

Varför dödades Jesus? För att han skulle försona världens brott och synder? För att det var en del av Guds märkliga och hemliga plan att frälsa mänskligheten?

För att han skulle låsa upp dörren till dödsriket och släppa de döda fria?

Allt det där är efterkonstruktioner som försöker hitta en mening, något meningsfullt, med Jesus död.

Men varför dödades den historiske Jesus?

Till vardags styrdes Jerusalem av översteprästerna. Det var egentligen bara i samband med religiösa festligheter som den romerske prefekten och hans soldater sökte sig till Jerusalem från det lugnare och betydligt mer moderna Caesarea där de i vanliga fall huserade.

Om det är sant som evangelierna påstår, att Jesus red in i Jerusalem på en åsna och lät sig hyllas som Messias av folkhopen, kan det ha räckt för att avlägsna honom. Om han ställde till ett tumult, om än begränsat, i templet kan det också varit skäl nog.

En del av de styrandes ansvar har alltid varit att förutse vad som skulle kunna bli ett orosmoment och förhindra det innan skadan skett.

Av erfarenhet visste myndigheterna att oroligheter gärna utbröt när så många människor kom samman för att utföra sina urgamla ritualer. Vid påskhögtiden svällde Jerusalem och tog emot flera hundra tusen tillfälliga gäster, vilket alltid ökade risken för bråk och upplopp. Därför var det säkrast att avlägsna sådana som kunde störa ordningen.

Så har makten alltid gjort.

Det var inte Jesus själv eller hans närmsta anhängare man fruktade – eller hans budskap – som vi i den kristna kyrkan älskar att tro.

Utan att han – kanske – kunde skapa oro hos folket, hans agerande kunde, oavsett hans egentliga budskap eller lära – kanske – verka uppviglande eller uppeggande på delar av de människomassor som samlats i Jerusalem.

Det var helt enkelt en fråga om hygien.

En preventiv åtgärd. För säkerhets skull. Innan Jesus hann orsaka alltför mycken oro.

Att man inte brydde sig om Jesus närmsta anhängare vet man eftersom man inte avrättade dem samtidigt. Att man inte hotades av hans budskap vet man eftersom evangelierna skriver att Jesus lärjungar snart efter påskfestligheterna när pilgrimerna lämnat Jerusalem och lugnet åter infunnit sig, samlas i templet och öppet börjar predika.

Det var inte av finkänslighet man avstod från att döda lärjungarna, utan för att de ansågs ofarliga. En annan Messiaspretendent vid ungefär samma tid, som kallades Egyptiern, förkunnade att om hans anhängare marscherade runt Jerusalem skulle dess murar falla liksom en gång Jerikos. Denna den återfödde Josua och hans anhängare möttes av tungt beväpnade soldater. Många av hans anhängare dödades, medan Egyptiern själv lyckades fly.

Vid ett annat tillfälle, år 66, strax före den judiska revolten, lät dåvarande prefekten Florus korsfästa 3 600 judar, varav många i hög samhällsställning.

Att Pilatus skulle ha tvekat inför att korsfästa en man som Jesus är inte tänkbart, särskilt inte som översteprästen Kajafas, med vilken Pilatus hade ett utmärkt samarbete i många år, utpekat mannen som ett orosmoment. Inte heller skulle han ha tvekat inför att döda Jesus närmsta krets om man sett minsta anledning till det.

En prefekt i en avlägsen provins som Palestina hade befogenhet att döma också romerska soldater till döden utan någon egentlig rättegång.

Kan någon tro att Pilatus verkligen bekymrade sig över Jesus och försökte få honom fri, som jag fick lära mig i min barndoms söndagsskola?

Många år senare klagade den judiske filosofen Filon i en appell riktad till kejsar Caius Caligula över Pilatus. I skrivelsen kan man läsa om Pilatus styre med dess korruption, röveri, de ständigt upprepade avrättningarna, rättslösheten, grymheterna och tortyren.

Eftersom Jesus tidigare uppehållit sig i Galileen, som inte var Pilatus ansvarsområde, fanns det ingen anledning för Pilatus att alls ha hört talas om honom. Men om de myndighetspersoner han samarbetade med i Jerusalem rekommenderade den för honom okände predikantens avlägsnande var det enklast att ta det säkra för det osäkra.

Att döma en som Jesus att korsfästas tillhörde sådant som en prefekt förväntades göra.

Avrättningen av Jesus vållade med andra ord troligen inte Pilatus särskilt mycket huvudbry. En trolig slutsats är sålunda att Jesus dödades inte av någon storslagen anledning, utan bara utifall att.

För säkerhets skull. När man ändå håller på.

Precis som Maher Arar, som kidnappades och bortfördes av amerikanska myndigheter.

Precis som många av de fångar som utan rättegång, utan dom, utan bevis varit inspärrade i Guantánamo eller något av de andra fångläger Bushregimen upprättade i efterdyningarna av World Trade Center-attacken 2001.

Precis som de oliktänkande som den kristna kyrkan så snart den fick makt själv började förfölja, fängsla, tortera och avrätta. Precis som så många andra genom historien som råkat vara på fel plats när makten satt ner sin stövel.

Som en preventiv åtgärd avlägsnades de.

För säkerhets skull. Innan de hann orsaka alltför mycken oro.

Somliga finner det måhända sorgligt, upprörande eller rentav vanvördigt att Jesus inte uppskattades mer eller ansågs viktigare i sin egen samtid. Då kan man trösta sig med att så ofta är fallet med de mest betydelsefulla människor. Deras samtid känner inte igen dem. Som författaren till Johannesevangeliet med bitterhet skriver: "världen kände honom inte. Han kom till det som var hans, och hans egna tog inte emot honom."[1]

Så har det varit med Mozart, Shakespeare eller Molière. Medan de levde överglänstes de av Salieri, Johnson och Racine. Molière ville man förvägra en kristen begravning och Mozart kastade man i fattiggrav.

Det är tiden och eftervärlden som utvalt dem. De kom till oss som tjuvar om natten och vi märkte deras spår och avtryck först långt efter att de försvunnit från oss.

Så skall många av oss som i dag är uppburna och firade falna och slockna innan ens vår livstid är förbi och kvällningen är här, medan andra skall stiga som klart lysande stjärnor, allt tydligare mot natthimlen i det universum som är evigt.

De största skall bli de minsta. De minsta skall bli de största.

Och en trasprofet från Galileens bergsbygd blev till den starka, ljusa morgonstjärnan.

---

[1] Johannes 1:10–11.

21

DEN SISTA MÅLTIDEN

Något är på väg att gå över styr. Som en sten som satts i rörelse och snart inte kan hejdas i sin väg nerför slänten. Berättelsen ändrar karaktär och blir till drama. Tiden rinner ut och blir till intet. Skymningen faller och det blir afton. Snart skall mörkret ha makten.

Allt skall rasa samman.

Sin sista kväll i livet tillbringar Jesus tillsammans med sina lärjungar. Han pekar ut en av dem som förrädare, förutsäger att en annan av dem skall förneka honom och att alla de övriga skall överge honom och fly. Kanske är det också denna kväll som han skapar den ritual som vi kallar "Herrens måltid" och som i snart två tusen år dagligen har firats för att minnas honom.

Evangelierna har placerat mängder med material mellan tempelincidenten och natten som Jesus grips. Han är flera gånger tillbaka i templet utan att någon verkar minnas tumultet dagarna innan. Han diskuterar med saddukeer, fariseer och Herodesanhängare, han undervisar folket, och han berättar liknelser.

Som det nu är får man intrycket att Jesus efter händelserna i templet fortsatte att komma och gå som han ville, men återigen måste vi påminna oss om att evangelisterna inte beskriver händelserna i exakt kronologisk ordning, och det kan lika gärna ha varit så att gripandet skedde tämligen omgående efter det att Jesus symboliskt förstört templet och uttalat profetian om dess fall.

Kanske var Jesus på torsdagen en jagad man, och kanske visste han om det.

Det är som vi sett också möjligt att såväl det rituella intåget i huvudstaden som aktionen mot templet skedde vid helt olika tillfällen och vid tidigare besök i Jerusalem. Somligt tyder på att intåget skedde vid en helt annan högtid, en annan tid på året, och enligt åtminstone Johannes låg tempelincidenten flera år tillbaka i tiden.

I så fall innebär det att Jesus kan ha vetat att *om* han visade sig öppet i huvudstaden tog han en avsevärd risk eftersom myndigheterna redan avgjort hans öde.

Kanske var det inte så svårt för Jesus att förutse sin egen död trots allt. Kanske visste han vad som väntade honom i Jerusalem. Om detta vet vi inget med säkerhet. Vad vi däremot tror oss veta är att Jesus sin sista kväll i livet firade en måltid tillsammans med sina närmsta som de aldrig skulle glömma, då han lovade att inte dricka vin igen förrän Guds rike verkligen kommit.[1]

Hans ord antyder att han trodde något avgörande vara på väg.

Kanske avsåg han med sina symboliska handlingar vid intåget i Jerusalem och tumultet i templet – oavsett när de skedde – att provocera fram en reaktion från myndigheterna.

Kanske visste han att en av hans tolv lovat lämna ut honom till översteprästerna, eller hade han blivit förvarnad av någon av de rådsherrar som evangelierna påstår sympatiserade med honom.

Kanske väntade han på att bli gripen.

Denna kväll säger Jesus emellertid ingenting om att hans död skulle betyda något avgörande för det kommande Gudsriket.

Allt han gör, i dödens närhet, är att uttrycka sin förhoppning om att han skall få delta i det himmelska gästabudet tillsammans med de andra i en snar framtid när Gud äntligen ingripit.

Jesus kan inte rädda sig från döden, och det vet han.

Det kan bara Gud.

Jesus gör vad han lärt ut till andra att göra.

Han överlämnar sin vilja.

---

[1] Markus 14:25.

I våra föreställningar är den sista måltiden lika med påskmåltiden, men enligt Johannesevangeliet är det inte alls någon påskmåltid, utan bara allmänt en sista måltid.

Johannes förlägger nämligen skeendet till en dag tidigare och låter Jesus korsfästas samtidigt som påsklammen slaktas i templet, vilket ligger helt i linje med att Johannes Döparen redan i evangeliets början har fått peka ut Jesus och säga: "Där är Guds lamm som tar bort världens synd."[2]

Jesus som det slaktade påsklammet ger för allt i världen Johannes en tydlig teologisk orsak att förskjuta händelserna ett dygn, men det är inte så få forskare som menar att Johannes faktiskt kan ha rätt i sitt påstående att det inte var något annat än en vanlig måltid.[3]

Hos Johannes instiftar Jesus inte heller någon måltidsritual, utan en ritual där han tvättar lärjungarnas fötter.

> Han steg upp från bordet, tog av sig manteln och band en handduk om livet. Sedan hällde han vatten i tvättfatet och började tvätta lärjungarnas fötter och torka dem med handduken som han hade bundit om sig.[4]

---

[2] Johannes 1:29.

[3] Detta är en aning krångligt men ungefär så här ser det ut: Pesach firades alltid den 14 Nisan och påskmåltiden intogs på kvällen när det blivit den 15:e (dygnen växlade vid solnedgången). Alla är eniga om att måltiden intas på torsdagskvällen och att Jesus grips under natten och korsfästs nästa dag. Enligt synoptikerna slaktas påsklammen i templen på eftermiddagen den 14 Nisan. Påskmåltiden intas på kvällen då det hunnit bli nytt dygn, den 15 Nisan. Efter måltiden grips Jesus, avrättas när det blivit dag och är död och begraven innan det blivit nytt dygn på kvällen, dvs den 16 Nisan. Om vi går efter Johannes kalender äts den sista måltiden på kvällen när den 14 Nisan just inletts och är med andra ord *inte* påskmåltid, vilket gör att när Jesus förs till slakt nästa dag är det samtidigt som påsklammen förs till slakt. När påskmåltiden intas på kvällen har det blivit den 15 Nisan, och då är Jesus redan död och begraven.

[4] Johannes 13:4–5.

Petrus protesterar och tycker att det är opassande att Jesus ödmjukar sig för dem. I Första Samuelsboken får kung Davids blivande hustru Avigajil säga: "Jag är din tjänarinna, låt mig vara en slavinna som tvättar fötterna på sin herres tjänare."[5] När Jesus tvättar sina lärjungars fötter utför han med andra ord en syssla som annars tillföll slavarna och kvinnorna.

Att Johannesförsamlingen inte kände till något nattvardsinstiftande har somliga forskare tolkat som bevis för att nattvarden utvecklades i senare kristna församlingar och inte alls går tillbaka till den historiske Jesus.

Men också i Johannestraditionen talas om brödet och vinet som symboler för gemenskapen med Jesus, och att Jesus faktiskt instiftar en ritual kring måltiden denna sista kväll i frihet finns bekräftat av flera av varandra oberoende källor.

Redan i Första Korinthierbrevet, som skrivs endast ett tjugotal år efter Jesus död, beskriver Paulus "Herrens måltid" och säger sig föra vidare *vad han själv fått lära sig*, och då måste det med andra ord vara fråga om en mycket tidig tradition.

> Den natten då herren Jesus blev förrådd tog han ett bröd, tackade Gud, bröt det och sade: "Detta är min kropp som offras för er. Gör detta till minne av mig." Likaså tog han bägaren efter måltiden och sade: "Denna bägare är det nya förbundet genom mitt blod. Var gång ni dricker av den, gör det till minne av mig."[6]

Vi vet naturligtvis inte om Jesus med ritualen avsåg den betydelse och symbolik som hans kyrka skulle komma att ge den.

Folkliga ledare, inte minst flera av de stora judiska profeterna, har alltid dramatiserat sitt budskap i tydliga och slagkraftiga bil-

---

[5] 1 Samuelsboken 25:41.
[6] 1 Korinthierbrevet 11:23–25.

der och symboliska handlingar. Denna förmåga har ofta varit avgörande för deras framgång. Jag har svårt att förstå varför Jesus inte skulle kunna detsamma.

Så mycket i Jesus lära handlade om att äta och dricka tillsammans och om hur betydelsebärande det var. Jesus verksamhet bestod av tre delar: han förkunnade rikets närhet, han helade sjuka och han åt tillsammans med dem. Gudsriket var ett gästabud där man låg till bords med varandra utan åtskillnad.

Genom att dela måltid med orena förklarade han dem rena. Genom att äta med syndare visade han hur långt Guds barmhärtighet sträckte sig.

Varför skulle han inte kunnat ha instiftat en ritual som, närhelst man åt och drack tillsammans när han inte längre var hos dem, skulle påminna om honom och hans budskap, och som symboliserade det återupprättade förbundet med Gud?

På flera ställen står att nattvarden firas just för att befästa ett förbund mellan Gud och människan.

Går man till Gamla testamentet förekommer det emellertid flera olika förbund med Gud som man skulle kunna syfta på: ett med Noa,[7] två med Abraham,[8] ett med Mose,[9] och dessutom talar profeten Jeremia om ett nytt förbund som en dag skall instiftas i människornas hjärtan.[10]

Markus låter Jesus säga: ”Detta är mitt blod, förbundsblodet som blir utgjutet för många”,[11] vilket kan syfta på förbundet vid Sinai berg där Mose stänker blod på folket för att bekräfta förbundet. Matteus lägger till att förbundsblodet blir utgjutet ”till

---

[7] 1 Mosebok 9:9–17.
[8] 1 Mosebok 15 och 17.
[9] 2 Mosebok 24.
[10] Jeremia 31:31–34.
[11] Markus 14:24.

syndernas förlåtelse"[12], vilket kan syfta på översteprästens offer i Templet på försoningsdagen, Yom Kippur. Lukas låter Jesus uppmana dem att äta måltiden "till minne av mig",[13] vilket snarare syftar på påskmåltiden som ju åts "till minne" av befrielsen ur Egyptens slaveri, och slutligen har Paulus fått lära sig att Jesus sade att måltiden var "det *nya* förbundet genom mitt blod",[14] vilket tyder på att förbundet är det som Jeremia talar om och som skrivs i människornas hjärtan.

Man kan alltså i nattvarden läsa in Jesus offer som ett församlingsoffer för syndernas förlåtelse, men också se den som en påskmåltid där Jesus är påsklammet, vilket är ordagrant vad Paulus skriver i Första Korinthierbrevet: "vårt påsklamm, Kristus, är slaktat",[15] men man kan också se den delade måltiden som en symbol för det kommande Gudsriket och det förbund mellan Gud och människorna som återupprättas i ritualen, och tänka sig att nattvardens offerblodssymbolik utvecklades först senare när de som följde Jesus i skriften tyckt sig börja skönja svar på varför deras mästare hade dödats.

Enligt Johannesevangeliet torterades Jesus och avrättades exakt samtidigt som man i hela Israel förberedde, offrade och åt påsklammet.

Jesus var bokstavligen Guds lamm.[16]

---

[12] Matteus 26:28.

[13] Lukas 22:19.

[14] 1 Korinthierbrevet 11:25, min kursivering.

[15] 1 Korinthierbrevet 5:7.

[16] Enligt en gammal arameisk tradition beordrade Egyptens farao att döda alla hebreiska gossebarn, sedan han haft en dröm där ett lamm ensam hotar hela Egypten. Guds (påsk)lamm kan sålunda syfta på både Mose och Jesus. Dessutom finns det en judisk tradition som säger att Abraham offrade sitt lamm – Isak (på arameiska användes ordet för lamm också som en vänlig benämning på litet barn) – just på påsken. Den tidiga kristna kyrkan såg också i Isak en symbol för Jesus.

De Jesustroende som höll till i Jerusalems tempel kom också mycket snart att se ett samband mellan de djur som offrades där för att blidka Gud och deras mästares död.

Deras korsfäste ledare var ett mänskligt försoningsoffer, och liksom man i templet åt upp offerdjuren som en del av ritualen började man också symboliskt äta försoningsoffret Jesus kropp och dricka hans blod och tolka den sista måltiden så.

Detta egentligen kannibalistiska inslag var stötande i den hellenistiska världen och direkt blasfemiskt i den judiska. Torah förbjuder uttryckligen Israel att smaka blod. Allt blod tillhör Herren.

Detta har föranlett många forskare att mena att det är otänkbart att Jesus själv inför en sådan ritual.

En judisk skriftlärd som Paulus borde exempelvis reagera starkt på en kannibalistisk ritual, men som vi sett känner han till nattvarden utan att se något stötande eller problematiskt med den.

Måhända finns i Johannesevangeliet ett eko av hur upprörda många blev – till och med sådana som följde Jesus – när de fick höra att, som det står i Johannesevangeliet, om man inte åt Människosonens kött och drack hans blod ägde man inte livet.

> Många av hans lärjungar som hörde honom tala sade: "Det är outhärdligt, det han säger. Vem står ut med att höra på honom?"
> ... Då drog sig många av hans lärjungar tillbaka och ville inte längre följa med honom.[17]

De inom den hellenistiska kulturen som var förtrogna med olika mysteriekulter kunde emellertid känna igen nattvardsritualen från andra sekters riter. Det var nämligen inte helt ovanligt att man i olika sekter åt den dyrkade gudens kött och drack hans blod i en helig måltid.

Det är möjligt att det sker en långsam förskjutning av ritualens

---

[17] Johannes 6:60, 66.

symboler och betydelser, att man påverkas av andra kulter.

Kristendomen skulle också införliva flera drag från hednisk religion allt eftersom. På samma sätt som Jahve en gång haft en tendens att överta egenskaper och drag från de gudomar han konfronterats med, skall den expanderande kristendomen anamma symboler och ritualer från de olika kulter som florerar i den hellenistiska världen.

Mest flagrant blir det kanske på trehundratalet när man helt enkelt övertar firandet av solguden Mitras födelse den 25 december, ungefär vid vintersolståndet, och låter Jesus födas då.

Men att ritualen eventuellt förändrades med åren och att synen på dess innebörd utvecklades allt eftersom behöver ju inte betyda att den inte i någon form kan stamma från Jesus själv, som vi vet lade sådan vikt vid den delade måltiden.

Det är också i delandet av maten, i brytandet av brödet – som ju huvudsakligen var den föda fattiga människor som Jesus och hans följe kunde unna sig – som vi känner igen den uppståndne Kristus.

Det är så han uppenbarar sig.

Lukas beskriver hur två av lärjungarna möter en man på vägen till Emmaus. Han tolkar profeterna och skrifterna för dem och när det blivit kväll stannar han hos dem för att äta:

> När han sedan låg till bords med dem tog han brödet, läste tackbönen, bröt det och gav åt dem. Då öppnades deras ögon och de kände igen honom, men han försvann ur deras åsyn.[18]

Så viktig var den delade måltiden för Jesus att man kom att förknippa själva brytandet av brödet med just honom.

Genom att äta och dricka tillsammans erkänner man varandras rätt att leva.

Jag tillåter dig. Du tillåter mig. Vi firar de förlorade barnens återkomst till Gud.

---

[18] Lukas 24:30–31.

22

JUDAS ISKARIOT

I samband med att de samlats för att äta tillsammans pekar Jesus ut Judas som förrädare och Petrus som svikare.

Att Petrus förnekar Jesus anses av många äga en historisk kärna med argumentet att en ny sekt inte skulle fabricera en berättelse där en av dess mest tongivande ledare förnekade sin tro och sin mästare. Om Jesus sedan verkligen förutsåg detta kan man ha delade meningar om, men Jesusordet "Sannerligen, redan i natt, innan tuppen har galt två gånger, skall du tre gånger ha förnekat mig"[19] återfinns i snarlika versioner i alla fyra evangelierna.

Vad det gäller Judasgestalten är forskarvärlden mer kluven, men flertalet menar ändå att den tidiga kristna kyrkan aldrig skulle ha uppfunnit ett förräderi. Det var djupt genant för den första församlingen att en av de tolv, en av dem som Jesus själv personligen valt ut, svek sin mästare och sålde honom till myndigheterna.

Någon menar att eftersom uttrycket "de tolv" används också efter Judas avfall tyder det på att något förräderi aldrig ägt rum, utan är en antisemitisk symbol för judarnas "förräderi", det vill säga att de inte erkänner Jesus som sin Messias.

Paulus skriver exempelvis i första brevet till korinthierna att Kristus visade sig för "Kefas och sedan för de tolv"[20] när de alltså torde ha varit elva.

Mot det kan anföras det enkla argumentet att Svenska Aka-

---

[19] Markus 14:30.
[20] 1 Korinthierbrevet 15:5.

demien kallas De aderton alldeles oavsett att flera av dess ledamöter "hoppat av" sina uppdrag och att antalet aktiva inte alls uppgår till arton.

Att det bland Jesus närmsta fanns en förrädare bekräftas av flera källor, också de allra tidigaste, innan Jesussekten börjat förlora sin judiska majoritet.

Paulus skriver i första brevet till Korinthierna: "Den natten då herren Jesus blev förrådd . . ."[1] Emellertid namnger Paulus aldrig någon. Namnet förekommer första gången hos Markus. Strängt taget vet vi faktiskt inte ens om förrädaren verkligen hette Judas.

Egentligen är det bara två saker vi med någorlunda säkerhet kan säga om förrädaren: att Jesus valt honom som en av de tolv som skall sitta på troner och döma Israels stammar, och att han lämnar ut sin mästare att dödas.

Och det är naturligtvis inte tillräckligt. Naturligtvis ville man veta mer om den niding som förrådde Guds son. Redan i evangelierna kan vi se hur Judasgestalten börjar utvecklas, hur man som i *Midrash*-traditionen[2] bygger ut historien med en mängd detaljer hämtade från de gamla texterna.

Hos Markus, det äldsta evangeliet, går Judas till översteprästerna och erbjuder sig att lämna ut Jesus utan att ange något skäl, och det är först efteråt som han blir erbjuden ersättning i form av pengar.[3]

Redan Matteus förser Judas med ett motiv: girighet.

Han frågar översteprästerna "Vad vill ni ge mig om jag utlämnar honom åt er?" De räknar upp trettio silvermynt åt honom, och saken är klar.[4]

---

[1] 1 Korinthierbrevet 11:23. Ordet kan också översättas "överlämnas", se senare diskussion.

[2] Midrash bygger ut, förklarar och utvecklar Torahs texter och berättelser.

[3] Markus 14:10–11.

[4] Matteus 26:14–16.

Trettio silvermynt var enligt Torah den oansenliga summa som var ersättningen för en slav som dödats av en oxe.[5] De trettio silverpenningarna används också som symbol i profeten Sakarjas bok där profeten liknas vid en herde:

> Då vägde de upp trettio silverstycken åt mig. Herren sade till mig: "Kasta dem till smältaren, denna härliga summa som de anser mig värd."[6]

Högst troligt är det härifrån Matteus hämtat sina silverpenningar liksom detaljen om att Judas efter att ha ångrat sitt förräderi "kastar in" pengarna i tempelhuset.[7]

I Johannestraditionen har Judas utvecklats till en tjuv och bedragare redan från första stund. Det är han som har hand om gruppens kassa och han stjäl ur den. Det är han som ondgör sig över kvinnan som smörjer Jesus fötter med balsam eftersom dessa pengar i stället kunnat ges till de fattiga, och evangelisten är noga med att poängtera att han sade så "inte för att han brydde sig om de fattiga utan för att han var en tjuv ..."[8]

Johannes för dessutom fram ytterligare ett motiv: djävulen är i farten.

> När Judas hade fått brödet for Satan in i honom. Jesus sade: "Gör genast vad du skall göra!" Ingen av dem som var med vid bordet

---

[5] 2 Mosebok 21:32.

[6] Sakarja 11:12.

[7] Matteus 27:5. Den legend Matteus här skapar om dessa trettio silverpenningar utvecklades med tiden ytterligare. Det var med de pengarna som Josefs bröder fick betalt när de sålde Josef som slav till Egypten. De kom tillbaka till Israel när drottningen av Saba besökte kung Salomo bara för att försvinna igen under den babylonska fångenskapen. Därefter togs de av en lycklig slump åter till Palestina av de tre vise männen när de kom för att hylla Jesus.

[8] Johannes 12:6.

visste varför han sade detta till honom. Eftersom Judas hade hand om kassan trodde några att Jesus hade sagt åt honom att köpa vad som behövdes till högtiden eller att ge något till de fattiga. Men Judas tog brödet och gick genast ut. Det var natt.[9]

Det är i sanning märkligt att de som är med vid bordet inget vet eller förstår, eftersom Jesus skakats i sitt innersta när han avslöjat att en av lärjungarna skall förråda honom, och att det är den lärjunge som får brödet som Jesus doppar.

De tre korta, ödesmättade orden "Det var natt" avslutar stycket och berättar – märkligt avskalat för att vara Johannes – att nu tar Satan vid, nu regerar mörkret.

Också hos Lukas är motivet för förräderiet i första hand att Satan far in i Judas. Liksom hos Markus är det bara i efterhand som han blir erbjuden pengar.[10]

Vi måste emellertid påminna oss om att vi inget vet med säkerhet, och evangelisternas oenighet om Judas motiv är ett bevis för det.

Också Judas vidare öde är okänt för oss. Uppenbarligen försvinner han ur gruppen efter sitt svek. Två källor i Nya testamentet berättar att han dör, men de är inte eniga om när och på vilket sätt.

Apostlagärningarna påstår att Judas för pengarna som han fick för förräderiet köpte ett stycke jord. "Men där föll han framstupa, och buken sprack så att alla inälvorna rann ut."[11]

Författaren hävdar vidare att detta faktum är känt för "alla" i Jerusalem, och att man sedan dess kallar platsen för Blodsåkern.[12]

I Apostlagärningarna faller Judas alltså framåt och spricker.

---

[9] Johannes 13:27–30.
[10] Lukas 22:3–6.
[11] Apostlagärningarna 1:18.
[12] Apostlagärningarna 1:19.

Matteus låter däremot Judas ångra sitt förräderi och ge tillbaka pengarna till översteprästerna för att därefter hänga sig.

Hänger sig gör också Achitofel i Andra Samuelsboken, en man som varit kung Davids förtrogne men som förrådde Guds smorde, och det är inte otroligt att det är härifrån Matteus hämtat inspiration till att beskriva Judas öde.[13]

Prästerna köper mark för pengarna och använder det som begravningsplats för främlingar, och det är enligt Matteus därför som platsen kallas Blodsåkern.[14]

Författarna har som synes flitigt använt Gamla testamentet för att kunna skapa ett öde åt Judas. Som att Jesus pekar ut förrädaren genom att doppa ett bröd och dela det med denne. Detaljen förekommer i alla fyra evangelierna och har sitt ursprung i Psaltarens 41:a psalm:

> Också min vän som jag litade på och som delade mitt bröd, han trampar på mig.[15]

Det finns till och med de som ifrågasätter namnet Judas och menar att det är valt för att associera till judarna i stort, som ju "förrådde" Jesus genom att inte acceptera honom som Messias.[16]

---

[13] 2 Samuelsboken 17:23. I den tidiga kristna traditionen tillkommer ytterligare ett par alternativa slut för Judas, så Judas dör på fyra olika sätt. Gemensam är traditionen att Judas går en snar men olycklig död till mötes. Om detta är sant kan vi naturligtvis aldrig veta.

[14] Matteus 27:3–8.

[15] Psaltaren 41:10.

[16] Judas som representant för det "judiska" visar sig exempelvis när Jesus avslöjat att någon av lärjungarna skall förråda honom. Lärjungarna frågar alla Jesus, en efter en: "Det är väl inte jag, herre!" och får en längre utläggning som svar, medan Judas ensam säger: "Det är väl inte jag, rabbi?" och blir avfärdad av Jesus med det korta: "Du har själv sagt det." (Matteus 26:22, 25) De andra lärjungarna adresserar Jesus som den "ende" läraren medan Judas tilltalar honom som en rabbi bland andra.

Någon menar att namnet är hämtat från Midrash-traditionen, där Jakobs (Israels) son Judas ju "förråder" sin bror Josef och säljer honom för pengar.

Judas är i Första Mosebok en av Jakobs tolv söner som blev stamfäder till de tolv stammarna. Jesus tolv utvalda lärjungar representerade dessa stammar. Med andra ord, i bägge fallen är det Judas, en av de tolv, som förråder sin "bror", och i bägge fallen är ersättningen ett antal silvermynt. Josef som sägs vara död "återuppstår" från de döda sittande vid faraos sida som domare över folket.[17]

Likheterna är stora och uppenbara. Svåra att bortse från. Men samtidigt: skulle de som följde Jesus verkligen hitta på en historia om ett förräderi som faktiskt bringade skam över både dem själva och Jesus?

Jag tror inte det, men tro inte allt vad jag säger!

Sant är att vi inte kan vara säkra på någonting alls i den här historien, inte ens att förrädaren hette Judas Iskariot, och det allra mesta som berättas om Judas är tydligt utsmyckningar hämtade ur gammaltestamentliga texter.

Hos Markus, den äldsta källan som berättar om Judas, försvinner han ut ur historien i samma ögonblick förräderiet är fullbordat.

Kanske detta är det närmsta vi kan komma vad som hände: Efter ett svek som ledde till hans mästares död försvann en av de tolv som Jesus utvalt från den grupp som han varit en del av och kom aldrig mer igen.

När detta skrivs arbetar jag parallellt på Dramaten med en uppsättning av min pjäs *Helvetet är minnet utan makt att förändra*. Där finns en sådan sorgsen replik som kommer för mig när jag arbetar på kapitlet om Judas:

---

[17] Jesus (Josua) är ju också av Josefs stam.

239

Det sägs i bibeln att djävulen tog Jesus med sig upp på ett mycket högt berg och visade honom alla riken i världen och deras härlighet och sade: "Allt detta skall jag ge dig om du faller ner och tillber mig." Fast så sa djävulen aldrig till mig. Jag fick inget sådant anbud. Jag fick ingenting. Han tog min själ i alla fall.

Att veta att ingenting går att göra annorlunda. Det man gjorde det gjorde man. Det som hände det hände.

Somliga ges ett val. Om du gör detta kan detta jävliga hända.

För andra bara händer det jävliga. Ingen frågar. Inget erbjudande kommer som man kan anta eller förkasta, inga alternativa vägar antyds, inga valmöjligheter ges. Så här blev det. Det saknar mening. Historien går inte ihop på slutet. Acceptera!

Fick ett brev häromdagen från en 27-årig kille som just flyttat till storstan från landet, som just tagit tag i sitt liv och vågat steget, som just haft sex med sin första kille – och så får han hiv. På första försöket. Pang! Bom! Detta är vad livet hade tänkt ut åt dig! Bara att acceptera!

Som han själv skrev till mig: "Vad gör man nu då? Om man är ung, snygg, singel och kärlekstörstande? Vad gör jag med mitt liv? Jag tycker så oändligt synd om mig själv."

Om du fick bara en enda minut av ditt liv tillbaka för att göra den enda minuten annorlunda. Om du bara hade sagt: "Du har väl kondom?" Du återkallar och repeterar situationen i huvudet för tusende gången: "Du har väl kondom! Vi måste ha kondom!"

Till slut säger du det i huvudet med den lätthet och självklarhet som du skulle ha sagt det då, när det gällde, när det var verklighet, när du hade ett val, och du säger det så enkelt och bekymmersfritt att det för ett ögonblick nästan blir sant där inne i huvudet: "Du har väl kondom!"

Och sedan har det farliga aldrig hänt. Domen har aldrig fallit som en mörk och väldig skugga.

Förutom att den faktiskt föll. Helvetet är minnet utan makt att förändra. Domen föll, och du förklarades skyldig och du fördes undan innan du ens hann fatta vad som skedde. Det finns inga monster under sängen, sade min mamma när jag var liten. Men mamma hade fel, det finns monster under sängen, och monstren vill oss illa. Nu sitter du där och skakar. Nu sitter du där och sörjer. Och jag har inte en aning om vad jag skall säga för att trösta.

När det värsta har hänt. Och ännu värre, när man vet att man själv har skuld i det som hände. Att man hade kunnat göra det annorlunda, men man gjorde det inte. Att det är man själv som försatt sig i den fruktansvärda och hopplösa situation man befinner sig i.

Vi vet inte varför Judas förrådde Jesus. Pengar, skriver någon av evangelisterna. Satan flög i honom, skriver en annan. Vi vet inte. Kanske trodde han att han gjorde det rätta. Vid gripandet säger Judas att de skall gripa Jesus och föra bort honom under säker bevakning, och det ord som används för säkert kan också betyda "tryggt", "utan att skada". Kanske förstod inte Judas vad hans handling skulle leda till. I Matteus står att när han förstår att de dömer Jesus till döden blir han så förtvivlad att han försöker göra allt ogjort, lämna tillbaka pengarna, säga att det inte var det här han velat. Men gjort är gjort. Bytt är bytt, kommer aldrig igen. Och så står man där och är skyldig till det allra, allra värsta.[18]

Under den sista kvällen tillsammans, innan Jesus instiftar nattvarden, avslöjar han att han vet vad som skall hända. "Sannerli-

---

[18] Huruvida Judas kan förlåtas av Gud är en fråga som sysselsatt teologer och författare i två tusen år. Är Judas förräderi så mycket värre än Petrus förnekelse eller alla de övriga lärjungarnas svek när de överger Jesus i nödens stund? Matteus låter Judas söka syndernas förlåtelse hos översteprästerna i stället för hos Jesus, och det är det som är Judas "misstag" – den tid som syndaförlåtelse fanns att få i det gamla förbundet som förmedlades via prästerna är över. Hade han i stället gått till Jesus, som ju hade makt att förlåta synder, hade kanske allting sett annorlunda ut.

gen, en av er kommer att förråda mig", säger han. Lärjungarna blir bedrövade och alla frågar honom: "Det är väl inte jag?" Jesus säger "Det är en av de tolv, han som doppar i skålen tillsammans med mig", och så avslutar han: "ve den människa genom vilken Människosonen blir förrådd! Det hade varit bäst för den människan om hon aldrig hade blivit född."[19]

Detta stycke fyllde mig som frikyrkobarn med en sådan sorg och skräck att jag än i dag har svårt att läsa det. Den Jesus som förlåter sina bödlar är långt borta. Den Jesus som förlåter Petrus som förnekat honom syns inte till. Jesus är grumlig och mörk på rösten och svart i ögonen av bitterhet när han fördömer Judas, ödesmättat ekar domsorden: "Det hade varit bäst för den människan om hon aldrig hade blivit född", och frikyrkopojken i mig ryser fortfarande inför att vara så helt utelämnad från Hans kärlek, så helt och hållet övergiven och utestängd.

Den Gud som mamma lärt mig om när hon påstod att inget, inget kunde stå emellan honom och mig, när hon lovade mig att inget, inget kunde få hans kärlek att sluta flöda, blir här tvärt och till synes otvetydigt motsagd: en enda blir lämnad utanför i mörkret och kylan och kan aldrig bli förlåten: Judas Iskariot, förrädaren.

Läser man emellertid noga skall man märka att Markus låter Jesus säga detta *innan* han instiftar nattvarden, och det står aldrig att Judas lämnar sällskapet.

Efter att först ha blivit bedrövade över att någon skall förråda deras mästare verkar lärjungarna nöja sig med det faktum att det inte är de själva som är förrädare – och sedan fortsätter måltiden och samvaron som om inget hänt.

Med Judas närvarande.

Jesus bryter brödet och ger åt dem – utan undantag!

---

[19] Markus 14:18–21.

Jesus tar en bägare, tackar Gud och ger åt dem – "och de drack alla ur den".

Läser man alltså precis som det står tar alltså Judas Iskariot del i den allra första nattvarden.

"Så är vi en enda kropp, ty alla får vi del av ett och samma bröd", mässar vi under gudstjänsten.

Om Judas Iskariot är del av den kroppen, om han fick del av samma bröd som vi?

Vilken oerhörd berättelse om Guds oändliga kärlek det skulle vara: först pekar han ut sin förrädare och säger "jag vet vad du skall göra mot mig" och han är fylld med sorg och ilska över detta, sedan delar han ändå och utan att tveka bröd och vin med honom och ger honom del av nåden. Kristus kropp för dig utgiven, Kristus blod för dig utgjutet.

Du, min vän, skall med, du också.

Detta är Jesus hemlighet: Gud ser dig – inte som den du önskade att du var, utan för den du faktiskt är, för det du faktiskt har gjort och kommer att göra, och han ser också det som du så förtvivlat önskar ogjort. Han säger inte att det var bra alltsammans, tvärtom, han säger till och med att somligt var riktigt genomuselt – men därefter och utan att tveka delar han brödet och vinet med dig och ger dig del av nåden.

Och skall man vara noga sviker samtliga de som deltar i den första nattvarden sin mästare. Jesus gör tre förutsägelser: en av lärjungarna skall förråda honom, en skall förneka honom och alla de andra skall överge honom och fly.

Det är dessa som ändå får del av nåden och Guds kärlek.

Så hade mamma rätt ändå: inget, inget kan stå emellan honom och mig, inget, inget kan få hans kärlek att sluta flöda.

Och det betyder i sin tur att det inte är försent.

Inte för Judas. Inte för dig eller mig.

Guds löfte om att göra oss hela handlar inte om att backa bandet, att göra det gjorda ogjort. Att bli hel handlar inte om att återgå till paradiset och oskulden. Paradiset kördes vi ut ifrån och oskulden förlorade vi. Förräderiet gjorde du dig skyldig till mot dem du älskade mest.

Ärren får du leva med. Smällarna får du ta. Be den uppståndne Jesus visa fram sina händer och han skall visa dig hålen efter spikarna.

Det som har hänt har hänt. Har du hiv har du hiv. Monstren under sängen finns. Men du är inte ensam och övergiven i kampen mot dem. Gud står på din sida. Du är inte utesluten.

Varje gång vi samlas för att ta emot nattvarden gör vi det till åminnelse av den natt då Jesus delade brödet och vinet med sin förrädare och sade: Detta är det nya förbundet – mellan Gud och människan. Ingenting kan utestänga dig ur gemenskapen med Gud. Tag och ät. Livets bröd. Löftet om uppståndelse gäller också dig.[20]

---

[20] Huruvida Judas fick ta emot den första nattvarden har diskuterats i åratal. Ett argument emot har varit Paulus ord ur första brevet till Korinthierna: "Den som äter Herrens bröd eller dricker hans bägare på ett ovärdigt sätt har därför syndat mot Herrens kropp och blod." (1 Korinthierbrevet 11:27) Detta diskvalificerar ju verkligen Judas. Men samma sak gäller i så fall samtliga som var närvarande när nattvarden instiftades. De skulle alla överge och fly från den mästare de lovat att följa, och Petrus skulle rentav förneka att han över huvud taget kände Jesus. Ingen av dem lever sålunda upp till Paulus krav. Här ser vi ännu en gång hur Paulus ställer helt andra krav på sina "bröder" än vad Jesus gjorde. Tänk bara på alla dem som Paulus med emfas hävdade inte skulle ärva Guds rike. I stort sett en provkarta på just dem som Jesus själv omfattade och inkluderade.

23

GRIPANDET

När middagen är slut går alla lärjungarna med till Getsemane, följaktligen också Judas.

Sedan följer gripandet – som om det är en helt ny text som inte vet om vad som tidigare berättats.

Och så är det. I en tidig fas av utvecklingen är det här passionsberättelsen inleds: Judas anländer med en folkhop och presenteras på nytt för läsaren, som om de inte förväntas veta vem han är.

> Medan han ännu talade kom Judas, en av de tolv, och med honom en folkhop med svärd och påkar, utsänd från översteprästerna och de skriftlärda och de äldste. Förrädaren hade kommit överens med dem om ett tecken: "Den som jag kysser är det. Grip honom och för bort honom under säker bevakning!" När han nu kom dit gick han genast fram till Jesus. "Rabbi", sade han och kysste honom.[21]

Det finns ingen enhetlig uppfattning om vad som verkligen hände eller sades vid gripandet.

Kanske för att det skedde våldsamt, effektivt och skrämmande, så som den här typen av gripanden brukar ske.

Kanske för att tumult utbröt, kanske för att paniken var nära. Det står att en ung man sliter sig loss från ordningsmakten och springer från platsen naken.[22]

---

[21] Markus 14:43–45.
[22] Markus 14:51–52. Enligt en tradition är den unge mannen evangelisten

Kanske för att ingen som var där faktiskt i efterhand visste vad som hände.

I så fall är det Markus som kommer närmast sanningen när han kort och sakligt konstaterar:

Alla övergav honom och flydde.[1]

Håll den meningen i huvudet när vi i det kommande diskuterar hastigt genomförda rättegångar och nattliga förhör innan Jesus förs till Golgota för att korsfästas.

Det fanns inga vittnen.

Alla hade övergivit honom och flytt sin väg.

Till påskmåltiden hörde att man reciterade ett antal texter och sjöng ett antal psalmer. Enligt Markus sjunger sällskapet den avslutande lovsången, varefter de går ut i den mörka natten. De lämnar staden genom Stefansporten och vandrar den korta vägen ner till Olivbergets västra sluttning.

Det har föreslagits att den nattliga ångestridna vandringen och bönen på Olivberget i väntan på förrädaren är modellerad på Andra Samuelsbokens berättelse om hur kung David – på samma plats – flyr undan förrädaren Absaloms uppror mot honom.

Markus själv. Men det finns mängder med spekulationer om vem mannen är, allt från att han är en homosexuell som söker förföra Jesus till att det är den ängel som så småningom skall vänta i vita kläder vid den tomma graven i påskdagens gryning. En liten detalj som kan vara värd att notera är att den unge mannen först gör en ansats att följa Jesus, men sedan flyr hals över huvud utan en tråd på kroppen. Att följa Jesus är som bekant en omskrivning för att bli Jesus lärjunge, och Jesus har ju uppmanat sina lärjungar att "lämna allt", Jesus sista lärjunge lämnar som vi ser bokstavligen allt, men först när han flyr från sin mästare!

[1] Markus 14:50.

Under tiden gick David gråtande uppför Olivberget, barfota och med huvudet övertäckt. Alla som var med honom höljde också de sina huvuden och grät när de gick.[2]

I denna gammaltestamentliga berättelse återfinns också en av kungens trogna, Ittaj, som lovar att aldrig svika honom, liksom Petrus bedyrar Jesus sin trohet.

Så sant Herren lever och du själv lever, min herre och konung – där du är, där vill också jag vara, i liv och död.[3]

Detaljen att det bara är ledaren som grips medan hans följe flyr – så som ju sker med Jesus – återfinns faktiskt också här. Lite senare i berättelsen ber nämligen Absaloms kumpan Achitofel att få sätta efter David samma natt och överrumpla honom medan han är trött och modlös.

Jag skall jaga skräck i honom, och när allt hans folk har flytt dödar jag honom, bara honom.[4]

Naturligtvis kan vi inte heller nu med säkerhet avgöra om evangelisterna skildrar ett historiskt minne som trufferats med detaljer från den gammaltestamentliga texten, eller om Samuelsboken regelrätt använts som mall för att skapa en berättelse där inga vittnesmål och fakta funnits att tillgå.

Hur som helst har Jesus och hans följe enligt evangeliet varje kväll lämnat Jerusalem och övernattat i någon av småbyarna på andra sidan Olivbergets krön. Den här kvällen stannar de enligt Markus och Matteus vid olivlunden Getsemane öster om Tem-

[2] 2 Samuelsboken 15:30.
[3] 2 Samuelsboken 15:21.
[4] 2 Samuelsboken 17:2.

pelplatsen. Lukas specificerar inte platsen närmre än att de är vid Olivberget, och Johannes talar om en trädgård som de "går in i", vilket tyder på att den är inhägnad.

Jesus är orolig och vill stanna för att be och meditera.

Han ber de andra lärjungarna vänta och drar sig undan med sina allra närmsta för att be. Han ber dem vaka, han förklarar för dem: "Min själ är bedrövad ända till döds."[5]

Som berättare är Markus här raffinerad. Steg för steg isolerar han Jesus, gör honom alltmer ensam. Först lämnar han den större gruppen, sedan sina allra närmsta, och trots att han uttryckligen ber dem att vaka somnar de.

Markus beskriver hur Jesus, efter att ha lämnat Petrus, Jakob och Johannes och bett dem vaka, går ytterligare ett stycke bort där han faller ner på marken och ber om att få slippa det han vet skall komma.

Hos Lukas kommer i denna stund en ängel till Jesus och ger honom styrka och kraft. Lukas måste ha märkt att Markus i sin Getsemanetext tangerar skriftens berättelse om när profeten Elia på flykt undan kung Achav, som traktar efter hans liv, lämnar sina tjänare bakom sig för att be – om döden, så bedrövad är han – och en ängel kommer till hans undsättning.[6]

Men också andra traditioner än Markus bär med sig minnen av en ledare som vill undkomma sitt öde, så det är mycket möjligt att Jesus dödsångest går tillbaka till en historisk kärna.

Hebreerbrevet lyder exempelvis på ett ställe: "Under sitt liv på jorden uppsände han med höga rop och tårar enträgna böner till den som kunde rädda honom från döden".[7]

Ett annat argument för att Jesus faktiskt ville undslippa sitt

---

[5] Markus 14:34.
[6] 1 Kungaboken 19:3–5.
[7] Hebreerbrevet 5:7.

öde är att det var genant för Jesussekten att dess ledare visade en sådan svaghet i prövningens stund.

Omvärlden upplevde det som ynkligt att en mästare som till och med gjorde gudomliga anspråk gnällde och klagade över sitt öde. Man kan jämföra med Sokrates som dömdes till döden och med upphöjt lugn tömde giftbägaren i kretsen av sina lärjungar. I antiken sattes stort pris på vilket sätt en människa dog.

Också i den judiska traditionen hyllades de som mötte tortyr och lidande med tapperhet. I Andra Mackabeerboken beskrivs hur en hel familj torteras på det vidrigaste sätt utan att ge vika en tum. Jag skall bespara läsarna det mesta av det ovanligt detaljerade våldet och nöja mig med att citera ett enda stycke som exempel: "Han befallde då att man skulle skära ut tungan på den som hade fört ordet, skalpera honom och stympa honom, medan bröderna och modern såg på. När han var fullständigt lemlästad men ännu vid liv gav kungen order om att han skulle läggas på elden och stekas. Medan stanken från halstret spred sig runt omkring uppmanade bröderna och modern varandra att tappert gå i döden."[8]

Men Jesus vill alltså undslippa sitt öde. I Markusevangeliet ber han:

Abba! Fader! För dig är allting möjligt. Ta denna bägare från mig. Men inte som jag vill, utan som du vill.[9]

"Ta denna bägare från mig", säger Jesus, och vill alltså själv slippa ifrån det som han kort tidigare utmanat sina närmsta lärjungar om, när han tillrättavisat Jakob och Johannes som velat ha hedersplatsen bredvid Jesus i himmelen, med orden: "Kan ni dricka den bägare som jag skall dricka?"[10]

---

8 2 Mackabeerboken 7:4–5.
9 Markus 14:36.
10 Matteus 20:22.

Men sedan böjer sig Jesus. Ansluter till den bön han själv lärt ut: "Låt din vilja ske."

Tre gånger ber Jesus Petrus, Jakob och Johannes att vaka, tre gånger går han bort för att be, tre gånger har lärjungarna somnat när han kommer tillbaka, och här förverkligas den liknelse Jesus berättat om tjänarna som befallits att vaka tills husets herre kommer tillbaka – "Se upp, så att han inte plötsligt kommer och finner er sovande"[11] – och lärjungarna gör här alltså precis som de inte skall.

Tredje gången han gått undan för att be finner sig Jesus i Guds vilja och accepterar sitt öde.

> Stunden är inne, Människosonen skall överlämnas i syndarnas händer. Stig upp, låt oss gå. Här kommer han som skall förråda mig.[12]

Det ord som används för "överlämna" – *paradidōnai* – är samma som det verb som används om det Judas gör. Det är det verb som används i exempelvis Markus 3:19 när Judas för första gången introduceras. I svenska översättningen har man valt att där använda verbet "förråda" – vilket tyvärr skymmer de paralleller som finns mellan det Judas gör och det Gud faktiskt gör i det att han överlämnar Jesus att lida offerdöden.

Ty så älskade Gud världen att han utgav sin enfödde son.

Gud har också del i vad som sker.

I Markus ovan står verbet i passiv form, men på andra ställen är det uttryckligen Gud som utlämnar Jesus: "Han som inte skonade sin egen son utan utlämnade honom för att hjälpa oss alla".[13]

Det finns en kedja av överlämningar: Judas överlämnar Jesus åt översteprästerna som överlämnar honom till Pilatus som över-

---

[11] Markus 13:36.
[12] Markus 14:41–42.
[13] Romarbrevet 8:32.

lämnar honom att korsfästas. Var och en av dessa överlämningar bär smak av skuld och svek.

Men först av alla var det alltså Gud som valde att utlämna/överlämna/förråda sin egen son.

Sedan börjar den del av berättelsen vi tidigare varit inne på, när Judas plötsligt kommer – utan att man får förklarat hur han visste var Jesus befann sig – tillsammans med dem som skall gripa honom. Enligt Markus kommer han med en folkhop beväpnade med svärd och påkar, utsänd från översteprästerna och de skriftlärda och de äldste. Hos Lukas anges bara att det är en stor skara människor men inte vilka som sänt dem.

En märklig sak med att Judas kysser sin forne mästare som ett tecken åt dem som skall gripa honom – "Den som jag kysser är det"[14] – är att de som utsänts från myndigheterna uppenbarligen inte förväntas känna igen Jesus! Han måste identifieras, pekas ut. Detta gäller både i Johannes och i den synoptiska traditionen.

Större uppmärksamhet än så har Jesus alltså enligt evangelisterna inte rönt.

Kyssen var för övrigt en vanlig hedersbetygelse då som nu och är därför inte otrolig, men den kan också vara hämtad från Andra Samuelsbokens berättelse om Amasa som blir förrådd och dödad av Joav med en kyss:

> Joav höll ett svärd i handen, dolt under kläderna. Men utanpå, i en skida vid höften, hade han ett annat svärd. Han drog det och lät det falla till marken. "Hur står det till, min broder", sade han till Amasa och grep honom med höger hand i skägget för att kyssa honom. Amasa var inte på sin vakt mot svärdet som Joav höll i handen, och Joav stötte det i buken på honom …[15]

---

[14] Markus 14:44.
[15] 2 Samuelsboken 20:8–10.

Fram till kyssen är synoptikerna relativt samstämmiga, men sedan låter de Jesus reagera olika på Judas förräderi, som olika stämmor i en treklang.

Markus, som ju så ofta är karg och kortfattad, låter Judas förråda sin mästare med ett enda ord: "Rabbi". Jesus säger ingenting, hopen griper honom och håller fast honom.[16]

Enligt det gnostiska Judasevangeliet är förräderiet en förutsättning för att Jesus skall kunna fullfölja sitt uppdrag och sker i samförstånd med Jesus själv. En antydan till denna tolkning kanske återfinns i Matteusevangeliet där Jesus, efter att Judas kysst honom, säger till honom: "Min vän, nu har du gjort ditt."[17] ("Min vän" kan också förstås ironiskt.)

Lukas låter Jesus reagera med större sorg: "Judas, förråder du Människosonen med en kyss?"[18]

Därefter uppstår ett tumult där någon griper till svärd och hugger av örat på en av översteprästens tjänare.

Hos Markus är det inte klart om det är någon i Jesus följe som försöker göra motstånd eller om det är någon utomstående som tar till våld. Tvärtom antyds att det är pöbeln som står för våldet genom att Jesus säger: "Som mot en rövare har ni gått ut med svärd och påkar för att fängsla mig."[19]

Matteus är emellertid tydlig med att det är en i Jesus följe: "En av dem som var med Jesus lyfte handen och drog sitt svärd, och han slog till mot översteprästens tjänare och högg av honom örat."[20]

---

[16] Markus 14:45–46.
[17] Matteus 26:50.
[18] Lukas 22:48.
[19] Markus 14:48.
[20] Matteus 26:51. Det har spekulerats i om översteprästens tjänare var präst. I så fall blir han rituellt oduglig för resten av livet av att få ett öra avhugget. Lukas preciserar örat till att vara det högra. I den antika världen var det värre att bli av med höger hand än vänster hand, höger öga än vänster öga, höger öra än vänster öra osv. Detta att det är det högra örat har i sin tur givit upp-

Jesus tillrättavisar emellertid genast mannen som försöker försvara honom med det pacifistiska utropet: "Stick tillbaka ditt svärd. Alla som griper till svärd skall dödas med svärd."[21] Lukas låter lärjungarna vara ännu mer fast beslutna att göra motstånd.

> När de som var med Jesus såg vad som skulle hända sade de: "Herre, skall vi ta till våra svärd?"[22]

Lukas är det evangelium som mest betonar förlåtelsen och Guds oändliga kärlek. Jesus hejdar enligt Lukas motståndet omedelbart efter att hans män attackerat översteprästens tjänare, läker mannens öra och visar på så sätt vad talet om att älska också sina fiender innebär i praktiken. Att löna ont med gott, att hjälpa och läka också dem som står i begrepp att tillintetgöra en. Det är som vi skall se också Lukas som låter Jesus uttryckligen förlåta till och med de bödlar som spikar fast honom på korset.

Hur förlåtande och pacifistisk Jesus än är i Lukasevangeliet finns emellertid en märklig liten text som bara förekommer där. Innan de bryter upp från påskmåltiden och beger sig till Getsemane står nämligen följande:

> Sedan sade han till dem: "När jag sände ut er utan penningpung, påse eller sandaler, behövde ni då sakna något?" – "Nej, ingenting", svarade de. Då sade han: "Men nu skall den som har en penningpung ta med sig den, och likaså påsen, och den som är utan pengar skall sälja sin mantel och köpa sig ett svärd. Jag säger er att med mig skall det ord i skriften gå i uppfyllelse som lyder:

---

hov till spekulationen att våldsverkaren måste varit vänsterhänt alternativt huggit mannen bakifrån – vilket ju hade varit fegt.

[21] Matteus 26:52.

[22] Lukas 22:49.

Han räknades till de laglösa. Ty nu fullbordas det som är sagt om mig." – "Herre", sade de, "här är två svärd." – "Det är bra", svarade han.[23]

Denna text är svår att tolka. Jesus ändrar uppenbarligen sina direktiv om vad lärjungarna skall bära med sig när de sprider evangelium. Återigen antyds att Jesus och hans följe är ett laglöst rövargäng, och att det är därför han grips.[24] Dessutom uppmanar Jesus de sina att beväpna sig, och det visar sig också att Jesus lärjungar redan bär på vapen.

Vissa bibeluttolkare menar att lärjungarna missuppfattar Jesus och tar hans tal om svärd bokstavligt och inte bildligt, att Jesus pratar om kommande förföljelser av kyrkan, men det finns faktiskt ingenting i texten som antyder att Jesus här inte talar om riktiga svärd, och tolkningen motsvarar möjligen dessa exegeters vilja och önskan att Lukas skall få ihop sin teologi och sin symbolik utan motsägelser eller tveksamheter.

---

[23] Lukas 22:35–38.

[24] Det finns forskare som föreslagit att Jesus skulle ha varit en s.k. social bandit. Teorin ser ut ungefär så här: I tider av oro, förtryck och svält, i år av missväxt och dignande under högt skattetryck tvingades ibland vanliga fattiga lantarbetare ut i fredlöshet. De blev rövare och banditer, men skilde sig från vanliga rövare genom att de ändå behöll kontakten med bondesamhället. Vanligt folk såg ofta på dessa rövarband som hjältar och frihetskämpar, och de fick ofta stöd och skydd när de behövde det. Rövarbrigadernas ledare var ofta karismatiska, och somliga av dem gjorde till och med kungliga eller messianska anspråk, såsom exempelvis Athronges i Judeen eller Judas Galileen eller Simon från Perea.

Kan Jesus ha avrättats som en sådan social bandit? "Som mot en rövare har ni gått ut med svärd och påkar för att döda mig", säger Jesus till dem som sänts ut för att gripa honom. Det nämns också flera gånger att Jesus följe var beväpnat. Slutligen blir enligt evangelierna Jesus dessutom korsfäst tillsammans med två rövare. "Tillsammans med honom korsfäste de två rövare, den ene till höger, den andre till vänster om honom." Enligt denna teori skulle Jesus helt enkelt vara den tredje rövaren.

Texten har karaktär av att vara inskjuten, och kanske är det just vad den är. Denna text tillhörde måhända helt enkelt sådant som Lukas fann när han samlade material till sitt evangelium och av oklar anledning valde att inkludera.

Och att Lukas låtit denna text, som i övrigt inte syns ha i sammanhanget att göra, komma som en kil mellan sista måltiden och bönen i Getsemane gör den bara ännu svårare att begripa sig på. Särskilt som Jesus som vi sett genast avstyr den skärmytsling som uppstår vid gripandet och manar de sina att lägga undan sina vapen.

Må vara som det vill med den saken. Efter att Jesus läkt den skadade vänder han sig till dem som har kommit för att gripa honom och säger:

Dag efter dag var jag hos er i templet, och ni lyfte inte er hand mot mig. Men detta är er stund, nu har mörkret makten.[25]

Hos Johannes skiljer sig som så ofta berättelsen från synoptikerna. Här finns ingen Judaskyss, ingen skränande folkhop, ingen sorgsen Jesus som undrar varför Judas måste förråda honom.

Inget tumult uppstår. Ingen panik. Jesus har aldrig haft ångest, hans själ har aldrig varit bedrövad intill döden. Han har aldrig bett till Gud om att slippa det som nu sker. Tvärtom säger han uttryckligen och mycket lugnt när Petrus vill göra motstånd mot dem som kommit för att föra iväg Jesus[26]: "Stick svärdet i

---

[25] Lukas 22:53. Här används mörkret åter som symbol för att ondskan och kaoset nu tillfälligt tar över. Jämför hur Johannes konstaterar när Judas lämnar den sista måltiden för att förråda Jesus: "Det var natt."

[26] Berättelsen om hur någon hugger någon med svärd vid gripandet av Jesus når i Johannesevangeliet längst i sin utveckling. Här vet evangelisten namnet både på förövaren – Petrus – och på den skadade tjänaren – Malkos. Dessutom vet han att det är *höger* öra som huggs av. Vi märker alltså att ju längre tid som gått mellan händelsen och vittnesmålet blir "vittnet", författaren,

skidan. Skulle jag inte dricka den bägare som Fadern har räckt mig?"[27]

Det är som om Johannes medvetet går i polemik med de tidigare evangelierna. Som om han känner till de traditioner de andra redovisat men uttryckligen avfärdar dem!

Vad är det för dumheter att Jesus bett om att få slippa offra sig? När Jesus i ett tidigare kapitel talar om sin död i Johannesevangeliet säger han:

"Nu är min själ fylld av oro. Skall jag be: Fader, rädda mig undan denna stund? Nej, det är just för denna stund jag har kommit. Fader, förhärliga ditt namn." Då hördes en röst från himlen: "Jag har förhärligat det och skall förhärliga det på nytt."[28]

Enligt Johannes går Jesus och hans lärjungar in i en trädgård. Judas känner till platsen eftersom de ofta samlats där.

Judas har hos Johannes, förutom folk från översteprästerna och fariseerna, med sig en romersk vaktstyrka. Enligt de andra evangelierna fanns det inga romerska soldater med.

Johannes Jesus är suverän. Alltid orubbad. Han styr och ställer med omgivningen och ingenting sker utan att han vet om det och tillåter det. Det gäller i allra högsta grad också Johannes passionsberättelse.

Därför kan Jesus inte överrumplas och gripas. Tvärtom går han självmant ut till dem som skall hämta honom. Judas behöver aldrig peka ut honom.

---

allt säkrare på sin sak och alltmer detaljerad. Man har också spekulerat i om Markus kan ha känt till förövarens identitet men velat skydda Petrus. Markus skriver ju (kanske) i Rom där Petrus enligt traditionen var ledare. Naturligtvis har man också försökt finna ut en mängd symbolik i namnet Malkos, inte någon särskilt övertygande.

[27] Johannes 18:11.
[28] Johannes 12:27–28.

Jesus, som visste om allt som väntade honom, gick ut till dem och frågade: "Vem söker ni?" De svarade: "Jesus från Nasaret." Han sade: "Det är jag."[29]

Den romerska vaktstyrkan som uppgår till 600 personer[30] (!) förmår emellertid inte gripa honom. När de får höra att det är han som är Jesus faller de alla till marken vid hans fötter, som inför en kung.

Eller kanske snarare som inför en gud. När Jesus i Johannes säger "Det är jag" – *ego eimi* – gör han ett gudomligt anspråk som går igen i hela evangeliet. Gud kallar sig ju som bekant för Jahve, "Jag är den jag är", och Johannes låter Jesus gång på gång använda detta uttryck om sig själv: "jag är och jag var innan Abraham blev till".[31] Eller ännu tydligare: "om ni inte tror att jag är den jag är skall ni dö i era synder".[32]

Enligt Paulus blev Jesus först efter döden given "det namn som står över alla andra namn" och inför vilket "alla knän skall böjas"[33], men i Johannes har det redan skett eftersom Jesus uttryckligen säger: "Helige fader, bevara dem i ditt namn, det som du har gett mig",[34] och som vi märker måste alla knän böjas redan nu när Jesus uttalar sitt namn.

Att uttala det heliga Gudsnamnet är att bruka en väldig makt. Vilket är en av anledningarna till att det är förbjudet. Guds namn fick utropas vid ett enda tillfälle på hela året, av översteprästen i templets allra heligaste. När lärjungarna så småningom botar

---

[29] Johannes 18:4–5.
[30] Man kan möjligen ifrågasätta det taktiskt riktiga i att avsätta 600 soldater för att gripa en enda man som dessutom bedömts harmlös i sig, särskilt som man bemödade sig om att sköta affären diskret och effektivt för att inte väcka uppståndelse.
[31] Johannes 8:58.
[32] Johannes 8:24.
[33] Filipperbrevet 2:9, 10.
[34] Johannes 17:11.

sjuka och utför mirakel gör de det i kraft av "Jesus namn". Så starkt är det namnet, en sådan makt har det. Så sjöng vi också "Namnet framför andra namn är Jesus" där på mormors glasveranda. Det berättas i en legend att när Mose uttalade Gudsnamnet så föll själva farao till marken, så att 600 romerska soldater alla faller ner när Jesus träder fram och säger "Jag är" är inte att undra på.

Så, både de judiska vakterna och de romerska soldaterna ligger på marken framför Jesus, och Jesus måste upprepa sin fråga om vem de söker och är också den som ger dem ordern att inte tillfångata lärjungarna: "Om det är mig ni söker, så låt de andra gå."[35]

Genom hela Johannes passionsberättelse behåller Jesus denna suveränitet. Det han låter andra utsätta honom för och det han själv gör är förutbestämt och görs på hans order och för att uppfylla olika skriftställen. Lärjungarna flyr inte för livet, utan Jesus beordrar att de skall få gå, och han säger att han gör det för att uppfylla ett skriftställe – "Av dem som du har gett mig har jag inte låtit någon gå förlorad."[36] Judas sänds att utföra sitt förräderi på Jesus tillsägelse: "Gör genast vad du skall göra!"[37] Inte ens Pilatus har någonting att säga till om, utan Jesus undervisar honom: "Du skulle inte ha någon makt över mig om du inte hade fått den från ovan."[38]

Johannesevangeliets Jesus styr och ställer med allt rörande sin egen offerdöd. Så är det hela vägen och utan undantag.

När Markus låter Jesus digna under korset och tvingas ta hjälp för att bära det, står i Johannes det mycket hurtigare: "Han bar

---

[35] Johannes 18:8.
[36] Johannes 18:9.
[37] Johannes 13:27.
[38] Johannes 19:11.

själv sitt kors ut till den plats som kallas Skallen, på hebreiska Golgota."[39]

Här behövs minsann ingen hjälp.

Väl på korset ombesörjer han att hans mor blir omhändertagen. (Även om det snarast skall tolkas som att han utser "den lärjunge som han älskade" som efterträdare än att Jesus såg till att hans mor skulle ha någonstans att ta vägen.) När döden närmar sig vet han det i god tid. Att han ber om något att dricka är inte för att han är törstig, utan för att ytterligare ett skriftord skall uppfyllas. Hos Johannes skriker han inte i förtvivlan och slutar att andas med ett högt rop, som Markusevangeliet så bryskt beskriver det, utan han säger lugnt och med kontroll att "det är fullbordat" innan han – lägg märke till det aktiva verbet – "överlämnar" sin ande.

Och hela tiden görs och sägs saker för att skriftställen skall uppfyllas. Jesus död blir en gigantisk iscensättning av symboliska handlingar.

Soldaterna kastar lott om hans kläder för att skriftordet skall uppfyllas. Jesus säger att han är törstig för att skriftordet skall uppfyllas. Soldaterna låter bli att krossa benen på honom som Pilatus beordrat för att skriftordet skall uppfyllas, och de sticker honom i sidan med en lans för att skriftordet skall uppfyllas.

En offerdöd utan lidande. Ett teaterstycke komponerat av Gud genom hans profeter, iscensatt och regisserat av Guds son och med Pilatus, de romerska soldaterna och de judiska myndigheterna som statister.

Johannesevangeliets Jesus Kristus har mycket lite att göra med den fattige glesbygdsprofet vi anar i de andra evangelierna. Han har redan definitivt och en gång för alla höjt sig ovan allt jordiskt och blivit det inkarnerade Ordet, den från himlen sände budbäraren, högste utförare av symboliska handlingar, och allt vi kan

---

[39] Johannes 19:17.

göra är att hoppas på att vi skall tillhöra dem som redan från början varit utvalda av honom att tillhöra ljuset.

Om inte, får vi för evigt bli kvar i mörkret.

Men nu har vi återigen gått händelserna i förväg. Låt oss återvända till natten då Jesus ätit sin sista måltid tillsammans med sina närmsta, Judas har pekat ut honom i Getsemane och han har gripits och förts iväg, medan alla de som lovat honom trohet har skingrats för vinden och flytt.

24

MAN SKALL UTLÄMNA ER ÅT DOMSTOLAR

Vari består skillnaden mellan denna påskvecka och de tidigare gånger Jesus varit i Jerusalem och predikat?

Svaret skulle kunna stå att finna i det intåg han denna påsk gör i Jerusalem.

Denna gång kommer han till Jerusalem som kung.

Tidigare har han kanske inte gjort sådana anspråk och har därför varit harmlös. Men som presumtiv kung kan han egga och oroa massorna, vilket alla evangelierna också vittnar om: "Välsignad han som kommer i Herrens namn", ropar folket enligt såväl Markus som Johannes. "Välsignat vår fader Davids rike som nu kommer!"[40]

I så fall är det alldeles korrekt vad Pilatus låter skriva på anslaget med anklagelsen mot honom som hänger på korset för att folk skall se och avskräckas från att själva få för sig att sätta sig upp mot makten: "Judarnas konung".

Se här vad vi gör med er kungapretendent!

Till fängelsehålan, som verkligen var en håla, firades han ner i rep genom en öppning i taket. Det fanns inga dörrar, inga fönster, så när som på gluggen högt ovanför hans huvud.

I den cylinderformade öppningen skall hans anhängare om fyra hundra år rista in stiliserade kors, i en otänkbar avlägsen framtid. Han kröp ihop i grottans bortre hörn medan hans ögon vande sig vid mörkret.

---

[40] Markus 11:9–10, Johannes 12:13.

Nu hade de honom. Här satt han och väntade på att dömas, han som var kung, han som var Guds son – alla demoner som väst till honom "Du Guds Helige", nu skulle han dömas.

Vägas. Mätas.

Som ett jagat djur som infångats satt han hopkrupen i grottans innersta. Plötsligt lade han märke till att han reflexmässigt gjort som när han var liten. Han hade dragit upp knäna till hakan, tryckte sina läppar mot knäskålarna, hummade och vaggade fram och åter.

Efter en stund blev han varse att han inte var ensam. Någon iakttog honom. Han såg upp och anade någon som stod och tittade på honom från gluggen några meter upp, han skymtade en kontur och hur ett par vakande ögon glimmade mot honom i mörkret. Det var inte helt enkelt att orientera sig i det skumma ljuset, men den andre måste stå i rummet där man utdelade prygelbestraffningar, där de snart skulle piska och prygla honom, slå honom sönder och samman.

Kanske var det han där uppe, han vars ögon glimmade, som skulle bli den som fick slå.

Han kände på grottans svala väggar. Det fanns en grymhet i själva stenen. Den var så orubblig, så evig, så likgiltig inför smärtan. Stenen kastade de plågades skrik mellan sina väggar, som när barn kastar boll mellan sig på lek.

Och för stenen var det kanske på lek. Den lånade sina rum till detta. De skulle binda fast honom i själva stenen med armar och ben hjälplöst utspärrade så att de kom åt att misshandla honom från båda sidor samtidigt. Här, nere i berget. Denna sten, denna Jerusalems vitrosa sten.

Han ville se den skändad liksom han själv skulle skändas. Han önskade i ett ögonblick av överväldigande ursinne att i Jerusalem inte skulle lämnas sten på sten.

För att staden inte förstått, för att den var så likgiltig, så orubblig inför Guds besök.

För att den var sten.

Guds besök? Var det det han var? Gud på besök? Febrig och frysande reste han sig upp och sträckte ut armarna längs grottans väggar, tryckte

*kinden tätt intill. Vad var han för ynklig Gud? En liten mus var han,
instängd och utan flyktvägar.*

*Grottans vägg var kall mot hans kind, han tryckte sig mot väggen med
armarna utsträckta som en korsfäst, och med ens förstod han att han nu
var vid muren på riktigt, detta var äntligen muren i hans inre som han
aldrig kunnat komma över, och ovan honom, från tittgluggen, glimmade
Guds ögon.*

Det var alltså här, det var alltså nu.

Som muren skulle rämna och allt skulle uppenbaras.

Fullkomnas.

*Och han var Messias, och Messias skulle lida, och likt Isak skulle han
läggas på altaret för att offras, och liksom då skulle Gud äntligen ingripa
och säga: "Lyft inte din hand mot pojken, och gör honom inget ont!" och
på så sätt skulle han räddas.*

*För Gud var Fadern, han var Herden, och även om han vandrade i
den mörkaste dal skulle han inte frukta något ont. Han hade själv lärt
ut att man inte skulle vara rädd, utan förtrösta sig på Fadern. "Se på
himlens fåglar", hade han sagt, "de sår inte, skördar inte och samlar inte
i lador, men vår himmelske fader föder dem. Är inte ni värda mycket
mer än de?"*

*Han log för sig själv. "Är inte ni värda mycket mer än de?" Det var
självklart att hans fader skulle ingripa i sista stund, att han inte skulle
låta det ske.*

*Inför världens ögon skulle det nu uppenbaras för alla att han var Guds
utvalde, att han var den smorde, den lidande tjänaren som var beredd
att ta all världens synd på sig och offra sig för alla, och i den största för-
nedringen skulle Herren komma. "Han sänder mig hjälp från himlen
när mina förföljare smädar mig", tänkte han och kunde inte låta bli att
skratta i grottans mörker.*

*Högt ropade han psalmistens rader: "På Gud förtröstar jag och är inte
rädd. Vad kan människor göra mig då? Jag har gett mina löften till dig, o
Gud, jag skall infria dem som tackoffer, ty du har räddat mig från döden,
räddat mig från att falla. Så kan jag vandra inför Gud i livets ljus."*

Naturligtvis.

Som när Abraham offrade Isak skulle de binda honom och lägga honom på altaret, och de skulle fatta kniven som de skulle offra honom med, men sedan skulle Herren sända hjälpen från himlen, och man skulle lösa hans band och lyfta ner honom från altaret, och då skulle hans folk vara räddat, alla de som stod uppskrivna i boken, de skulle vakna till evigt liv, och de andra vakna till skam och evig fasa, men han och hans lärjungar, de som nått insikt, de som vunnit seger, de skulle lysa som det ljusa himlavalvet, ja, han och hans trogna, de skulle stråla som stjärnorna alltid och evigt.

I grottans mörker ropade han högt. Han skrattade och lovprisade Gud.

Och uppe från tortyrkammarens tittglugg stirrar ett par kalla likgiltiga ögon oavlåtligt ner.

1990 hittade man under en arkeologisk utgrävning i Jerusalem en grav som innehöll flera kistor – så kallade ossuarier – av det slag som man samlade ihop den dödas ben i ett år efter begravningen. Den allra dyrbaraste och vackrast utformade kistan som man fann hade inskriptionen Josef bin Kajafas.

I kistan låg med andra ord troligen skelettet efter den överstepräst som dömde Jesus.

Ett par årtionden tidigare hade man också grävt ut de kvarter väster om templet där de välbärgade familjerna hade sina hem. Bland annat fann man det palats där den släkt av överstepräster bodde som Kajafas tillhörde. Kajafas var svärson till Hannas som själv varit överstepräst och som därtill hade fem söner som i tur och ordning varit överstepräster. I utgrävningarna under palatset har arkeologerna funnit den håla i vilken man förvarade och torterade fångar.

Det var alltså hit man förde Jesus efter gripandet på natten till fredagen. Det var på den här innergården som Petrus förnekade sin mästare. Det var till den här hålan i berget som Jesus firades ner.

Jerusalems tempel och därmed hela det judiska samhället kontrollerades av de aristokratiska prästsläkter ur vilka översteprästerna hämtades.

Översteprästerna samarbetade med de romerska myndigheterna, och så länge de upprätthöll ordningen och skatterna flöt in till den romerska statskassan som de skulle lade sig den romerska överhögheten sig inte i den dagliga verksamheten.

Sålunda åtnjöt översteprästerna inte bara religiös, utan också politisk makt, förutom att de tillhörde landets rikaste familjer.[1]

Det låg med andra ord i deras intresse – lika mycket som romarnas – att inga oroligheter uppstod som rubbade tingens ordning.

Som judisk ledare kunde översteprästen också motivera sin verksamhet med att om han inte skötte den snyggt tog romarna över, och romarna, visste man av erfarenhet, reagerade snabbt, hårt och okänsligt om de kände sina intressen hotade.

I Johannesevangeliet säger Kajafas att "det är bättre för er att en enda människa dör för folket än att hela folket går under"[2] – och i det låg faktiskt en sanning som en judisk ledare måste ta hänsyn till.

Kajafas tid som överstepräst varade i arton år. Från år 18 till år 36. Tio av de åren innehade Pontius Pilatus ämbetet som prefekt i Judeen. Ett långt samarbete således. Ett samarbete som måste ha fungerat till båda parters belåtenhet.

Evangelierna är på intet sätt samstämmiga om hur och när Jesus förhördes, annat än att det skedde förhör både av judiska och

---

[1] Och storväxta, skulle man kunna tillägga, emedan prästsläkterna till skillnad från befolkningen i övrigt alltid hade tillgång till kött i kosten genom alla offerdjur i templet.

[2] Johannes 11:50.

romerska myndigheter.[3] Vi måste återigen påminna oss om att författarna till dessa texter inte var där när det hände. När de återger vad som sägs och vad som sker vid rättegångarna hade de knappast tillgång till några vittnen eller förstahandsuppgifter. Alla som tillhörde Jesus krets hade ju övergivit honom och flytt. Var och en av evangelisterna har dessutom såväl ett teologiskt som ett pedagogiskt syfte med sina rättegångsskildringar.

I Markus- och Matteusevangeliet kan vi läsa om febril aktivitet redan under natten som ledde till fredagen. I hast sammankallades överste präster, det stora rådet och en mängd vittnen till en rättegång som tidigt på morgonen ledde till ytterligare en sammankomst innan de lät binda Jesus och föra honom till Pilatus.

Enligt Mishnas[4] förordningar om hur en rättegång skall gå till bryter rådet och översteprästerna mot snart sagt varenda regel som finns: de sammanträder om natten, de straffar inte dem som vittnat falskt, de låter inte Jesus försvara sig, de tillåter översteprästen att utöva påtryckningar på dem, och så vidare.[5]

---

[3] Alla evangelierna anger också att Petrus följer efter Jesus till översteprästens gård (trots den tidigare uppgiften om att alla flytt), där han sätter sig och värmer sig vid elden. Det kan vara svårt att förstå hur Petrus får sitta fredad vid elden hos översteprästen om han just skadat en av översteprästens närmsta män, men uppgiften om att det var Petrus som gjorde detta är ju sent tillkommen.

[4] Mishna är som tidigare nämnts en skriftsamling som reglerar hur Moses lag skulle tolkas i praktiken. Eftersom Mishna sammanställdes under andra århundradet kan man emellertid inte veta säkert att dessa regler var i bruk redan det år som Jesus avrättades. Någon forskare menar att inget ens hindrar att reglerna skrivits just för att komma till rätta med den korruption och orättvisa som rådde under det första århundradet. Man kan tänka sig att mycket tillämpats redan på Jesus tid men det är långtifrån säkert.

[5] Lukas vet för övrigt som enda evangelist att berätta att Pilatus skickar vidare Jesus – som ju är från Galileen – till Herodes som befinner sig i huvudstaden för högtiden. Efter ett resultatlöst förhör gör Herodes narr av Jesus och sätter på honom en praktfull mantel innan han skickas tillbaka till Pilatus igen. Lukas komponerar här skeendet så att det löper parallellt med den rättegång

Är det emellertid troligt att översteprästerna och Jerusalems maktelit skulle göra sig sådant besvär denna deras kanske mest hektiska vecka på året? Under torsdagen hade man övervakat slaktandet av tiotusentals påsklamm, fått templet och dess förgårdar tvättade och iordningställda för nästa dags verksamhet innan man gått hem och själva ätit påskmåltiden med sina familjer. Skulle man därefter verkligen skynda till en olaglig nattlig rättegång med inkallade falska vittnen för att tidigt nästa morgon tjänstgöra i templet igen?

Lukasevangeliet har insett problemet och berättar inget alls om någon nattlig rättegång. Där tas Jesus i förvar och först när det blivit dag samlas man till rättegång. Vilket stämmer bättre överens med judisk lagpraxis.[6]

Under rättegången frågar översteprästen Jesus: "Är du Messias, Guds son?"[7]

Kombinationen "Messias" och "Guds son" är inte känd i judisk teologi. Ingen överstepräst skulle kommit på tanken att formulera sig så. Tvärtom framstår frågan som en kristen bekännelse. "Messias, Guds son". Det var så Jesus skulle kallas av kyrkan.[8]

---

som i Apostlagärningarna hålls mot Paulus, där den romerska ståthållaren Festus finner Paulus oskyldig, men skickar honom vidare till den judiske kungen Agrippa (som var av Herodes släkt). Inte heller Agrippa finner Paulus skyldig. Festus och Agrippa säger till varandra: "Den mannen gör ingenting som förtjänar döden eller fängelse." (Apostlagärningarna 26:31) På samma sätt konstaterar Pilatus i Lukasevangeliet: "Jag har nu förhört honom i er närvaro men kan inte finna honom skyldig till något av det som ni anklagar honom för. Det kan inte Herodes heller, och därför har han skickat tillbaka honom till oss. Han har inte gjort något som förtjänar döden." (Lukas 23:14–15)

[6] Jfr Apostlagärningarna 4:3, där Petrus och Johannes grips och hålls i häkte över natten innan de förhörs "eftersom det redan var kväll".

[7] Matteus 26:63; Markus 14:61 (där Guds son i stället lyder "den Välsignades son").

[8] Titeln "Guds son" används inte om Jesus under hans livstid annat än av övernaturliga väsen, andar och demoner. Det är först när Jesus dött på korset

Hos Markus ger Jesus ett rakt svar på frågan.

Det är jag, och ni skall få se Människosonen sitta på Maktens högra sida och komma bland himlens moln.[9]

Matteus låter Jesus undvika ett direkt svar. Jesus kastar i stället tillbaka påståendet: "Du har själv sagt det",[10] innan han profeterar om den kommande Människosonen. Hos Lukas svarar Jesus lika undvikande: "Ni själva säger att jag är det"[11] och profeterar inte alls.

I alla evangelierna blir översteprästen emellertid lika uppbragt över svaret. Han sliter sönder sina kläder och konstaterar:

"Han har hädat. Vad skall vi nu med vittnen till? Ni har själva hört hädelsen. Vad säger ni?" De svarade: "Han förtjänar döden."[12]

Reaktionen kan synas märklig eftersom Jesus svar inte verkar inbegripa någon hädelse att tala om. Till skillnad från i Johannesevangeliet uttalar Jesus inte Gudsnamnet i synoptikerna. Lukas har dessutom uteslutit termen Messias och låter översteprästen bara fråga om Jesus är Guds son. Hela det judiska folket skulle i princip kunnat svara ja.

Blasfemi kunde emellertid också vara att någon gjorde anspråk på makt och befogenheter som hörde Gud till, och det kan Jesus ju verkligen anses ha gjort om uppgiften stämmer att han under rättegången jämställde sig själv med Gud och sade att de skulle

---

som titeln används om honom av en människa, nämligen den romerske officer som står vid korset och utbrister: "Den mannen måste ha varit Guds son." (Markus 15:39)

[9] Markus 14:62.
[10] Matteus 26:64.
[11] Lukas 22:70.
[12] Matteus 26:65–66.

få se "Människosonen sitta på Maktens högra sida och komma bland himlens moln".

Att Jesus kritiker menade att han överskred sina "befogenheter" var inget nytt och skedde långt tidigare än under rättegången. Redan i samband med att Jesus gett förlåtelse för synder hade rop på blasfemi hörts.

> Nu satt där några skriftlärda, och de tänkte för sig själva: "Hur kan han tala så? Han hädar ju. Vem kan förlåta synder utom Gud?"[13]

Anklagelsen om blasfemi var enligt evangelisten alltså något som förföljde Jesus under hela hans verksamma tid och blev slutligen det som det judiska rådet dömde honom för.

Men då står vi inför ännu ett problem. Om det verkligen var för blasfemi som Jesus dömdes borde han ha stenats, vilket var straffet för blasfemi. I Apostlagärningarna läser vi hur Stefanos stenas efter att han dömts för blasfemi och på så sätt blir den första "kristna" martyren.[14]

Jesus stenas inte. Han korsfästs. Varför?

Översteprästens fråga om vem Jesus ansåg sig vara – om den har någon historisk kärna – antyder att myndigheterna har kännedom om Jesus kungapretentioner, att Jesus predikat om ett omedelbart förestående kungarike, och rimligen är det också den oro man befarar kan utbryta hos folket, samtidigt som Jesus på något sätt hotat templet, som gör att man vill få honom undanröjd, och som vi skall se är anklagelsen som den romerska myndigheten riktar mot Jesus *inte* blasfemi, utan Jesus kungaanspråk. Pilatus förhör sig också om vem Jesus säger sig vara, men denna gång ställs frågan annorlunda.

---

[13] Markus 2:6–7.
[14] Apostlagärningarna 7:57–58.

Efter förhören och rättegångarna hos översteprästen förs Jesus enligt evangelietexterna till Pilatus, som var den som formellt måste fatta beslut om dödsdom.

Prefekten Pilatus var beryktad för sitt brutala och klumpiga styre. Vi nämnde tidigare den klagoskrift som skickades till den romerske kejsaren angående den rättslöshet och korruption som rådde under Pilatus regering, hans röveri och grymhet, de godtyckliga avrättningarna utan föregående rättegång.

Det första Pilatus gjorde när han tillträdde som prefekt i Judeen var att låta romerska trupper marschera in i Jerusalem nattetid med standar med kejsarens bild. Kejsaren dyrkades ju som en gudom och också själva standaren betraktades som heliga, religiösa föremål.

Judarna reagerade naturligtvis oerhört starkt. En folkmassa samlades utanför Pilatus residens i Caesarea och vägrade ge sig av. Efter fem dygn lät Pilatus sina soldater omringa folket med dragna svärd, men i stället för att ge upp blottade judarna sina nackar som tecken på att de hellre slaktades än lät sin religion och sin Gud förnedras.

Den gången lät Pilatus till slut avlägsna standaren och konflikten löstes utan blodspillan.

Värre slutade det när Pilatus lät ta pengar ur tempelkassan för att bekosta en akvedukt i Jerusalem. Templets pengar var ju helgade åt Gud och i judiska ögon var Pilatus handling vanhelgande. Den här gången backade inte Pilatus. Han lät civilklädda soldater beblanda sig med folkhopen som protesterade utanför hans residens och på signal från Pilatus gick de lös på de obeväpnade människorna med påkar och svärd. Somliga dog för soldaternas vapen, somliga i den panik som uppstod när folk försökte undkomma.

Att Pilatus till slut skildes från sitt ämbete var för att han låtit slakta obeväpnade pilgrimer i Samarien. Samarierna klagade till

Pilatus överordnade[15] som beordrade Pilatus att fara till Rom för att stå till svars för kejsaren och därefter hörs han aldrig mer av.

Det är till denne klumpige och brutala maktmänniska som Jesus skickas med rekommendationen att han bör avrättas. Det är denne Pilatus, en befälhavare som vi sett alltså gärna tog till övervåld och som öppet föraktade sådant som judarna höll heligt, som evangelisterna förvandlar till en rättrådig herre som förgäves kämpar för att skona den i hans ögon oskyldige Jesus från de blodtörstiga översteprästerna.

Varför gör evangelisterna det?

Kanske för att när evangelierna sätts samman har det börjat ligga i församlingarnas intresse att distansera kristendomen från sitt judiska ursprung.

Till del handlar det om bitterhet över att man inte vann gensvar från den judiska majoriteten när man spred budskapet om den korsfäste Messias.

Till del är det praktisk realpolitik.

Från att i början ha kunnat existera som en sekt inom judendomen och bitvis levt under dess vingars skydd – judendomen hade vissa privilegier inom romarriket såsom att man slapp offra till kejsaren och inte heller måste delta i stadsoffer och liknande som skulle gå emot judarnas religiösa övertygelse – blir det efter det judiska kriget angeläget att inte längre räknas som judisk. Judarna förföljs i hela riket. En särskild straffskatt läggs också på varje judisk vuxen.

De kristna var en illa ansedd grupp, men efter det judiska kriget blev judarna än mer illa ansedda. De kristna ledarna påbörjade därmed en lobbyverksamhet som syftade till att få kristendomen erkänd som en självständig religion.

Att framhäva judarnas del i avrättningen av Jesus och tona ner

---

15 Pilatus överordnade i regionen hette Vitellus och hade säte i Syrien.

romarnas var ett led i en sådan strävan. Det är därför Pilatus blir så till den grad oskyldig till Jesus lidande att vi i den kristna trosbekännelsen än i dag säger att Jesus blev pinad *under* Pontius Pilatus, inte *av*. Och det är därför det är judar som ropar att Jesus skall korsfästas och att dessa uttyckligen tar på sig skulden för det som sker.

Faktum är att det i en del av kristenheten utvecklades tankar om att Pilatus så småningom blev kristen och själv led martyrdöden. I somliga kyrkor hyllas han till och med som helgon, och det finns en legend som berättar att när Pilatus hustru bevittnat sin makes halshuggning under kejsar Nero i Rom, gladdes hon storligen när en ängel kom och tog Pilatus avhuggna huvud mellan sina händer.

Nu har vi som så ofta gått händelserna i förväg, men så blir det lätt när texterna själva häver sig ut ur den tid de säger sig skildra.

Tillbaka alltså till förhören av Jesus hos evangeliernas Pilatus långt innan den romerska myndighetspersonen blev ett kristet helgon.

Hos översteprästerna och rådet har anklagelsen som vi sett handlat om blasfemi och att Jesus på något sätt hotat templet, men hos Pilatus är anklagelsen i stället att Jesus påstått sig vara "judarnas kung".

Den fråga Pilatus ställer är det enda i alla fyra evangelierna där ordalydelsen på grekiska är densamma, och därför vill man gärna tro att formuleringen är mycket tidig.

Pilatus frågar: "Du är alltså judarnas kung?"

Jesus svarar: "Du själv säger det."[16]

Därefter tiger Jesus och uppfyller därmed profeten Jesajas ord om den lidande tjänaren som inte öppnar sin mun.[17]

---

[16] Markus 15:2, Matteus 27:11, Lukas 23:2, Johannes 18:33.
[17] Jesaja 53:7.

En annan anledning till tigandet – om det är historiskt riktigt – kan sökas i det faktum att vi inte vet på vilket språk Pilatus och Jesus talade med varandra. Pilatus talade knappast hebreiska och än mindre arameiska, som var det språk som Jesus talade. Kunde Jesus svara på grekiska?[18] Helt säkert inte på latin. Har vi här en maktens man som talar maktens språk och en fånge som faktiskt inte kan ge svar på tal, kanske av den enkla anledningen att han inte behärskar språket?

En Jesus som saknar ord att svara med.

När Jesus tiger vädjar Pilatus till honom att svara: "Har du ingenting att svara? Du hör ju hur de anklagar dig!"[19]

Enligt Lukas försvarar Pilatus till och med Jesus inför översteprästerna – och den folkmassa (!) som plötsligt infunnit sig: "Jag kan inte finna något brottsligt hos den här mannen."[20]

Översteprästerna står på sig. De påstår att Jesus hetsar upp folket i hela Judeen med sin undervisning, att han vill förhindra att man betalar skatt till kejsaren och att han säger sig vara Messias och kung.[21]

Pilatus försöker hitta vägar att slingra sig undan. Han skickar Jesus till Herodes men får tillbaka honom. Han håller sedan ett veritabelt försvarstal för Jesus räkning.

Jag har nu förhört honom i er närvaro men kan inte finna honom skyldig till något av det som ni anklagar honom för. Det kan inte Herodes heller, och därför har han skickat tillbaka honom till oss. Han har inte gjort något som förtjänar döden. Jag skall ge honom en läxa, sedan släpper jag honom.[22]

---

[18] Något litet hum om grekiska borde Jesus faktiskt ha haft.
[19] Markus 15:4.
[20] Lukas 23:4.
[21] Lukas 23:2, 5.
[22] Lukas 23:14–16. Herodes förhör återfinns bara i Lukas och har starka paralleller till en rättegång mot Paulus i Apostlagärningarna.

Pilatus finner också på att pröva en annan utväg. Han erbjuder sig att släppa en fånge och erbjuder folket att välja mellan Jesus och Barabbas.

Markus och därefter Matteus och Lukas påstår sig veta att Pilatus i samband med den religiösa högtiden varje år lät frige en fånge – vilket är en av alla övriga källor okänd sed och som skulle vara direkt dum enär prefektens uppgift är att behålla lugnet i staden – men nu erbjuder alltså Pilatus folket att välja mellan rövaren Barabbas och Jesus.

"Vill ni att jag skall släppa judarnas kung?"[23] frågar han uppmuntrande – och agerar på ett märkligt sätt själv som marknadsförare av Jesus, som ju av översteprästerna utpekats som oroshärd.

Barabbas beskrivs av evangelisterna som en man "som hade satts i fängelse för ett upplopp i staden och för mord",[24] och att släppa honom fri måste ses som ett grovt tjänstefel.

Flertalet forskare ifrågasätter historien om rövaren som Pilatus släpper fri. Dels för att det ingenstans bortom evangelierna finns bekräftat att man någonsin brukat en sådan sed. Dels på grund av själva namnet Barabbas.

Det betyder bokstavligen talat "Son till Fadern". I Matteus heter han dessutom Jesus.[25]

Jesus Barabbas.

Med andra ord: "Jesus, Faderns son".

Folkets val står alltså mellan "Jesus, Messias" och "Jesus, Faderns son". Två aspekter av samma person således!

Man märker också en utveckling mellan evangelierna vad det gäller Barabbas.

---

[23] Markus 15:9.
[24] Lukas 23:19.
[25] I somliga avskrifter stavas Barabbas med två r, Barrabbas, och skulle i så fall kunna betyda "Lärarens son" eller "Rabbinens son".

Det är faktiskt endast Johannes som uttryckligen kallar Barabbas rövare – *lēistēs*.[26] I den äldsta källan, Markus, sägs bara att: "Nu satt den som kallas Barabbas fängslad tillsammans med upprorsmännen som hade begått mord under oroligheterna."[27]

Vad för oroligheter evangelisten syftar på antas vara självklart för läsarna men har definitivt gått förlorat för oss i dag. Men eftersom man vet att det i Palestina under Jesus livstid var relativt lugnt och att det när evangelisten Markus skrev rådde fullt kaos, är det väl en rimlig gissning att den litterära skapelsen Barabbas med sitt starka och tydliga symbolspråk hamnat femtio år fel i tiden.

Det evangelisterna säger till sin samtid är: det judiska folket hade kunnat välja den fredlige Jesus Kristus väg, men de valde i stället rövaren Barabbas – och så gick det som det gick.[28]

Hur som helst, samma överstepräster som ville gripa Jesus i tysthet för att inte riskera upplopp hetsar nu folket mot Jesus och får dem att begära Barabbas fri. Pilatus börjar då föra en dialog med folkmassan. "Vad skall jag då göra med honom som ni kallar judarnas kung?" ropar han och "Vad har han gjort för ont?"

Men allt han får till svar är massans alltmer upphetsade rop: "Korsfäst honom! Korsfäst honom!"

Av fruktan för folket låter Pilatus då frige Barabbas och i stället piska Jesus och utlämna honom att korsfästas.[29]

Enligt Matteus tvättar han till och med symboliskt händerna

---

[26] Johannes 18:40.

[27] Markus 15:7.

[28] Berättelsen om Barabbas återfinns i alla fyra evangelierna och naturligtvis kan det finnas en historisk kärna bestående av att de romerska myndigheterna vid något tillfälle (behöver inte vara samma) lät släppa en annan Jesus, och att de kristna kan ha funnit det häpnadsväckande att deras egen och *oskyldige* Jesus minsann hade avrättats.

[29] Markus 15:12–15.

inför folket och säger att han är oskyldig till den här mannens blod. "Detta får bli er sak."

Men hela folket ropar: "Hans blod må komma över oss och våra barn",[30] och tar därmed på sig ansvaret för domen.[31]

Denna vers i Matteus har legat till grund för så mycket hat och grymheter mot det judiska folket genom tiderna. Evangelisten är emellertid inte själv antisemitisk. Israels Gud är visserligen en Gud som straffar i sin vrede, det har han gjort gång efter annan under historien, men mycket mer är han en mild och förlåtande Gud. Hans vrede är kortvarig medan hans förlåtelse är oändlig. Om det vittnar hela Gamla testamentet. Evangelisten kan mycket väl ha sett Jerusalems förstörelse några år tidigare som ett Guds straff för vad Jerusalems befolkning gjorde mot Jesus, liksom de judiska profeterna sett Guds straffdom i de tidigare nederlag Jerusalem lidit,[32] men det innebär verkligen inte att Gud tagit sin hand från sitt folk för eviga tider.

Johannesevangeliet går uppseendeväckande mycket längre i det här fallet. I sin iver att få Jesus avrättad förnekar översteprästerna till och med Gud, och det blir avgörande för Pilatus:

"Vi har ingen annan kung än kejsaren." Då utlämnade han Jesus åt dem till att korsfästas.[33]

Och detta hävdas av översteprästerna som inte skall ha andra härskare, någon annan kung, än Gud själv! "Judarna", som Johannes kallar dem, *avsäger sig* här sin tro och sin särställning som Guds egendomsfolk.

---

[30] Matteus 27:24–25.

[31] Eftersom Jesus dömts för blasfemi åligger det enligt Moses lag "alla" att se till att bestraffningen genomförs.

[32] Därav blodet på barnen, dvs den generation som upplevde templets förstörelse.

[33] Johannes 19:15–16.

Symboliken blir än starkare om vi minns att Johannes skriver för en församling vars medlemmar blivit uteslutna ur synagogorna.

Det finns ett alternativ till alla de dramatiska berättelser om förhören hos myndigheterna som leder fram till korsfästelsen: i Johannesevangeliet förekommer ingen rättegång alls. Jesus förs först till den gamla översteprästen Hannas för ett kortare förhör innan han förs vidare till Kajafas som är Hannas svärson, som i sin tur för Jesus vidare till Pilatus.

Rådet – sanhedrin – sammanträder hos Johannes långt tidigare för att diskutera fallet Jesus och redan då fattas beslutet att han bör dömas till döden.[34]

> Från den dagen var de fast beslutna att döda honom.
>
> Jesus vandrade därför inte längre öppet omkring bland judarna ... Men översteprästerna och fariseerna hade gett befallning om att den som kände till var Jesus fanns skulle anmäla det, så att de kunde gripa honom.[35]

Av evangelierna är det inte osannolikt att det är Johannes som kommer närmast hur det kan ha gått till. Jesus kommer till Jerusalem trots att han redan är efterlyst. Genom en av hans anhängare får myndigheterna en möjlighet att gripa honom.

Det blir ingen rättegång. Det finns inget sammankallat råd. Inga vittnen. Domen har redan fallit. Beslutet har redan fattats.

Kajafas skickar beväpnade män att hämta Jesus. Några korta frågor från Hannas, sedan vidare till översteprästen som var ansvarig för ordningen och hade den politiska makten i Jerusalem och sedan vidare till den romerska prefekten för det slutgiltiga avgörandet.

---

[34] Johannes 11:47–57.
[35] Johannes 11:53–54, 57.

Jesus var profet, och Israels profeter hade under seklen allt som oftast varit obekväma för att inte säga direkt farliga för de som hade makten. Dessutom kunde en profet egga massorna, så frön som om de fick gro kunde leda till oroligheter.

Allt som behövdes var troligen ett kort meddelande från den judiska överhögheten till den romerska: "Denne man kan utgöra en säkerhetsrisk. Den information vi har visar att han gör kungaanspråk och flera av hans handlingar har varit av uppviglande karaktär. Vi rekommenderar därför att mannen avrättas i avskräckande syfte, men att vi låter hans följe vara."

Men om det nu inte hölls någon egentlig rättegång mot Jesus – åtminstone inte med honom själv närvarande – varför i så fall skapa två stycken, en judisk och en romersk, i evangelierna?

Vi måste åter påminna oss om att evangelisterna inte bara skriver historia, utan också för sin egen samtid. Markus har strax före gripandet låtit Jesus varna dem som följer honom:

> Man skall utlämna er åt domstolar, och ni skall pryglas i synagogorna och ställas inför ståthållare och kungar för min skull, som vittnen inför dem.[36]

I de rättegångar mot Jesus som Markus sedan skildrar blir Jesus en förebild för de nyblivna kristna för hur man skall uppträda och agera. Jesus ställs till svars i synagogor (den judiska rättegången), inför ståthållare (den romerska rättegången) och kungar (förhöret hos Herodes i Lukasevangeliet).

Om vi håller i minnet att Markus ger ett rättesnöre för hur hans samtida bör agera vid förföljelse blir det lättare att förstå rättegångarna mot Jesus, och man kan också imponeras över hur pedagogiskt skicklig Markus är.

---

[36] Markus 13:9.

Markus skriver med viss sannolikhet sitt evangelium i Rom, där den församling han riktar sig till utsatts för grym förföljelse under kejsar Nero. Det är för att Markus egentligen skildrar sin egen samtid som han kan låta översteprästen ställa den anakronistiska frågan om Jesus bekänner sin tro på Jesus som Messias, Guds son.

Parallellt får vi höra Petrus på gården till översteprästens hus förneka Kristus. Vi får alltså två exempel, en god och en dålig förebild för hur man skall agera vid förhör.

Jesus svarar "Ja, det är jag" på frågan om han är Messias, den Välsignades son. Petrus däremot svär sig fri och bedyrar: "Jag känner inte den där mannen som du talar om!"[37]

Jesus bekänner modigt sin tro medan Petrus förnekar den, trots att han tidigare varit den förste att bekänna Jesus som Messias.

Men om Markus skriver för en församling som utstått förföljelse så skriver han ju också för sin tids Petrusar, de som inte utstått utfrågningarna, de som inte förmått tåla tortyren, de som avfallit – och hans budskap är att det ändå inte är för sent. På samma sätt som Petrus får en andra chans så kan de som föll för Neros förföljelse också få upprättelse och förlåtelse.

Den prövning Petrus utsätts för är också deras egen.[38]

---

[37] Markus 14:71. Omedelbart efter att Petrus förnekat Jesus tre gånger gal tuppen, precis som Jesus förutsagt. Hur bildade och belästa forskarna än är finns det ändå snäva gränser för vad vi faktiskt kan veta och fältet för spekulationer är enormt. Ibland blir "vetenskapen" till och med lite fånig. Det finns forskare som på fullt allvar hållit sig vakna om natten i vår tids Jerusalem för att notera vid vilken tid tupparna börjar gala, för att på så sätt kunna fastställa vid vilken tidpunkt på natten som Petrus förnekade sin mästare.
[38] Evangeliets skildring av Petrus är oväntad men spännande. Han är å ena sidan en ivrig och entusiastisk lärjunge, å andra sidan får vi följa honom när han tvivlar, tvekar och till och med förnekar Jesus och sin tro. De som läste evangelierna visste ju emellertid att Petrus ändå till slut fick kraften att följa

En kort summering ger sålunda vid handen att Jesus i och med sitt intåg i Jerusalem – oavsett när det sker – gör kungaanspråk som, tillsammans med de hot mot templet som han i ord och handling genomför, mycket väl kan ha räckt för att myndigheterna skall ha fattat beslut om att avlägsna honom, troligen i förebyggande syfte, för att förekomma oroligheter i den av pilgrimer översvämmade huvudstaden.

Evangelierna ger intrycket att Jesus efter dessa händelser fortfarande kommer och går som han vill i staden och i templet, men det är ingenting vi vet. Jesus kan ha anat att hans dagar var räknade, kanske hoppades och trodde han också att det var vid denna tidpunkt som Guds rike skulle bryta in och att hans roll var att påskynda Guds ingripande.

Troligen blir han förrådd av en av sina närmsta. Om han hette Judas är osäkert. Vari förräderiet bestod vet vi inte heller, om det var att leda mannarna rätt som var förrädarens uppgift eller om förräderiet bestod i att förse myndigheterna med information om Jesus kungaanspråk.

När Jesus grips flyr hans anhängare och skingras. Till vad som sedan sker finns inga vittnen.

Översteprästen Kajafas och prefekten Pilatus har ett väl fungerande och långvarigt samarbete. Att sammankalla till någon storslagen rättegång i helgtider är inte heller nödvändigt om ett sanhedrin redan kallats samman för att diskutera fallet Jesus och beslut redan fattats. Efter ett kort förhör av Kajafas förs Jesus sannolikt vidare till Pilatus med rekommendationen att avrättas. Pilatus verkställer domen med omedelbar verkan.

En folkmassa hyllar mirakelmannen Jesus från Nasaret som en kommande Messias. För att inte riskera upplopp grips han av översteprästens egen vaktstyrka tyst och effektivt under nat-

---

Jesus och bokstavligen ta sitt kors på sig när han led martyrdöden i Rom, och på så sätt kan han ändå fungera som en – ovanligt mänsklig – förebild.

ten. När morgonen gryr och staden vaknar till liv möts folkets förhoppningar om Messias av att deras man, deras utvalda, redan hänger, torterad och misshandlad, på korset, och ovanför hans huvud är ett hånande anslag fastsatt: JUDARNAS KUNG.

Tydligt. Brutalt. Effektivt. Kanske i onödan. Men för säkerhets skull.

25

KORSFÄSTELSEN

Den dömde måste själv – oftast naken – släpa sitt kors till avrätt-ningsplatsen, hetsad och knuffad av soldater. Avrättningsplat-serna runt om i Romarriket liknade varandra. De var placerade strax utanför staden, gärna nära en väg som ledde upp till en stadsport, eftersom meningen var att de korsfästa skulle visas upp. Där stod kors uppställda sedan tidigare med ruttnande lik fortfarande uppspikade, lik som fått armar och ben bortslitna av vilda djur och ansiktena sönderpickade av kråkor, djur som lockades till platsen av lukten av blod, avföring, urin och svett, en plats där de fick äta sig mätta.

De dömda visste att detta var vad som väntade när de nakna och misshandlade tvingades genom stadens gator, bärande sina kors – och med ett plakat om halsen där anklagelseakten stod, för det fall inte någon gick före den dömde och höll upp plakatet för alla att se.

Och överallt flugor.

Den fjärde plågan som Gud lät drabba Egyptens land var flug-svärmar, och det gisslet måste ha varit lätt att föreställa sig för de som hörde eller läste berättelsen ur Andra Mosebok. Ett av nam-nen på djävulen var också Beelsebul – "Flugornas Herre". När vi tänker oss en korsfästs lidande måste vi också räkna in flugorna som svärmar kring hans huvud och i hans sår. Vi måste tänka oss värmen. Svetten. Hur långsamt timmarna går.

Det står att de som går förbi Jesus smädar honom:

> Du som river ner templet och bygger upp det igen på tre dagar –
> hjälp dig själv nu och stig ner från korset.[1]

Också det var en del av straffet. Offret kunde korsfästas nära marken så att den straffade med sina händer fastspikade eller bundna var hjälplös och utlämnad åt spott och slag.

Vi föreställer oss gärna Jesus högt upplyft. Vi minns målningar av "nedtagningen" där man rest stegar och klättrat upp till den döde Frälsaren. Men det kors som Jesus hängdes på var kanske inte mer än dryga två meter högt.

I en text om aposteln Andreas från andra århundradet beskrivs hur den korsfäste, om han ännu var vid liv när natten föll, kunde ätas levande av hundar.

Dessutom var den korsfäste naken, hans blygd blottad för alla att se, vilket var en oerhörd skam i den judiska kulturen.[2]

I regel föregick upphängningen av tortyr och misshandel. Från första ögonblicket till det sista var syftet med korsfästning att plåga offret så utdraget och förnedrande som möjligt för att avskräcka andra från att göra sådant som misshagade myndigheterna.

Emellanåt kunde man mildra offrets plågor genom att ge den korsfäste parfymerat vin som skulle bedöva, eller krossa den korsfästes ben för att döden skulle komma snabbare som en befriare. Kunde den som hängde på korset inte stödja sig på benen kvävdes han relativt fort. Men ett extra straff kunde därmed också vara att *inte* krossa den dömdes ben och på så sätt förlänga den döendes plågor.

Av alla avrättningsmetoder var korsfästelse alltså den mest

---

[1] Markus 15:29–30.

[2] Det har föreslagits att romarna – av hänsyn till hur känsliga judarna var för nakenhet – skulle låtit korsfästa judar behålla något klädesplagg på, men det rimmar illa med att varje detalj i det utstuderat grymma korsfästelsestraffet gick ut på att maximalt plåga och förnedra offret.

häpnadsväckande grymma och förnedrande som den forntida världen kände till. För övrigt kunde även döda kroppar hängas upp. Det primära var inte att avrätta utan att skämma ut, vare sig offret levde eller inte.

Och på så sätt, som en brottsling, som en av samhällets minsta, dödade romarna Jesus, han som kallades Messias.

Nästan alla de detaljer som beskrivs i evangeliernas skildringar av korsfästelsen går att spåra tillbaka till olika gammaltestamentliga texter. Om det råder inga tvivel. Åsikterna går isär vad det gäller vilka detaljer som återger ett historiskt minne som sedan givits en gammaltestamentlig referens, och vilka som är gammaltestamentliga texter som historiserats och blivit till "minnen".

Vad som står alldeles klart är att vi i evangelierna erbjuds litterära texter – som försöker gripa tag i och beröra läsaren med de metoder som en författare har att ta till. Därmed inte sagt att författaren med nödvändighet far med osanning. Också om jag som författare beskriver ett aldrig så verkligt minne måste jag använda litterära referenser för att levandegöra mitt minne. Det är så språket fungerar.

Så småningom går inte minnet och det återberättade minnet att skilja åt. Detaljerna vi fyllde i längs med vägen blir verkliga och levande för oss.

Liksom när vi diskuterade födelseberättelserna måste vi också hysa respekt för att den mytologiska sanningen under stundom bär på en djupare och till och med mer angelägen berättelse än den historiskt korrekta.

Min egen enkla mening är att evangelisterna knappast kan ha trott sig, ha varit intresserade av eller ha avsett att återberätta ett exakt historiskt förlopp. I så fall hade de inte kunnat tillåta sig att ändra, utesluta och lägga till i den utsträckning som de gjort. Det vore direkt cyniskt att ha tillgång till hela den korrekta historien om Messias lidande och död men välja att ändra i den efter eget gottfinnande och för att passa sina egna syften. Evangelisterna var inga cyniker. De var djupt engagerade och djupt troende kristna. Ett exempel är Jesus sista ord i livet. Antikens värld lade stor vikt vid en döendes sista ord. Om vittnen verkligen funnits är detta något man helt säkert hade memorerat. Men evangelierna är helt oense.

Uppenbarligen kan bara en av dem – om någon – ha rätt. Innebär det att de andra far med osanning?

Skulle Lukas – som känner till Markus text – tillåta sig att ändra vad denne påstår är Jesus sista ord ifall han verkligen trott att Markus återger vad som verkligen sagts.

Lukas underkänner vad Markus skriver. Han vet att Markus citerar en psalm. Det är vad Lukas också låter Jesus göra – men han väljer att citera en annan psalm.

Hos Markus säger Jesus: "Min Gud, min Gud, varför har du övergivit mig", medan han hos Lukas säger:"Fader, i dina händer lämnar jag min ande." Enligt Johannes citerar Jesus ingen psalm, utan säger som sista ord: "Det är fullbordat."[3]

Skulle olika personer ha hört helt olika saker och sedan återberättat dem på var sitt håll?

På samma sätt anges texten på plattan, som fästs på korset och anger brottet Jesus dömts för, olika i alla evangelierna inklusive det apokryfiska Petrusevangeliet.

Denna inskription är den enda text som skrivs om Jesus under hans livstid, och ingen vet alltså exakt vad som där stod.[4]

Så mycket för ögonvittnen och dess tillförlitlighet.

---

[3] Markus 15:34, Lukas 23:46, Johannes 19:30.

[4] Enligt Johannes skrevs "Jesus från Nasaret, Judarnas kung" på tre olika språk – hebreiska, latin och grekiska – Guds språk på vilken den judiska bibeln är skriven, maktens språk och den nya kristendomens språk om man så vill. Flerspråkiga inskriptioner förekom visserligen i antiken men förbehölls i regel kungar och kejsare.

När vi nu följer evangelisternas olika versioner av korsfästelsen skall vi också försöka se från vilka textställen i Gamla testamentet som detaljerna är hämtade. Men om det emellanåt verkar som om jag avfärdar händelserna som litterära skapelser vill jag betona att det gör jag verkligen inte.

Korsfästelsen är inget påhitt.

Korsfästelsen ägde rum med allt vad det innebar.

Svetten. Flugorna. Nakenheten. Värmen.

Kroppar upphängda, uppspikade, uppfläkta. Utlämnade. Blod, urin och avföring som klibbar fast vid de döende, som jämrar sig och vrider sig med strupar hopssnörpta av törst. Hundarna som nafsar efter dem och väntar på att få börja äta. Fåglarna som kretsar över dem. Pöbeln som hånar och spottar och lever ut sin vrede mot de hjälplösa dömda.

Den långsamma utdragna döden som Jesus led är ingen litterär skapelse. Det är ett av de få ting vi med absolut säkerhet kan säga om Jesus.

Mannen som predikade Guds rike och Guds allomfattande kärlek, som uppmanade oss att älska till och med våra fiender och be för dem som förföljer oss dog en brottslings fruktansvärda död på korset.

Kanske var det så att man inte visste exakt hur det var när Jesus korsfästes, men man visste att när någon korsfästes innebar det misshandel, tortyr och förödmjukelse.

Man studerade sitt förflutna för att förstå sin samtid och sin framtid. I denna tradition hade hela det judiska tänkandet utvecklats.

Därför letade man nu i sina gamla texter efter ställen där rättfärdiga oskyldigt drabbades av lidande.

Såväl i Psaltaren som hos Jesaja står det om Herrens tjänare som oförskyllt lider för att sedan upprättas av Gud. Det är inte svårt att förstå att de Jesustroende kunde läsa in sin mästares öde i dessa texter. Profeten Jesaja skriver:

han var beredd att dö
och blev räknad som syndare,
när han bar de mångas skuld
och bad för syndarna.[5]

Jag lät dem prygla min rygg
och slita mig i skägget,
jag gömde inte ansiktet
när de skymfade mig och spottade på mig.[6]

Visst motsvarade detta vad som hade hänt Jesus!

Spottandet är för övrigt en viktig detalj som också kan ha lett de första Jesustroende vidare i sitt sökande.

Mycket snart började nämligen de kristna teologerna sätta likhetstecken mellan Jesus död på korset och försoningsoffret som gjordes på Yom Kippur.[7] På försoningsdagen offrades två djur, en getabock som tillföll Gud och som offrades som ett syndoffer, och en getabock på vilken folkets synder lades och sedan jagades iväg ut i öknen till demonen Asasel som ett försoningsoffer.

Så som ritualen hade utvecklats genom seklen ingick också att spotta på syndabocken och sticka den. Man spottade ur sig sina

---

[5] Jesaja 53:12.
[6] Jesaja 50:6.
[7] Att kristna tidigt tolkade Jesus martyrium genom 3 Moseboks försoningsoffer framgår exempelvis av Barnabas epistel som skrevs någon gång mellan år 70 och 130, där det görs en direkt och tydlig koppling, eller i Justinus Martyrens efterlämnade texter några decennier senare. I det kristna tänkandet kom de två djuren som offras att stå för Kristus offerdöd och Kristus återkomst.

synder på djuret, man stack sina synder i det, och bocken tog med sig dem ut i öknen. Och om vi läser evangelierna är det också så man behandlar Jesus. Enligt Markus både vid den judiska rättegången och den romerska.

Och några började spotta på honom, de band för ögonen på honom och slog honom ...[8]

De slog honom i huvudet med en käpp, spottade på honom och föll på knä och hyllade honom.[9]

Misshandeln och förnedringen av Jesus liknar också sedvänjan att kröna en kung för en dag som man först hyllar och sedan förnedrar. Sådana ritualer har brukats i en mängd kulturer och tider.

De tog av honom kläderna och hängde på honom en röd soldatkappa och vred ihop en krans av törne och satte den på hans huvud och stack en käpp i högra handen på honom. Sedan föll de på knä för honom och hånade honom och sade: "Leve judarnas konung."[10]

Förutom att vi också här har referenser till ritualen med bockarna på Yom Kippur så som den hade utvecklats med åren, finns referenser till profeten Sakarja som beskriver hur översteprästen Josua kläs av och kläs på och kröns i en ritual som skall befria från skuld.

---

[8] Markus 14:65.
[9] Markus 15:19.
[10] Matteus 27:28–29.

"Ta av honom de smutsiga kläderna!" Och han sade till Josua: "Jag befriar dig från din skuld och du skall kläs i högtidsdräkt." Sedan befallde han: "Sätt på honom en ren turban."[11]

Att de tidiga kristna teologerna fastnade för denna text ur profeten Sakarja är inte svårt att förstå, särskilt som den några rader senare talar om Messias som skall komma, och att Gud då skall förlåta all synd.

Jag skall utplåna landets skuld på en enda dag.[12]

Ytterligare lite senare skriver Sakarja: "Den som de har genomborrat skall de sörja som man sörjer sin ende son",[13] och i den texten kunde man naturligtvis läsa in såväl spikarna som drivits genom Jesus händer som taggarna från törnen i kransen som sattes på hans huvud. I Johannesevangeliet sticker en romersk soldat Jesus i sidan med en lans när han är död,[14] och evangelisten gör en direkt referens till just den här textraden av Sakarja.

---

[11] Sakarja 3:4–5.
[12] Sakarja 3:9.
[13] Sakarja 12:10.
[14] Johannes 19:34–37. Soldaten som sticker sin lans i Jesus heter enligt traditionen Longinus och blir sedermera frälst och martyr. Spjutspetsen bevaras i S:t Peterskyrkan i Rom. Johannes lyckas i denna passage få in ytterligare en detalj som påminner oss om att Jesus för evangelisten är ett påsklamm: Eftersom sabbaten närmar sig skall man krossa benen på de korsfästa för att påskynda deras död – genom kvävning. Då upptäcker man att Jesus redan är död. Soldaten sticker sin lans i sidan på Jesus som en försäkring och låter sedan bli att krossa hans ben. Detta uppfyller enligt Johannes en vers ur den 34:e psalmen som lovar att Herren räddar den rättfärdiga från allt. "Han skyddar varje ben i hans kropp, inte ett enda skall krossas." (Psaltaren 34:21) Detta kan verka en aning märkligt eftersom Jesus ingalunda blivit räddad från allt, utan torterad, korsfäst och dödad. Vad Johannes framför allt gör här är att än tydligare visa att Jesus är det nya och fläckfria påskoffret, om vilket det i Torah beordras att "inget ben får krossas." (2 Mosebok 12:46)

Alla dessa detaljer fördjupade de första kristnas förståelse av Jesus lidande och död, men det är högst tveksamt om dessa fruktansvärda detaljer är ekon av konkreta historiska minnen. Det är inte omöjligt, men nära inpå.

I min barndom föreställde jag mig ofta att Jesus förlät sina bödlar just som de spikade fast hans händer på korset. Jag ryste och kunde både se och höra det fruktansvärda ske: de grova nästan bultliknande spikarna, Jesus vita, mjuka, sårbara hand, hur han ligger utsträckt på marken under korset, de romerska soldaterna i sina uniformer på huk vid honom, koncentrerade på att fullfölja sin hemska uppgift att driva dessa kraftiga spikar genom hans händer, som när man nålar fast en fjäril, som när vi med barns grymhet sköt träff på småkrabbor med pilbåge nere vid bryggorna på Koster en sommar och naglade fast dem att sprattla mot sjöbotten, och så samtidigt Jesus ljusa milda blick, hans överjordiska godhet, hans fullständigt obegripliga kärlek, hans låga, mjuka röst som sedan överröstas av hammarens slag: "Fader, förlåt dem, de vet inte vad de gör."

Det var så det gick till. Det var så jag såg det framför mig.

Men läser jag evangeliernas skildringar av korsfästelsen finner jag att det ingenstans står att Jesus spikas fast vid korset. Han kan lika gärna ha bundits!

Det är först när den återuppståndne Jesus beskrivs i det sist tillkomna Johannesevangeliet som det uttryckligen talas om spikhål,[15] och det är samma evangelist som citerar profeten Sakarjas "Den som de har genomborrat skall de sörja ..."

Ändå kan jag inte frigöra mig från bilden där Jesus spikas fast

---

[15] Johannes 20:25. I Lukasevangeliet ber den återuppståndne Jesus lärjungarna att se på hans händer och fötter för att bevisa att han inte är någon ande, men det sägs ingenting om spikhål.

i det där oerhörda ögonblicket av gudomlig nåd då Jesus förlåter sina bödlar.

Jag hör hammarslagen falla. Jag ser de grova spikarna mot frälsarens hand.

Ingenstans står att det var så. Kanske var det så. Vi vet inte. Men för mig är det så verkligt att det nästan är ett minne.

Enligt Markus får Jesus hjälp att bära korset till Golgota,[16] där han erbjuds parfymerat vin som skall bedöva smärtan. Jesus tar inte emot vinet eftersom han nu accepterat att dricka den bägare som han i Getsemane bett om att få avstå ifrån. Soldaterna delar hans kläder mellan sig genom att kasta lott om dem. På var sida om honom korsfästs två rövare. De som går förbi smädar honom

---

[16] En del av straffet vet man var att själv bära sitt kors till avrättningsplatsen, vilket talar emot att Jesus fick någon hjälp. Enda anledningen till att han möjligen ändå kan ha fått hjälp är om han blivit så svag av tortyren att de romerska soldaterna befarade att han skulle dö innan korsfästelsestraffet hunnit verkställas. Markus formulering för med sig flera frågetecken: "En man som just kom förbi på väg in från landet, Simon från Kyrene, far till Alexandros och Rufus, tvingade de att bära hans kors." (Markus 15:21) Enligt Markus tidsangivelser är det ju sabbat och mannen tvingas alltså till arbete på sabbaten, vilket borde ha upprört hela staden. Mannen borde inte ens ha kunnat gå så långt på sabbaten (han var ju på väg in från landet). En lösning på det problemet är att Markus har fel i tidsangivelsen, alternativt att mannen inte är jude. Simon var ett vanligt namn också i grekiskan och namnen på sönerna, Alexandros och Rufus, klingar grekiskt. Någon har här velat se en iscensättning av Jesusordet om att den som vill följa Jesus skall plocka upp sitt eget kors, men det är långsökt. De som menar att detaljen har en historisk kärna menar att sönerna tillhört den kristna gemenskapen, men det är ju svårt att bevisa. Kring såväl Simon som hans söner vävdes det för övrigt med tiden mängder med legender, som så ofta när sakuppgifterna är knappa och otillfredsställande. Den kanske otäckaste historien om Simon återfinns i en gnostisk text där Jesus byter identitet med Simon och står skrattande vid korset där Simon hänger. I Johannesevangeliet står avslutningsvis att Jesus själv bar ut sitt kors, men Johannes Jesus gör å andra sidan allting själv, som vi märkt.

och skakar på huvudet och säger: "Du som river ner templet och bygger upp det igen på tre dagar – hjälp dig själv nu och stig ner från korset."[17] Och Matteus lägger till att också översteprästerna, de skriftlärda och de äldsta säger: "Han har satt sin lit till Gud. Nu får Gud rädda honom, om han bryr sig om honom. Han har ju sagt att han är Guds son."[18]

Scenerna som evangelisterna målar upp är med stor exakthet hämtade ur Psaltarens 22:a psalm:

> Alla som ser mig gör narr av mig,
> de hånler och skakar på huvudet:
> "Han har överlämnat sig åt Herren,
> nu får Herren gripa in och rädda honom
> – han är ju älskad av Herren."[19]

> De står där och stirrar på mig,
> de delar mina plagg emellan sig,
> de kastar lott om mina kläder.[20]

I detalj efter detalj följer passionsberättelsen den kända psalmen. Återigen: evangelierna är inga exakta ögonvittnesskildringar, och vore de det skulle de diskvalificera sig själva i samma ögonblick eftersom den judiska lagen krävde att vittnesmål måste vara överensstämmande för att dom skulle kunna fällas.

Men om vi lär oss mer om vad de olika symbolerna och bil-

---

[17] Markus 15:23–30.
[18] Matteus 27:43. Att översteprästen, som under påsken tjänstgjorde i templet, skulle riskera att bli oren genom att vistas på en avrättningsplats är för övrigt inte tänkbart över huvud taget. Översteprästen fick inte ens närvara vid begravningar i den egna familjen.
[19] Psaltaren 22:8–9.
[20] Psaltaren 22:18–19.

derna står för kan vi fördjupa vår förståelse för det mysterium som korsfästelseberättelsen har blivit. Ta till exempel att Markusevangeliet beskriver att när Jesus hänger på korset blir det mörkt som på natten fast det är dag.

Vid sjätte timmen föll ett mörker över hela jorden och varade till nionde timmen.[21]

Man kan tycka att det är märkligt att det, i en värld som trodde på järtecken och omen och läste in en mening i varje naturfenomen, inte finns någon enda förutom evangelisterna flera årtionden senare som kände till att ett sensationellt, oförklarligt mörker fallit över hela jorden.

Det inföll ingen solförmörkelse den här dagen, så det är inte vad det är frågan om.

Alltså får vi söka efter mörkret hos profeterna och finner det tydligast hos skriftprofeten Amos som ger följande beskrivning av Herrens dag:

Ja, Herrens dag är mörker, inte ljus,
töcken utan en strimma sol.[22]

En av de vanligast förekommande gudsbilderna i Gamla testamentet är den där Gud slåss mot kaosmakterna. Gud besegrar havet genom att skapa stranden som gräns. Gud besegrar natten genom att skapa gryningen som gräns.

När Markus låter mörker falla över jorden är det en symbol för att kaosmakterna nu för en kort tid regerar.

Det är samma mörker som Johannes låter Judas gå ut i för att förråda Jesus och han konstaterar: "Det var natt." Det är samma

---

[21] Markus 15:33.
[22] Amos 5:20.

mörker som Lukas låter Jesus tala om när han grips: "Men detta är er stund, nu har mörkret makten."[23]

Ja, mörkret faller över hela jorden. Kaos råder, ondskan regerar – tills påskdagens gryning bryter in och graven är tom.[24] Mörkret är ett av många eskatologiska tecken på att den sista tiden är inne.

Det är vad evangelisterna berättar.

Det är fullt möjligt att Jesus inte korsfästes ensam. Om det vet vi egentligen ingenting. Markus skriver att två rövare korsfästs på var sida om Jesus och att båda deltar i skymfandet av Jesus.

Hos Lukas utnyttjas detaljen om de två rövarna för att åter belysa och fördjupa Guds gränslösa kärlek.

> Den ene av förbrytarna som hängde där smädade honom och sade: "Är inte du Messias? Hjälp då dig själv och oss." Men då tillrättavisade honom den andre: "Är du inte ens rädd för Gud, du som har fått samma straff? Vi har dömts med rätta, vi får vad vi har förtjänat. Men han har inte gjort något ont." Och han sade: "Jesus, tänk på mig när du kommer med ditt rike." Jesus svarade: "Sannerligen, redan i dag skall du vara med mig i paradiset."[25]

---

[23] Lukas 22:53.

[24] En förklaring till att mörkret faller har varit att det är ett gudomligt ingripande som skall "dölja" det faktum att Guds son är korsfäst naken. Mörkret är helt enkelt till för anständighetens skull.

[25] Lukas 23:39–43. Lukas kan ha hämtat inspiration från 1 Moseboks berättelse om hur Josef tyder drömmar åt Faraos munskänk och bagare som båda hamnat i fängelset. Den ene skall enligt Josef bli upplyft och återupprättad av farao och bli belönad, den andre skall också bli upplyft, men korsfäst och mat åt fåglarna. Josef ber också den man som skall släppas fri att minnas honom när han återvunnit sin plats hos kungen. (1 Mosebok 40) Jämför rövaren som ber Jesus att tänka på honom när han kommit till sitt rike.

Denna förbrytare är den enda människa i något av evangelierna som någonsin tilltalar Jesus så intimt, så direkt.

Med ett enkelt "Jesus".

Annars kallas Jesus alltid och utan undantag "Herre", "rabbi", "mästare", "Davids son" och liknande.

Nu när allt ställts på sin spets, då allt annat skalats av, allt annat är borta, tilltalar en syndare Jesus med bara förnamnet, och Jesus svarar med samma intimitet.

Det är svindlande.

Utan att tveka lovar Jesus den dömde inte bara att få komma till paradiset, utan också att få vara tillsammans med Jesus själv, och orden till den lidande, döende rövaren är de sista Jesus säger till en annan människa.

Man undrar varför i all världen, om det verkligen fanns ögonvittnen som återberättade vad de sett under korsfästelsen, dessa vittnen skulle utesluta en sådan underbar historia. Eller om vittnena inte uteslöt den, varför Markus, Matteus eller Johannes undlät att ta med den? Enligt Markus deltog båda de korsfästa i smädandet, medan Johannes bara meddelar att där hänger andra jämte Jesus.

Inte att de är rövare, inte att de deltar i smädandet på något sätt, än mindre att någon av dem tar Jesus i försvar.[26]

Den enklaste och troligaste förklaringen är att berättelsen om rövaren som Jesus tar med sig till paradiset är en del av Lukas teologiska agenda snarare än en återgiven historisk sanning. Att den tillhör en tradition som berättades i den församling författaren till Lukasevangeliet tillhörde.

Ändå menar jag att berättelsen rymmer en av de mest rörande utsagorna om Guds kärlek som vi finner i bibeln. För mig är

---

[26] Också i det apokryfiska Petrusevangeliet är den ene rövaren ångerfull och tillrättavisar dem som smädar Jesus och säger att han är oskyldig. Som straff får denne rövare inte sina ben krossade, för att därmed dö långsammare och mer smärtsamt och blir på så sätt den första kristna martyren.

dessa Lukasverser absolut sanna: tillsammans med en syndare som vare sig gjort bot eller omvänt sig gick Jesus in i paradiset.

Alldeles innan Jesus dör erbjuds han i alla evangelierna något att dricka.

I bakgrunden ekar tydligt ytterligare en vers ur Psaltaren som i 1917 års bibelöversättning lyder: "De gav mig galla att äta och ättika att dricka i min törst."[27]

I det apokryfiska Petrusevangeliet, där det är det judiska folket som dödar Jesus, blir judarna oroliga när mörkret faller och Jesus inte är död. Lagen kräver ju att den som hängts upp på en påle inte blir kvar över natten.[28]

Man löser problemet genom att ge Jesus galla och ättika att dricka för att påskynda hans död och kunna få ner kroppen från korset.

Markusevangeliet beskriver det annorlunda. Jesus erbjuds först kraftigt parfymerat vin – som skall bedöva honom och mildra smärtan – men Jesus avböjer. När han så småningom närmar sig döden och i ångest upphäver sitt förtvivlade rop på arameiska: "Eloi, Eloi, lema sabachtani?"[29] – Min Gud, min Gud, varför har du övergivit mig? – missuppfattar någon honom och tror att han ropar på profeten Elia.[30]

---

[27] Psaltaren 69:22. I bibelöversättningen från 2000 är lydelsen något annorlunda.

[28] "Du måste begrava honom samma dag, ty den som hängs upp är förbannad av Gud, och du får inte besudla det land som Herren, din Gud, vill göra till din egendom." 5 Mosebok 21:23.

[29] Markus 15:34.

[30] Det finns ett pinsamt problem med Markus hänvisning till profeten Elia. På arameiska är "Elia" inte alls särskilt likt "Min Gud", och det vore mycket underligt om åhörarna trott att Jesus åkallat Elia. Matteus inser problemet och översätter tillbaka texten till hebreiska i stället för arameiska där "Min Gud" – *Eli* – möjligen är mer likt Elia.

En av dem sprang bort och fyllde en svamp med surt vin, satte den på en käpp och gav honom att dricka och sade: "Låt oss se om Elia kommer och tar ner honom."[31]

Att i det här ögonblicket ge Jesus något att dricka är för att hålla honom vid liv för att se vad som händer. En akt av nästan barnslig grymhet med andra ord.

Också enligt Matteus erbjuds Jesus att dricka, men i stället för parfymerat vin ges han vin blandat med galla så att Psaltarversen blir mer korrekt återgiven. Svampen med det sura vinet kopierar Matteus därefter från Markus.

Lukas utesluter detaljen att Jesus förtvivlat ropar efter Gud. Hos Lukas tappar Jesus aldrig sin förtrolighet med "Fadern". I stället räcker soldaterna honom surt vin att dricka som ett sätt att göra narr av honom.

I Johannes slutligen skriker Jesus som vi kanske förstår inte heller ut någon förtvivlan. Han begär något att dricka enbart för att uppfylla något av de olika textstycken i Gamla testamentet som talar om törst. Jesus har ju i Johannesevangeliet fullständig kontroll över varje skeende. De soldater som ger honom det sura vinet gör det som lydande betjänter snarare än narrande och smädande.

Men Johannes vore inte Johannes om han inte lyckades smyga in ytterligare en symbol:

De satte därför en svamp som doppats i det sura vinet på en isopstjälk och förde den till hans mun.[32]

Isop är den växt med vilken hebreerna skulle stryka påsklammets blod på sina dörrar för att dödsängeln skulle skona deras förstfödda i Egypten.

---

[31] Markus 15:36.
[32] Johannes 19:29.

Gå och hämta var sitt lamm åt era familjer och slakta det som påskoffer. Tag sedan en knippa isop och doppa den i skålen med blodet och stryk lite av blodet på tvärbjälken och de båda dörrposterna.[33]

Johannes gör här alltså ytterligare en referens till Jesus som påsklammet som räddar oss genom sitt blod.

Inte en historisk sanning, men en teologisk.

Det märkliga är att det är när evangelisterna tydligast refererar till gammaltestamentliga texter som de lyckas göra passionsberättelsen verklig och angelägen för oss. Det är i de "lånade" detaljerna om rövarna som smädar Jesus, om soldaterna som spelar tärning om hans kläder, om de förpipasserande som hånar honom, om det sura vinet som han tvingas att dricka, som historien blir så skakande och sann.

Även om uppgiften att Jesus bjuds galla och ättika att dricka nästan säkert är hämtad från den 69:e psalmen, finns det något realistiskt över hur Jesus skriker i förtvivlan och någon tvingar in en svamp med dåligt vin i hans mun för att fukta den och förlänga hans lidande. (Emellertid knappast fäst på en isopstjälk emedan en sådan näppeligen skulle kunnat bära upp en vinfylld svamp.)

Och visst är det möjligt.

För till skillnad från förhör hos översteprästen eller den romerska prefekten var avrättningar offentliga tillställningar.

De var avsedda för publik.

Det är visserligen osäkert om den dömdes familj eller närmsta krets tilläts närvara, men det är inte omöjligt att andra som kände Jesus kan ha funnits på plats, om än på lite avstånd.

Sådana som ändå inte blev sedda, tagna på allvar eller som accepterades som vittnen i en domstol: kvinnorna.

---

[33] 2 Mosebok 12:21–22.

Längre bort stod också några kvinnor och såg på, och bland dem var Maria från Magdala och den Maria som var Jakob den yngres och Joses mor och Salome. De hade följt med honom och tjänat honom när han var i Galileen. Och där var många andra kvinnor, de som hade gått med honom upp till Jerusalem.[34]

Just att det är kvinnorna som vågat sig till avrättningsplatsen gör att det är en smula mer troligt. Det är inte Petrus, Jakob och Johannes, det är inte Jakob, Jesus bror, det är inte Tomas, det är inte någon av de män som skulle inta ledarpositioner i den första kyrkan. Det är ingen av männen som med auktoritet skulle kunna vittna om vad de sett och hört.

Det är kvinnorna.

Sådana som inte förväntades visa sig offentligt om de inte ledsagades av en make, en far eller en bror. Kvinnor som inte godkändes som vittnen i en romersk domstol, kvinnor som i den kristna världen så småningom skulle erkännas som människor endast för att de var skapade av Adams revben, kvinnor som inte skulle erkännas som lärjungar av kyrkan, utan dömas ut som horor.

Det brukar hävdas att ingen evangelist skulle ha hittat på detaljen med kvinnorna, ingen skulle angivit en kvinna som vittne om det fanns något som helst val. Just för att de var de minst önskvärda är de också de mest sannolika och trovärdiga.

Längre bort stod några kvinnor och såg på.[35]

På lite avstånd.

Just så att man inte uppfattar allt som sägs eller görs alldeles

---

[34] Markus 15:40–41.

[35] Det är inte alldeles självklart att den romerska övermakten skulle tillåta vänner och familj i den dömdes närhet. Johannesevangeliets skildring av Jesus mor och en lärjunge alldeles nedanför korset är inte trolig (och mycket tydligt teologisk). Skulle därför anhängare ha vågat sig till avrättningsplatsen är det nog just så här, på avstånd och utan att våga ge uttryck för sina känslor.

nära Jesus, men inte längre bort än att man ser hur soldaterna sliter av Jesus paltorna, hur de spikar fast honom på korset och reser det, inte längre bort än att de hör Jesus skrika på Gud som övergivit honom, inte längre bort än att man ser någon fiffig människa komma på att fukta en svamp med vin och trycka in i Jesus mun.

Så dör Jesus.

Johannes, som befinner sig på längst avstånd, ser bara kungen Jesus, han som personligen övervakat och organiserat det egna offret och som när tiden är inne fullt behärskat utropar att det är fullbordat och sedan överlämnar sin ande och dör.

Lukas låter Jesus dö i förtröstan och tillit till fadern, citerande en psalm i Psaltaren som användes av judarna som kvällsbön: "Fader, i dina händer lämnar jag min ande."[36] Kanske är det inte passande för Messias att dö i förtvivlan.

Markus, den av evangelisterna som åtminstone i tid räknat befinner sig närmast, har en helt annan bild av vad som hände.

Hos Markus möter Jesus döden i mörkret.

Ingenting är som han har trott. Ingenting är som han lärt ut, som han har hoppats.

Gud ingriper inte. Hans änglar kommer inte till undsättning genom himlarna. Riket är en hägring, en kort men lycklig dröm. Han har haft fel. Riket skulle inte komma, åtminstone inte nu, och han själv skulle inte spela någon roll i det.

I mörkret ropar Jesus till sin Gud. Han skriker efter honom.

"Min Gud, varför har du övergivit mig?"

Detta är det enda som han förstår, det som tränger igenom den kroppsliga smärtan.

---

[36] Lukas 23:46. Jfr Psaltaren 31:6: "Jag överlämnar mig i dina händer. Du befriar mig, Herre, du sanne Gud." Lägg märke till att hos Lukas förlorar aldrig Jesus den förtroliga kontakten med Gud, utan kallar honom "fader" genomgående också under korsfästelsen – till skillnad från hos Markus.

Att han har haft fel. Att han är fullständigt övergiven. Att Gud, som han kallat för abba – fader – förnekar sin son.

Nu vågar han inte tilltala gudomen med den intimitet och förtrogenhet han alltid gjort. Gud är inte längre föräldern, utan bara den helige, starke, avståndstagande Gud.

Och mer än så, Gud förbannar honom.

"... ty den som hängs upp är förbannad av Gud ..."[37] Så lyder Guds heliga lag.

Han är av Gud hatad och förbannad.

Hans sista ord är "varför?"

Varför?

I denna ovisshet avlider han. Med ett ångestrop ger han upp andan. Denna gång hör ingen vad han säger.

Det är så Markus beskriver det.

Med ett högt rop slutar Jesus att andas.[38]

Med det höga ropet lämnar anden Jesus på samma sätt som de orena andarna på Jesus befallning tidigare lämnat sina offer med ett högt rop.[39] Samtidigt i templet brister förhänget som avskiljer det allra heligaste, det rum in i vilket bara översteprästen får gå, och bara en enda dag på året, på försoningsdagen, det allra heligaste, rummet där Gud är – det förhänget brister i två delar när Jesus dör, och nu kan inget skilja Gud från människan mer.

När förhänget går itu lämnar Gud sitt tempel. Från och med nu är det bara ett hus av sten.

Markus tillägger att den romerske officer – med andra ord en hedning – som stod närmast Jesus är den förste att frälsas av den försoning Jesus nu givit världen. Han säger:

---

[37] 5 Mosebok 21:23.
[38] Markus 15:37.
[39] Markus 1:26.

Den mannen måste ha varit Guds son.[40]

Under rättegången mot Jesus anklagades han för att ha förutsagt templets förstörelse och för att ha sagt sig vara Guds son. I det ögonblick som Jesus dör bekräftas båda delarna: förhänget brister i templet och officeren erkänner att Jesus verkligen var Guds son.

Matteus tillägger att jorden skakade och klipporna rämnade och gravarna öppnade sig. Många kroppar av avlidna heliga uppväcktes, och efter Jesus uppståndelse lämnade de sina gravar och gick in i den heliga staden och kunde ses av många.

I antiken åtföljdes ofta stora människors död (och födelse) av tecken av det här slaget: solförmörkelser, stjärnfall, kometer, statyer som grät blod och så vidare. Judiska martyrer kunde ibland få höra höga röster utlova från himlen att de skulle få njuta paradisets fröjder.

Varken judar eller greker som hörde om händelser som dessa ifrågasatte att de kunde ske.

Alla dessa händelser – mörkret, Jesus höga rop, gravarna som öppnar sig, förhänget i templet som brister – kunde också tolkas som eskatologiska tecken.

Nu började den sista tiden, födslovärkarna som Jesus beskrivit.

Stenen var satt i rullning.

Lukas, som vi vet inte har lika bråttom att predika världens omedelbara slut, nämner inga tecken på att den yttersta tiden är inne,[41] men tar till en annan teatral effekt: han låter folkmassan

---

[40] Markus 15:39.

[41] Lukas är inte heller lika negativ till templet, utan beskriver att de första kristna dagligen sökte sig till Jerusalems tempel för att be. (Lukas 24:53) Det är först i och med Stefanos som de kristna börjar ifrågasätta templet: "Den Högste bor dock inte i något som är byggt av människohand." (Apostlagärningarna 7:48)

som samlats för att se Jesus dö begråta honom. De vänder hemåt och slår med händerna mot bröstet.[42]

För hos Lukas är det inte alls bara kvinnorna som vågat sig till Golgota för att på avstånd följa vad som händer. Enligt Lukas var "alla hans vänner, och bland dem kvinnorna" där.[43] Jesus har inte alls varit övergiven så som hos Markus. Han har begråtits av folkmassan, blivit stöttad av alla sina vänner. Det är inte folket som hånat Jesus, utan endast de styrande, "rådsmedlemmarna"[44] och de romerska soldaterna. Lukas är ju den socialt mest medvetne av evangelisterna, vars Jesus vänder sig till de fattiga och utblottade, till samhällets minsta. Dessa sörjer och begråter nu sin profet som utlämnats till och dödats av dem som har makten.

Hur kan det ha varit bortom önsketänkandet? Bortom den teologiska agendan?

De som samlats för att titta började röra sig bortåt, hemåt. I mörkret hängde hans kallnande lekamen kvar ännu några timmar. Svetten torkade in på hans hud. Blodet koagulerade. Kråkorna skränade och kraxade. Flugorna klättrade i hans sår. På avstånd väntade hundarna.

Tung och livlös hängde hans kropp på förbannelsens trä.

---

[42] Lukas 23:48.
[43] Lukas 23:49.
[44] Lukas 23:35.

26

BEGRAVNINGEN

Romarna nyttjade huvudsakligen tre avrättningsmetoder. Alla tre utstuderat grymma. Man kastade sina offer att slitas i stycken av vilda djur, man brände offren levande, och man använde sig – i synnerhet när man bestraffade slavar, upprorsmän eller människor ur de lägsta samhällsklasserna – av korsfästning, som ett sätt att avskräcka folket och hålla dem i schack.

Gemensamt för alla tre tillvägagångssätten var att det inte skulle finnas någon kropp att begrava. Att inte bli begraven var i den antika världen ett värre straff än döden själv, inte minst inom judendomen där det var en helig plikt att begrava sina döda.

En del av korsfästelsestraffet var att kroppen fick hänga kvar och ruttna, ätas av fåglar och vilda hundar. Ofta vaktades korsen så att anhöriga inte i skydd av mörkret stal kropparna och begravde dem. Det fanns till och med ett uttryck som löd "att korsfästas och lämnas som föda till kråkorna".

Av alla de tusentals människor i Palestina som man vet korsfästes av romarna har man funnit bara ett enda skelett.

Ett enda.

Faktum är att under kejsar Tiberius tid vid makten skärptes straffen för så kallat majestätsbrott efter ett förräderi från en av kejsarens närmaste män, Sejanus, och om det är som kungapretendent Jesus avrättas är det föga troligt att den romerska myndigheten lämnade ut hans kropp för att begravas.

Vågar vi ens tänka tanken?

Jesus Kristus, vår frälsare, vår älskade, milde och godhjärtade

Jesus – med ögonen utstuckna av fåglar, med benen uppätna av hundar, ruttnande på ett kors omgiven av surrande flugor.

Så grym som mänsklighetens historia har varit är det inte orimligt. Det inser vi själva.

Orkar vi ens med en sådan tanke?

Men är inte begravningen nödvändig?

Måste det inte finnas en tom grav, en kropp som varit begraven för att det skall finnas en uppståndelse?

Svaret är: inte egentligen.

Här är de nytestamentliga texterna inte eniga. Det vill säga, *de som vittnar om att ha sett den uppståndne är inte överens om vad det innebär.* Vad det är de har sett.

Men nu har vi återigen gått händelserna i förväg.

Jesus hänger på korset. Han har nyligen dött. Det börjar bli kväll – hur man nu kan säga det när ett stort mörker fallit över jorden. Då kommer det en man som vi inte hört talas om tidigare, gör anspråk på kroppen och bekostar en hastig begravning.

Han heter Josef från Arimataia.

Enligt Markus är han en ansedd rådsherre,[1] med andra ord en man ur den judiska överklassen.

Matteus säger inte att han tillhörde rådet, men väl att han var rik och dessutom att han var lärjunge till Jesus.[2]

Lukas menar också att Josef var rådsherre men infogar att han inte haft någon del i de andras beslut och åtgärder när det kom till Jesus död. Josef "väntade på Guds rike",[3] vilket gjorde honom till en som anammat Jesus budskap.

Också Johannes anger att Josef var lärjunge till Jesus – fast i hemlighet, av rädsla för judarna.[4]

---

[1] Markus 15:43.
[2] Matteus 27:57.
[3] Lukas 23:50–51.
[4] Johannes 19:38.

Att det måste ha varit en inflytelserik man framgår av att han inte bara får tillträde till Pilatus, han förmår också utverka att Pilatus mildrar domen och tillåter en begravning.

Josef är perfekt. Han är inte officiellt en anhängare till Jesus. Tvärtom är han en av dem som dömde honom. Att han vill begrava Jesus kan förklaras med den heliga plikt en from jude hade att ombesörja begravningar.

Om vi söker någon enda som skulle kunna genomföra en begravning är det denna varken förr eller senare omtalade Josef från Arimataia.[5]

Att Jesus får en begravning vet vi inte säkert. Somligt talar emot det. Men *om* Jesus får en begravning, vilket vi nu måste anta för att det skall vara meningsfullt att fortsätta – *om* Jesus får en begravning är det möjligt att evangelierna ger oss en utvecklad version av en tradition med historisk kärna: en rådsherre fullföljer sin religiösa plikt att begrava de döda och ombesörjer att Jesus får en hastig och enkel begravning.

Josef tar ner den döde Jesus, sveper honom i en linneduk och lägger honom i en grav, uthuggen i berget och rullar en sten för ingången.

Detta ser Maria från Magdala och Maria, Joses mor.

De anges återigen av evangelisten som vittnen.

Matteus tillägger att graven var uthuggen åt Josef själv och att stenen som rullas framför ingången är stor. Lukas bidrar med informationen att graven ännu aldrig blivit använd, där finns alltså inga andra kroppar som Jesus skulle kunna förväxlas med, och Johannes, som ju alltid skall vara värst, låter Jesus få vila i en ny, oanvänd grav i en trädgård, likt kungarna i det gamla Juda.

---

5 Som så många karaktärer om vilka det finns knapphändiga uppgifter utvecklades en stor mängd legender om Josef. Bland annat skall han ha tagit den Heliga Graal till England, och i en annan medeltida legend skall han, som Jesusbarnets farbror (!), ha tagit också Jesus till England. Med andra ord trampade de heliga små Jesusfötterna de gräsbeklädda brittiska kullarna.

(I Gamla testamentet beskrivs hur såväl kung Amon som kung Manasse begravs i trädgårdar.[6])

Tillsammans med Nikodemos, en annan äldre rådsherre som förekommer i Johannesevangeliets början, smörjer Josef in kroppen med en väldig mängd myrra och aloe, omkring trettio kilo! Det kan synas en smula märkligt, för myrra och aloe användes också för att läka sår, vilket av somliga använts som argument för att Jesus inte var död när han togs ner från korset, och det Josef och Nikodemos försökte göra var att hjälpa Jesus att överleva.

Mer sannolikt är att Johannes, liksom i detaljen om trädgården, beskriver en kunglig begravning för sin kung Jesus, därav den oerhörda mängden dyrbara kryddor och oljor.

En enkel, fattig man som Jesus skulle, om han ens fick en begravning med tanke på att han avrättats av de romerska myndigheterna, i hast ha lagts i en omärkt fattigmansgrav. Och även om det var en religiös plikt för judar att begrava sina döda lades kriminella i graven utan några hedersbetygelser eller omsorg.

Graven som Jesus läggs i fyller ett tydligt teologiskt syfte: det behövs en grav i vilket miraklet skall ske enligt den tradition där Jesus uppstår med en fysisk kropp med normala kroppsfunktioner. Kanske krävs det inte en kungagrav som hos Johannes, men det får inte heller vara en ytlig fattigmansgrav – och naturligtvis kan Jesus kropp inte hänga kvar på korset.

Med det i minnet skall vi nu tillsammans med kvinnorna med tunga steg närma oss vår döde mästare när det dagas och sabbaten är över.

---

[6] 2 Kungaboken 21:18, 26.

27

UPPSTÅNDELSEN

Markus är noga med att poängtera att det fanns vittnen. Vittnen till Jesus död, vittnen till hans begravning. "Längre bort stod också några kvinnor och såg på", "Maria från Magdala och Maria, Joses mor, såg var han blev lagd."[7]

Det var också kvinnor som när sabbaten var över gick till graven för att ge Jesus den omvårdnad han aldrig gavs på fredagen när han begravdes av rådsherren Josef.

Kanske är traditionen om kvinnorna vid den tomma graven den äldsta och ursprungliga. Redan när Markusevangeliet skrivs har traditionen utsmyckats och fördjupats framför allt genom läsning av den apokalyptiska boken Daniel.[8] (Daniel kastas i en lejongrop och man täcker för öppningen med en sten. Natten passerar. Tidigt i gryningen kommer kungen orolig till lejongropen men finner Daniel levande, för Gud har sänt en ängel till hans hjälp.)

När kvinnorna kommer till graven enligt Markus finner de en ung man i vit dräkt, och de blir förskräckta. Mannen förklarar för dem att den Jesus som de söker inte längre är där, utan att han har uppstått.

Därefter uppmanar den unge mannen kvinnorna att vittna för Petrus och de andra lärjungarna och säga: "Han går före er till Galileen. Där skall ni få se honom, som han har sagt er."

---

[7] Markus 15:40, 47.
[8] Lånen från boken om Daniel blir tydligare när Matteus bearbetar Markus text.

Maria och de andra springer därifrån darrande och rädda och säger ingenting till någon.

Markus evangelium slutar abrupt: "Och de sade ingenting till någon, för de var rädda."[1]

Vi vet inte om det verkligen var så författaren satte punkt eller om det finns ett stycke som gått förlorat.

Hos Markus finner kvinnorna den tomma graven, men någon uppstånden Jesus finns inte med. I Matteus går kvinnorna till graven på samma sätt, men nu lämnar de den med bävan och glädje och inte i rädsla. Och om Markus skriver att de inget vågade säga till någon så är Matteus kvinnor tvärtemot ivriga att få vittna.

Enligt Lukas, som fortsätter historien, tror inte apostlarna på kvinnornas berättelse, utan avfärdar deras vittnesmål som prat. Petrus springer i alla fall bort till graven och finner den tom, och först när Jesus visat sig för en man tror lärjungarna att det är sant vad kvinnorna har berättat.

I Lukas återsamlas aldrig lärjungarna i Galileen, utan strax utanför Jerusalem förs Jesus till himlen och sedan återvänder lärjungarna till den heliga staden.

Här kan vi med andra ord ha att göra med två fraktioner i den första kristna kyrkan: en församling med bas i Galileen och en med bas i Jerusalem.

Också Johannes menar att det är Maria från Magdala som är först vid graven, men hon springer därifrån genast när hon ser att stenen till ingången är borta.

Så småningom är det emellertid henne som den uppståndne först visar sig för. När Maria känner igen honom kallar hon ho-

---

[1] Markus 16:1–8.

nom för "Rabbouni!"[2] – vilket är den titel en lärjunge skall hälsa sin mästare med.[3]

Som vi märker är alla evangelierna eniga om att det finns en grav som några kvinnor finner tom, och att det är kvinnor som är de första vittnena. Därefter skiljer sig berättelserna åt.

Och det är kanske inte att undra på.

De hade inte väntat sig hans död. De hade inte förstått att folkets hyllning till honom också innebar en dödsdom. Därför blev de överraskade och flydde när överstreprästens vakter slog till.

Uppenbarligen hade de inte heller förväntat sig den omvälvande upplevelsen av att Gud väckte deras ledare från de döda.

Någonting alldeles nytt och enastående hade hänt. En uppståndelse de hade svårt att hitta en exakt och samstämmig definition för, men som likafullt var absolut verklig.

Gud hade på något sätt återuppväckt Jesus, och det i sig var ett bevis på att de inte hade haft fel: Gudsriket var verkligen nära. Inte bara nära, det var där! Den sista omvälvande tiden hade begynt. Födslovärkarna hade startat, gryningen var här och den uppåtgående solens strålar bröt nattens och mörkrets herravälde. Det var nu – i vilken stund som helst – de skulle få se Människosonen komma i härlighet.

---

[2] Johannes 20:16.

[3] Mellan det att Maria kommer till graven och att Jesus uppenbarar sig för henne följer en text som beskriver en springtävling till graven mellan Petrus och "den andre lärjungen, den som Jesus älskade", och det står att det är "den andre lärjungen" som kommer först till graven, men att det är Petrus som går först in. Petrus ser de kvarlämnade linnebindlarna, men det är "den andre lärjungen" som "såg och trodde". (Johannes 20:1–8)

Denna språngmarsch verkar, snarare än att skildra en historisk händelse, spegla en maktkamp i den första kristna kyrkan mellan en falang som stöder sig på Petrus auktoritet och en som stöder sig på "den andre lärjungen, den som Jesus älskade".

Som de judiska män och kvinnor de var sökte de sig till sina gamla skrifter för att förstå vad som hade hänt.

Och de fann att deras Jesus ju var som påsklammet, offrat för dem. De fann den lidande tjänaren hos Jesaja, de fann den rättfärdiges lidande och upprättelse i Psaltarens 22:a psalm – och så kunde deras Jesus alltså dö och uppstå – i enlighet med skrifterna – som är det uttryck som Paulus gång på gång använder. Att detta synsätt uppstod extremt tidigt framgår av Paulus första brev till korinthierna.

> Bland det första jag förde vidare till er var detta som jag själv hade tagit emot: att Kristus dog för våra synder i enlighet med skrifterna, att han blev begravd, att han uppstod på tredje dagen i enlighet med skrifterna och att han visade sig för Kefas och sedan för de tolv. Därefter visade han sig för mer än femhundra bröder vid ett och samma tillfälle, de flesta är ännu i livet, men några har avlidit. Därefter visade han sig för Jakob och sedan för alla apostlarna.[4]

Lägg märke till att Paulus också som en ramsa fått lära sig en uppräkning av dem som Jesus uppenbarat sig för och i vilken turordning, och att Jesus som av en händelse valt att uppenbara sig för sina bekännare i den rangordning de intog i den första kyrkan.

Här lyser kvinnorna med sin absoluta frånvaro – om de inte möjligen kan ha funnits med bland "apostlarna". Det hela speglar naturligtvis en världsbild där kvinnor kan vara närvarande men ändå inte räknas.

Frågan är om traditionen att kvinnor var de första vittnena till uppståndelsen är självständig från den tradition Paulus blivit

---

[4] 1 Korinthierbrevet 15:3–7.

undervisad i, eller om kvinnorna uteslöts helt enkelt för att de var kvinnor och därför inte räknades som vittnen?

Att kvinnor var de första vittnena bär trovärdighetens stämpel just av den anledning att ingen man skulle hitta på en så svag bevisföring! Ingen skulle använda sig av ett kvinnligt vittne om en man fanns att tillgå.

Listan som Paulus fått lära sig framstår vid en granskning misstänkt tillrättalagd för att passa den första församlingens hierarki.

På samma sätt handlar evangelisternas avslutande kapitel om vem Jesus uppenbarar sig för och vad han säger till denne mer om kampen om auktoritet i den första kyrkan än ett återberättande av historiska minnen.

Oenigheten om uppståndelsen, hur den gick till och vad den bestod i kommer sig kanske också av att alla faktiskt inte trodde på den. Matteus beskriver en uppenbarelse på ett galileiskt berg där en hel grupp lärjungar sägs ha en vision av den uppståndne, men alla är inte övertygade.

> När de fick se honom där föll de ner och hyllade honom, men några tvivlade.[5]

När vi hör om den uppståndne Jesus märker vi att det man upplevt är så omvälvande och så nytt att det är svårt att sätta exakta ord på vad den uppståndelsen innebär.

Upplevelsen beskrivs på olika sätt av olika personer. Paulus, som lägger till sitt eget namn sist i listan över dem som Kristus visat sig för, hävdar med bestämdhet att det inte är frågan om en fysisk uppståndelse i bokstavlig bemärkelse. Frågorna "Hur uppstår de döda? Hurdan kropp har de när de kommer?"[6] avfärdar han som direkt enfaldiga.

---

[5] Matteus 28:17.
[6] 1 Korinthierbrevet 15:35–36.

Det som blir sått som en kropp med fysiskt liv uppstår som en kropp med ande.[7]

Men det vill jag ha sagt, bröder: kött och blod kan inte ärva Guds rike, och det förgängliga kan inte ärva oförgänglighet. Vad jag nu säger er är ett mysterium: vi skall inte alla dö, men vi skall alla förvandlas ...[8]

Den upplevelse Paulus har av upptåndelsen är med andra ord *inte* kött och blod, *inte* fysisk kropp, utan en kropp med ande. Dock en kropp! Han beskriver det själv som ett mysterium, som en sorts förvandling (och det är inte ens nödvändigt att dö för att fövandlingen skall ske).

Den uppståndne Jesus kommer till honom i någon form av trans eller extas, helt olik de uppenbarelser av den uppståndne Jesus som evangelierna beskriver.

Men när han på sin resa närmade sig Damaskus omgavs han plötsligt av ett bländande ljussken från himlen. Han föll till marken och hörde en röst som sade till honom: "Saul, Saul, varför förföljer du mig?" Han frågade: "Vem är du, herre?" – "Jag är Jesus, den som du förföljer."[9]

För en uppståndelse så som Paulus upplevt den krävs möjligen ingen bevarad kropp. Paulus vision av den uppståndne Jesus på vägen till Damaskus förutsätter inte med nödvändighet en tom grav eller en bortrullad sten.

Evangelierna beskriver en mer konkret, fysisk Jesus än vad Paulus gör.

---

[7] 1 Korinthierbrevet 15:44.
[8] 1 Korinthierbrevet 15:50–51.
[9] Apostlagärningarna 9:3–5.

En fysisk uppståndelse ligger också närmre judiskt tänkande. Tron på ett evigt liv var inom judendomen fortfarande relativt ny i det första århundradet och förnekades fortfarande av inflytelserika grupper. De få profeter som talar om uppståndelse beskriver det emellertid som något mycket fysiskt. Hesekiel profeterar om förtorkade ben som får liv igen. Gud säger: "Jag skall öppna era gravar och hämta upp er ur dem",[10] "Jag skall fästa senor på er, bädda in er i kött och dra hud över er, jag skall fylla er med ande och ge er liv."[11]

För en sådan uppståndelse måste det naturligtvis finnas en grav som är tom och en fysiskt levande Jesus, samtidigt som ingen av evangelisterna faktiskt använder sig av Hesekiel som förebild för att beskriva händelsen.

Matteus låter kvinnorna möta Jesus när de fyllda av bävan och glädje springer för att berätta för de andra lärjungarna om mötet med ängeln vid graven.

> Då kom Jesus emot dem och hälsade dem, och de gick fram, grep om hans fötter och hyllade honom.[12]

Det är inget spöke eller någon ande som lärjungarna ser. Jesus lugnar dem:

> "Se på mina händer och mina fötter, det är jag och ingen annan. Känn på mig och se på mig, en ande har inte kött och ben, och det kan ni se att jag har." Och han visade dem sina händer och fötter. Då de av idel glädje och förvåning ännu inte kunde tro, frågade han dem: "Finns det något att äta här?" De räckte honom en bit stekt fisk, och de såg hur han tog den och åt.[13]

---

[10] Hesekiel 37:12.
[11] Hesekiel 37:6.
[12] Matteus 28:9.
[13] Lukas 24:39–43.

Matteus och Lukas verkar säga tvärtemot Paulus. Jesus är inte en andekropp. Jesus är kött och blod. Jesus har normala kroppsfunktioner. Han kan äta. Och de som ser honom verkar varken hänryckta eller i extas.

Men helt och hållet som förut är ändå inte Jesus. Hos Matteus blir kvinnorna vittnen till hur en ängel rullar undan stenen från graven – som redan är tom. Jesus har med andra ord redan lämnat den och har inte haft några problem att kunna lämna en förseglad och tillsluten grav.

Lukas beskriver en uppstånden Jesus som uppenbarligen är förvandlad. Han kan gå och komma som han vill. Göra en plötslig entré för att lika plötsligt försvinna.[14]

Han är inte omedelbart igenkännbar. Två lärjungar möter Jesus på väg till byn Emmaus. Han slår följe med dem, men deras ögon är förblindade och de känner inte igen honom. Inte ens när denna främmande man undervisar dem om vad som har hänt och på vad sett det förutsagts i de heliga skrifterna. Först när de firar den måltid som Jesus instiftat, och han bryter brödet och ger åt dem, öppnas deras ögon och de ser vem det är.[15]

Inte heller i Johannes är Jesus omedelbart igenkänningsbar. Maria från Magdala möter honom och tror att han är en trädgårdsvakt.

> Om det är du som har burit bort honom, herre, så säg mig var du har lagt honom, så att jag kan hämta honom.[16]

Först när Jesus kallar henne vid namn – Maria – känner hon igen honom. Maria får emellertid inte ta på Jesus, med förklaringen att han ännu inte stigit upp till sin fader.

---

[14] Lukas 24:31, 36.
[15] Lukas 24:13–32.
[16] Johannes 20:15.

Också Johannes uppståndne Jesus kan materialisera sig ur intet. Johannes nämner att lärjungarna reglat dörrarna, men Jesus kommer ändå och står mitt ibland dem.

Likafullt är det en fysisk Jesus med en fysisk kropp. Den tvivlande Tomas uppmanas att sticka sitt finger i handens spikhål och i hans sida där spjutet gått in, och det verkar som om han äter tillsammans med lärjungarna. Kanske vill Johannes markera avstånd från gnostiska föreställningar om Jesus som enbart ande.

Jesus är inte bara ande. Han är också kropp.

Men han är inte bara kropp såsom exempelvis Lasaros, som ju också väckts från de döda, utan det som hänt med Jesus är något annat.

Upplevelsen av den uppståndne Jesus var så unik att hela deras liv stod på ända.

Jesus grundade ingen religion. Han sade aldrig: Dyrka mig. Han sade: Följ mig.

Jesus sände inte ut sina lärjungar för att tala om honom själv, utan för att tala om riket. Rörelsen var ingen "Jesusrörelse", utan en sekt inom judendomen som predikade Guds rike. Därför behövde sekten inte heller upphöra i och med att dess ledare dog. Jesus hade sagt att det han gjorde kunde också de andra göra.

Det gjorde de och fortsatte att göra när Jesus inte längre var hos dem.

När evangelierna skrevs några årtionden senare var förutsättningarna förändrade. Det som varit en sekt inom judendomen hade blivit en rörelse i polemik med densamma – även om man långtifrån brutit med judendomen ännu. Man väntade inte längre huvudsakligen på Guds rike, utan på Jesus återkomst.

Paulus är som vi tidigare nämnt inte ens särskilt intresserad av den jordiske Jesus. Han predikar den korsfäste och uppståndne Kristus.

I och med uppståndelsen, den tomma graven, den fysiska

kroppen eller andekroppen, så är kristendomen – den ständigt oeniga, grälande, tvärsäkra och trosvissa född.

Jeshua från Nasaret vars kropp kanske åts av vildhundar och skränande svarta kråkor eller lades i hast i en fattiggrav sjunker åter undan i skuggorna medan vi med ryggen vänd från honom väntar på den triumferande kungens återkomst.

28

FÖRÄNDRINGEN

Något som jag aldrig kom till rätta med när jag som frikyrkobarn flitigt läste min bibel var den märkliga och olustiga känslan av att något gick på tok redan omedelbart efter att Jesus uppstått.

Jesus var annorlunda, liksom förvandlad. Inte så underligt kanske, om man nu återuppstått från de döda, men ändå. Det var på något sätt inte samma person som dog och som uppstod. Som om han inte längre var människa alls, utan en främmande besökare, någon sorts rymdvarelse som stod i begrepp att återvända till sin modersplanet. Han hörde inte längre till. "Rör inte vid mig, jag har ännu inte stigit upp till min fader"[17], sade han till Maria från Magdala. Inte en fattig snickarson från Nasaret, utan en befallande kung som inte längre talade om kärlek eller om de minsta som skulle bli de största eller om det kommande Gudsriket där de hungriga skulle få äta sig mätta och de sörjande skulle bli tröstade – utan som talade om sig själv: "Åt mig har getts all makt i himlen och på jorden",[18] sade han nu, och "ni skall vittna om mig"[19], och när de frågade honom om det var nu som tiden var inne då han skulle återupprätta Israel som kungarike, avfärdade han dem: "Det är inte er sak att veta vilka tider och stunder Fadern i sin makt har fastställt."[20]

---

[17] Johannes 20:17.
[18] Matteus 28:18.
[19] Apostlagärningarna 1:8.
[20] Apostlagärningarna 1:7.

Sedan lyftes han upp till himlen på ett moln och två änglar tilltalade lärjungarna, inte som nära vänner till Jesus, utan som "galileer" och förklarade att denne Jesus som blivit upptagen skulle komma tillbaka på samma sätt som de sett honom fara.[1]

"Denne" Jesus läste jag att det stod. Alltså inte samme Jesus som vandrat med dem och delat deras villkor, utan en annan.

Den befallande konungen. En Jesus att vara lite rädd för.

Jag kom aldrig över den där känslan av att nu var någonting helt annorlunda. Att Jesus före och efter uppståndelsen var den exakta skillnaden mellan någon som avstått från allt och antagit en tjänares gestalt[2] och någon som blivit given all makt i himlen och på jorden.

När lärjungarna återvände till Jerusalem hade plötsligt Jesus familj – hans mor och hans bröder – anslutit sig. De som tagit så kraftfullt avstånd från Jesus medan han levde. De som trott att han var galen. De som inte alls varit med under den tid han själv verkade och aldrig brytt sig om att lyssna till hans ord.

Nu när han var död satt de där tillsammans med lärjungarna och tryckte i en övervåning under ständig bön.

Varifrån kom de? Hur blev de med ens så övertygade?

Det var något som inte stämde.

Pingstdagen infann sig och den Heliga Anden utgöts över dem, och Petrus började predika i Jerusalem.

Men han predikade inte om Guds rike som Jesus gjort och uppmanat honom att göra. Han predikade bara om Jesus själv och hans död. Han förmedlade inte det budskap han lärt sig av sin mästare, utan hans agenda var att förklara att mästaren var den Davids ättling som Gud med ed lovat sätta på sin tron. Jesus hade talat om hur viktigt det var att själv förlåta för att på så sätt

---

[1] Apostlagärningarna 1:10–11.
[2] Filipperbrevet 2:6–7.

bli förlåten. Petrus däremot erbjöd nådigt sina åhörare förlåtelse mot att de lät sig döpas i Jesus namn.[3]

Jesus ges äran, men åtlyds inte.

Någonting var inte som förut.

Petrus, som till och med förnekat Jesus, blev förlåten och fick fortsatt förtroende, men när de nya medlemmarna Ananias och Sapfeira undanhöll apostlarna en del av köpesumman när de sålde sin egendom för att ge församlingen, föll de båda döda ner, dödade för att de utmanat Herrens ande, och det var Petrus själv som meddelade dem dödsdomen.[4] 7 gånger 70 gånger hade Jesus sagt att man skulle förlåta sin nästa.[5] Inte en enda gång förläts Ananias och Sapfeira.

Ja, någonting hade verkligen hänt som inte var som förut. Jesus kärleksbudskap – som vi har sett sträckte sig till att omfatta inte bara de utblottade, de små och de orena, utan till och med de gudlösa syndarna som ställt sig utanför förbundet – var så radikalt att inte ens den allra första församlingen förmådde hålla fast vid det, utan modifierade och mildrade det som omvärlden uppfattade som mest chockerande, slipade av dess kanter och dämpade dess brutala omkastning av hierarkier och samhällsordning. Omvärlden skulle ändå betrakta kristendomen med stor skepsis och rykten skulle göra gällande att man ägnade sig åt kannibalism, barnamord och allsköns oanständigheter.[6]

---

[3] Apostlagärningarna 2:22–38. Detta tal anses återge en mycket tidig kristen förkunnelse.

[4] Apostlagärningarna 5:1–11.

[5] Matteus 18:22.

[6] Den grekiske filosofen Celsus skriver omkring år 180 en motskrift mot kristendomen och en av de saker han håller emot kyrkan är hur den välkomnar syndare: "De kristna säger: Kom till oss, alla ni som är syndare, alla ni som är barn eller dårar, och ni skall gå in i Himmelriket, skurken, tjuven, rånaren, giftmördaren, skändaren av tempel och gravar, detta är deras prose-

Kom ihåg att av dem som faktiskt följt den historiske Jesus är det egentligen bara Petrus och Johannes som vi hör talas om på allvar i den första församlingen.

De andra lärjungarna försvinner helt ur berättelsen.

Är inte det märkligt?

Urkyrkan, och det tål att tänka på, leds i stället av människor som antingen aldrig träffat den historiske Jesus, som Paulus och Barnabas, eller som tog direkt avstånd från honom medan han levde, som Jesus bror Jakob.[7]

Man kan tänka att Jesus lärjungar gör vad Jesus sagt åt dem att göra, tar vid där deras mästare slutade – de vandrar runt och predikar, helar sjuka och förkunnar Guds rike utan att vinna något större gehör, och sålunda vandrar de ut ur vårt synfält och försvinner ut ur historien, och när riket dröjer står i stället andra där, som Paulus, beredda att ta över med sina visioner om Kristusmysteriet och uppdraget att sprida budskapet om Kristus till judarna i diasporan och därmed i förlängningen till hedningarna och hela den övriga världen.

Kanske är det därför inte märkligt att den kristendom som predikas skiljer sig från Jesus lära. Paulus – som för allt i världen inte med nödvändighet representerar flertalet – går exempelvis till räfst och rättarting med församlingen i Korinth och gör klart för dem vilka regler som gäller och vilka som inte kommer att få ta del av Guds rike, nämligen:

> Inga otuktiga eller avgudadyrkare eller horkarlar eller män som ligger med andra män, inga som är tjuvaktiga eller själviska, inga drinkare, ovettiga och utsugare – ingen sådan får ärva Guds rike.[8]

---

lyter. Jesus, säger de, sändes för att frälsa syndarna; sändes han inte till dem som lyckats hålla sig fria från synd?"

[7] Petrus framställs för övrigt i Paulus brev som ett viljesvagt slagträ i konflikten mellan Paulus och Jakob.

[8] 1 Korinthierbrevet 6:9–10.

I Paulus rike göre sig som synes knappast syndare och horor besvär att knacka på porten, sådana som Jesus uttryckligen lovat tillhörighet.[9] Någonting hade verkligen hänt.

---

[9] Paulus reglerar noga sina vunna själars vardag, ända in i kvinnornas längd på håret: "Döm själva: passar det sig att en kvinna ber till Gud barhuvad? Lär er inte redan naturen att det är en vanära för mannen att ha långt hår men en heder för kvinnan, hon har ju fått sitt hår som slöja." (1 Korinthierbrevet 11:13–15)

29

DEN INRE FIENDEN

Lukas påstår i Apostlagärningarna att alla som kommit till tro var "ett hjärta och en själ",[10] men läser man evangelierna märker man hur snart det uppstod oenighet kring vad som var den rätta läran och att olika församlingar hamnade i luven på varandra. Denna splittring skulle fördjupas och hårdna genom seklen.

Kampen skulle föras inte så mycket mot hednisk tro, utan mot varandra. Hedningarnas tro var inte farlig, men alternativa tolkningar av den kristna läran utgjorde ett dödligt hot. Denna tendens bestod också då de kristna fick makt att förfölja oliktänkande. Man var relativt tolerant mot hedendomen, men mycket strängare i sitt fördömande av kristna riktningar man ansåg kätterska eller vilseledande.

Eller som Paulus uttrycker det i Galaterbrevet: "om någon förkunnar ett annat evangelium för er än det ni har fått – förbannelse över honom!"[11]

För det förkunnades skiftande evangelier i olika församlingar. Olika traditioner utvecklades oberoende av varandra. Det var fler än "Markus", "Matteus", "Lukas" och "Johannes" som gav sina versioner av Jesus liv och budskap, och lika lite som dessa fyra hade de faktiskt vandrat med Jesus eller hört till hans krets när det verkligen begav sig. I inledningen till sitt evangelium skriver "Lukas":

---

[10] Apostlagärningarna 4:32.
[11] Galaterbrevet 1:9.

Många har redan sökt ge en samlad skildring av de stora händelser som ägt rum ibland oss ...[1]

Några tror rätt. Andra tror fel. Kristna församlingar träter med varandra om vad som är den rätta läran, olika fraktioner inom kyrkan yrkar var för sig på ledarskap, olika grupperingar tolkar Vägen på olika sätt.

"Matteus" inkluderar bland fienderna också andra kristna som inte tror på rätt sätt. Han låter Jesus varna för falska profeter, som kommer till församlingarna förklädda till får men som i sitt inre är rovlystna vargar.

> Inte alla som säger "Herre, herre" till mig skall komma in i himmelriket, utan bara de som gör min himmelske faders vilja. På den dagen skall många säga till mig: "Herre, herre, har vi inte profeterat i ditt namn och drivit ut demoner i ditt namn och gjort många underverk i ditt namn?" Då skall jag säga dem som det är: "Jag känner er inte. Försvinn härifrån, ni ondskans hantlangare!"[2]

När Jesus återkom skulle han inte bara döma världen, utan också sin egen kyrka. Det var inte så enkelt som "Johannes" skulle skriva, att de som trodde på Jesus inte skulle förgås, utan ha evigt liv.

Det räckte inte med att tro. Man måste tro rätt.

Och ve den som trodde fel.

I de församlingar som utvecklade Johannestraditionen sägs till och med att Antikrist är en konkurrerande kristen grupp:

---

[1] Lukas 1:1.
[2] Matteus 7:21–23.

Ni har hört att en antikrist skall komma, och nu har också många antikrister trätt fram. Av detta förstår vi att det är den sista tiden. De har utgått från oss men hörde aldrig till oss.[3]

I andra århundradet blommade en mängd olika kristna läror, som var och en för sig såg sig som den enda rätta och alla andra som kätterska. Kanske kan man säga att vår "urkyrka" helt enkelt är den som gick segrande ur striden och kunde döma ut de andra som irrläror medan den själv kunde påstå sig vara bärare av traditionen direkt från Jesus själv och hans apostlar.

Redan evangelierna bär tydliga spår av maktkampen mellan de olika kristna församlingarna och grupperingarna. Det är som om kärlekens lära redan från första stund var i behov av en fiende att hata.

Och den inre fienden är alltid den värsta.

Visst har man förföljt judar på teologiska grunder, och visst har man rasande krigat mot muslimer – men främst har kristnas hat alltid riktat sig som mest intensivt och omedgörligt mot andra kristna!

För mig personligen har det varit märkligt befriande att inse detta, att den hätskhet och ilska som gång efter annan riktats mot mig från vissa kristna grupperingar, de hatbrev och de dödshot jag fått genom åren helt enkelt följer en urgammal kristen tradition om att hata sin nästa.

Redan tidigt uppstod alltså olika grupperingar som var och en åberopade någon i Jesus innersta krets som auktoritet.

Jerusalemförsamlingen leddes av Jakob som var bror till Jesus, medan församlingen i Rom kom att kretsa kring Petrus. Vidare fanns de församlingar som Paulus verkat i, därtill de Johanneskristna, vars auktoritet var den namnlöse lärjunge som i Johan-

---

[3] 1 Johannesbrevet 2:18–19.

nesevangeliet mystiskt kallas "lärjungen som Jesus älskade", och – inte att förglömma – de gnostiska kristna som åberopade exempelvis Maria från Magdala eller Tomas och till och med Judas Iskariot som auktoriteter.

Varje grupp menade att Jesus särskilt valt ut just deras andlige ledare eller rättare sagt den person i Jesus närhet vars auktoritet de åberopade för att själva vinna status, att just han (eller hon) favoriserats av frälsaren eller hade fått motta hemlig kunskap från mästaren som de andra inte fått del av – och de som tillhörde dennes efterföljare var sålunda bärare av samma hemliga och exklusiva kunskap, status och utvaldhet. Petrus är klippan på vilken Jesus skall bygga sin församling, i en annan författares tilllägg till Johannesevangeliet utses Petrus till de andras ledare, och än i dag räknar sig den katolske påven sig som direkt efterträdare till Petrus och menar att han leder den enda riktigt sanna kyrkan – till skillnad från de ortodoxa eller protestanterna[4]. Tidigare i Johannesevangeliet är det emellertid "lärjungen som Jesus älskade" som Jesus utser till sin efterträdare när denne uppmanas träda in som son i Jesus ställe.[5] Maria från Magdala vidare uppmanas i alla fyra evangelierna att vittna för de andra lärjungarna om uppståndelsen, också flera icke-kanoniserade texter betonar hennes särställning, och om den Tomas som vi lärt känna som tvivlare vet Tomasevangeliet bättre besked:

> Jesus sade: "Jag är inte din mästare, för du drack, du blev berusad av denna sprudlande källa som jag mätte ut." Och han tog honom avsides och gav honom tre ord. Och när Tomas kom till sina kamrater frågade de honom: "Vad sade Jesus till dig?" Tomas sade till

---

[4] Den protestantiska kyrkan är, meddelar för övrigt påven Benediktus XVI när detta skrivs, inte ens att räkna som kyrka.

[5] Jesus hade flera bröder i livet och hade ju dessutom själv tagit avstånd från sin mor, så det kan knappast ha varit meningen att situationen skall tolkas bokstavligt.

dem: "Om jag säger er ett av orden som han sade till mig, skall ni ta stenar och kasta på mig, och en eld skall komma ut ur stenarna och de skall bränna er."[6]

Tomasevangeliet är ett gnostiskt evangelium. Emellanåt hörs de som hävdar att dessa gnostiska läror skulle rymma någon hemlig men av kyrkan förbjuden kunskap om den "sanna" och "ursprungliga" kristendomen. Snarare är det så att de gnostiska församlingarna – i den mån man ens kan tala om "församlingar" – snarast hade sina rötter i den grekiska filosofin, och de utvecklades först och främst i de städer där kristendomen slog rot sent. Att de därför skulle rymma en "sannare" eller mer "ursprunglig" lära är svårsmält – icke desto mindre var gnostikerna naturligtvis ärliga i sin övertygelse och ansåg sig som alla andra som (de enda) sanna kristna.[7]

I den första kyrkan finns emellertid verkligen inte enbart en konflikt mellan gnostiska och mer ortodoxt troende. Åsikterna går också isär i synen på de judiska traditionerna, i synen på kvinnornas roll i församlingen, i synen på rika kontra fattiga och så vidare.

Olika grupperingar misskrediterade gärna varandra. De Tomaskristna, vars tänkande som sagt låg nära gnosticismen, lärde exempelvis att varje människa är en del av det gudomliga ljuset, och om man fann det skulle man av egen kraft bli som Jesus – ja, rent av vara Jesus like.[8]

---

[6] Tomasevangeliet 13:5–8.

[7] Länge var vår kännedom om gnostikerna begränsad av vad dess motståndare, som biskop Irenaeus, skrev om dem och som därför kunde misstänkas vara fientligt färgat, men när flera av de gnostiska texterna under 1900-talet återfunnits (inte minst genom skriftfynden vid Nag Hammadi 1945) visade det sig att Irenaeus faktiskt inte farit med särskilt mycket osanning, utan relativt korrekt redogjort för de olika texternas innehåll.

[8] Tomas är inte ett egennamn, utan det arameiska ordet för tvilling. Tomas heter egentligen Judas, och det finns (grundlösa) spekulationer om att han

De Johanneskristna lärde tvärtemot att Jesus själv och allena var ljuset, och att ingen kunde komma till Gud utom via Jesus.

Det verkar för övrigt som om just de Johanneskristna konfronterades med de gnostiska Tomasanhängarna. Det är i Johannesevangeliet – och bara där – som Tomas omnämns som någon som inte förstår, inte tror och som saknar insikt. Det är i Johannesevangeliet – och bara där – som Tomas blir till den tvivlare vi än i dag känner honom som.

De olika kristna lärornas bråk sinsimellan hotade så småningom att splittra hela kyrkan. Biskopar som Irenaeus och Athanasius försökte därför definiera vad som var, vad de kallade, *den sanna apostoliska läran*, som hela kyrkan skulle samlas kring. När kejsar Konstantin på trehundratalet gjorde kristendomen till statsreligion ställde han sig på de renlärigas sida gentemot fritänkarna, och därmed gick det som skulle bli den katolska kyrkan segrande ur striden.

Tillfälligtvis.

För sedan har släkten följt släktens gång och stridigheterna har fortsatt. Genom seklen har kyrkan gång efter annan förändrats, liksom dess budskap har skiftat. Kyrkan har splittrats, återförenats, korrumperats, reformerats och motreformerats på nytt och på nytt.

Öst och väst bröt med varandra. Senare splittrade Luther den medeltida katolska kyrkan, och ur den protestantism som blev till ett antal statskyrkor i norra Europa sprang olika frikyrkliga rörelser, sådana som min släkts baptistkyrka, och för att följa just den grenen: efter en konflikt med baptistkyrkan skapade Lewi Pethrus pingströrelsen, som sedan själv kvistade av sig i

---

faktiskt skulle ha varit Jesus tvillingbror – Jesus sägs i Markusevangeliet ha en bror som heter Judas. Judas är emellertid ett mycket vanligt namn, och när Jesus i Tomasevangeliet kallar Tomas för sin tvilling, bör det nog snarare tolkas som att Tomas nått sådan insikt, till skillnad från de övriga lärjungarna, att han blivit Jesus like, en sorts andlig "tvilling" till mästaren.

den sektliknande Maranataförsamlingen och så vidare och så vidare.

I dag lever vi med ett otal olika kyrkor och inriktningar, varje kyrka är i sin tur indelad i grupper och fraktioner, som i regel är rörande oense i det mesta – och ändå uttalar sig ideligen präster, biskopar och lekmän tvärsäkert om Guds vilja, säger sig representera en samlad och enad kristenhet och de enda, sanna och ursprungliga "kristna värderingarna".

Så som det var i de första församlingarna har det alltså förblivit: "Om någon förkunnar ett annat evangelium för er än det ni har fått – förbannelse över honom!"[9]

---

[9] Galaterbrevet 1:9.

30

GÖR ALLA FOLK TILL LÄRJUNGAR

Den sekt som sett sitt ursprung på den galileiska landsbygden flyttade relativt omgående sitt säte till Jerusalem. Det var Jerusalem som Herrens dag skulle utgå från. Det var där man väntade sin Kristus återkomst. Men den Jesustroende judiska församlingen i huvudstaden dog i stort sett ut efter den första generationen.

Dess ledare, Jakob, som var Jesus köttslige bror, avrättades, några år senare utbröt det uppror som skulle leda till att templet förstördes, och trots att man ivrigt väntade kom Jesus inte tillbaka som utlovat.

Därefter var kristendomen en rörelse som växte i de judiska församlingarna i diasporans storstäder. Kristendomen växte sig stor först utanför Palestina.

Under de sex hundra år som hade gått sedan det första templets fall hade judar slagit sig ner i snart sagt varje stad kring Medelhavet. Man räknar med att av uppskattningsvis 5 miljoner judar bodde fyra femtedelar av dem i "förskingringen". Så när apostlarna missionerade var det till synagogorna i de romerska städerna de kom. Gång på gång står det i Apostlagärningarna att Paulus alltid först vänder sig till judarna, först därefter till hedningar.

De första kristna församlingarna var Jesustroende synagogor som var öppna också för intresserade ickejudar, och många av de som konverterade till tron på Jesus var helleniserade judar eller ickejudiska människor som sökt sig till synagogorna, så kallade gudfruktiga.

Här blir den kristendom som Paulus predikar attraktiv och här finns också en grogrund för den konflikt som så småningom skall frigöra den kristna kyrkan från sitt judiska ursprung.

Men det är en förenkling att säga att det sker en tydlig brytning varefter den kristna kyrkan är judefientlig. Det fanns förvisso kristna församlingar som utvecklades åt antisemitiskt håll, men det fanns också församlingar som inte alls var fientliga mot judar, och utgrävningar har också visat att synagogan och den kristna kyrkobyggnaden ofta kunde ligga vägg i vägg med varandra, och de kristna kyrkorna återfanns ofta i de judiska kvarteren.

Inflytelserika forskare menar numera att brytningen mellan kristendom och judendom inte alls var så tidig eller så konturskarp som man tidigare trott – eller tagit för given. Judar var en betydande del av dem som konverterade ända in i det andra och tredje och fjärde århundradet.

Kristendomen förändras emellertid efterhand som antalet ickejudiska medlemmar ökar. Behovet att knyta an till det judiska är inte längre lika stort, samtidigt som kunskapen om de judiska sederna och traditionerna minskar.

Ofta när kristendomens uppkomst skildras ser man dess brott med judendomen som ett brott med det gamla. Paulus brukar sägas mena att lagen inte längre är giltig, utan att frälsningen uppnås genom tron på Jesus Kristus.

Riktigt så enkelt är det emellertid inte.

Kanske uppstår sprickan inte först mellan kristendom och judendom – utan mellan judar och ickejudar *inom* den Jesustroende rörelsen.

I den hellenistiska världen var det inte ovanligt att ickejudar intresserade sig för judendomen och sökte sig till synagogorna. Judendomen beundrades för sina traditioner, sina heliga skrifters höga ålder, många attraherades av judendomens monoteism, olik den plottriga hellenistiska gudavärlden. Somliga uppskattade säkert också den sociala trygghet som de judiska församlingarna utgjorde i en orolig omvärld.

Som gudfruktiga kunde dessa "ickejudiska judar" behålla en ickejudisk identitet, vilket var av en avgörande betydelse.

Varje medborgare förväntades nämligen visa sin fromhet och sin lojalitet med staden han bodde i och med Rom genom att delta i kulten av stadens gudar och i offrandet till den romerske kejsaren, som dyrkades som gud. Deltog man inte i den officiella kulten hade man inga möjligheter att ta sig upp i samhället, och än värre – anklagades man för ateism kunde straffet till och med vara döden.

De som tillhörde andra religioner än den officiella samlades, om de var godkända av staten, i så kallade kollegier. Men också de förväntades delta i kulten av stadens gudar och kejsaren.

Enda undantaget var det judiska kollegiet, som slapp undan dels för att judendomens första och viktigaste bud var att inte dyrka några andra gudar, dels för att judendomen sedan länge intagit en märklig särställning i det romerska riket genom ett förbund med romarna som man slutit redan innan det romerska riket blev världsdominerande.

De gudfruktiga kunde – med judarnas goda minne – fortsätta att delta i den officiella kulten, som de måste, och sålunda behålla sin sociala status och plats i samhället.

De skulle skonas på Herrens dag, trots att de inte tillhörde Förbundet och inte var arvtagare till Löftet.

Men förbundet i sig var mellan Israel och Israels Gud, inga andra. Tecknet på förbundet var omskärelsen. Gudfruktiga skulle räddas just som gudfruktiga, det lovade profeterna, de måste inte omskära sig. Även om de inte omfattades av förbundet omfattades de av Guds nåd. Man kanske kan likna dem vid en sorts passiva medlemmar i församlingarna.

Alternativet var att konvertera helt och fullt, men den som

omskar sig upphörde att vara ickejude och blev jude, och riskerade då sin ställning i samhället.

Till dessa synagogor i diasporan som alltså är en mötesplats både för judar och ickejudar, men där gränserna dem emellan är skarpa och klart definierade, kommer Paulus och påstår att de Jesustroende ickejudarna inte bara är räddade genom Guds nåd, de har dessutom del av förbundet – *utan att omskära sig*.

De är alltså mer än bara gudfruktiga. De tillhör fullt ut Israels Gud, står honom så nära som söner står sin far.

För judarna gäller ännu lagen, men för ickejudarna räcker det med den frälsning som tron på Jesus som Messias ger:

> Nu är ingen längre jude eller grek, slav eller fri, man eller kvinna. Alla är ni ett i Kristus Jesus. Men om ni tillhör Kristus är ni också avkomlingar till Abraham och arvtagare enligt löftet.[1]

Enligt Paulus kan Jesustroende judar och Jesustroende ickejudar umgås, äta tillsammans, dela bröd och vin utan betänkligheter. Han går till och med så långt att han menar att en Jesustroende ickejude är förlorad *om* han låter omskära sig, för då bekänner han ju inte makten i Jesus Kristus.

> om ni låter omskära er har ni ingen nytta alls av Kristus. Jag försäkrar er igen: var och en som låter omskära sig är skyldig att hålla hela lagen. Ni är utestängda från Kristus, ni som söker er rättfärdighet i lagen; ni har hamnat utanför nåden.[2]

I en av de Jesustroende synagogorna i Antiochia uppstår omkring år 50 en konflikt mellan Paulus och Jakob, Jesus köttslige

---

[1] Galaterbrevet 3:28–29.
[2] Galaterbevet 5:2–4.

bror och en av ledarna för urförsamlingen i Jerusalem.

För Jakob behövdes ingen ny syn på förbundet, det fanns ju redan en etablerad judisk tradition som fungerade. De Jesustroende ickejudarna kunde räknas som gudfruktiga och på så sätt få del i frälsningen, men som ickejudar fortsätta att iaktta de restriktioner som gällde för att äta och att fira nattvard tillsammans med fullvärdiga judar.

Judar för sig och ickejudar för sig.

Jakobs auktoritet, inte minst för att han var frälsarens bror, gjorde att till och med Petrus, han som kallades "klippan", vek sig och inte längre delade måltid med ickejudar, vilket fick Paulus att rasande beskylla Petrus för att vara hycklare.

I denna konflikt som innebar en social uppdelning mellan Jesustroende judar och Jesustroende ickejudar avgick Jakob och hans tradionella judendom med segern.

Och började därmed gräva sin egen grav.

Det enda de Jesustroende ickejudarna bör göra, enligt Paulus, är att avstå från dyrkan av andra gudar. Men i och med det ställer han dem inför ett oerhört dilemma: om de Jesustroende ickejudarna skall avstå från att dyrka andra gudar får de inte längre delta i den officella kulten, de får inte längre offra till kejsaren. De måste sålunda ge upp sin ickejudiska identitet. Enda sättet att göra det är att inför omvärlden låtsas vara judar.

De är inte judar och inte ickejudar.

Samhällets dörrar är stängda för dem, och i synagogan räknas de bara som andra klassens människor.

Det enda de har gemensamt är deras tro på Jesus, att Jesus har dött också för dem – och här ser vi embryot till en kristen identitet.

Så bryter det judiska upproret ut år 66 som leder till det krig där Jerusalem skall utplånas och templet förstöras. Antijudiska stämningar rasar i hela kejsardömet. Att utge sig för att vara jude, för att som Jesustroende komma undan deltagandet i statskulten, ter sig allt mindre lockande. Särskilt som de allra flesta av de judiska "bröderna" inte alls delar deras tro på Jesus som Messias.

Efter det judiska kriget införs en skatt – *fiscus judaicus* – som alla judar måste betala. De Jesustroende ickejudarnas enda möjlighet är att betala skatten och än mer identifieras som judar av omvärlden utan att för den skull räknas inom de judiska församlingarna som annat än andra klassens människor, trots att de själva anser sig som omfattade av förbundet.

Anledningarna att bryta med judendomen blir allt fler, skälen att stanna kvar allt färre.

Om man bryter sig loss, poängterar att man är ickejudisk, skulle man kanske kunna uppnå en egen status som kollegium. Då skulle man slippa delta i avgudakulten samtidigt som man fick behålla sin ickejudiska identitet.

De Jesustroende ickejudarna börjar nu påstå att det är de och inte judarna eller ens de Jesustroende judarna som är arvtagare till förbundet. Judarna har förspillt sin chans. De har alltid varit motsträviga, otacksamma och upproriska mot Gud. De har alltid dödat profeterna.[3] De har alltid dödat de utvalda som Gud sänt dem. Profeterna hade dessutom alltid varit kristna, det vill säga de hade alla förebådat Jesus.[4]

Det nya Israel är den kristna kyrkan.

Och så blir kristendomen en religion.

---

[3] Enligt den samtida skriften "Profeternas liv" hade alla profeter lidit martyrdöden.
[4] Ignatius brev till Magnesius 8:1–2.

31

DEN UTELÄMNADE JESUS

Konflikten i Antiochia handlade om vilka som kan tänka sig att dela måltid med vilka. Det som hade upprört Jesus samtid mest var att han åt tillsammans med syndare och tulltjänstemän, vilket var liktydigt med att förklara dem rena. Denna radikalitet var så oerhörd att inte ens den första generationen kristna förmådde – eller ville – leva upp till den.

Och så uppstod konflikten i Antiochia.

Judiska Jesustroende som sade till de ickejudiska: Vi vill inte äta med er. Vi betraktar inte er som rena. Ni duger inte i Guds ögon.

Frågan har aldrig förlorat sin relevans.

Vilka kan jag äta tillsammans med? Vilka är lika goda kristna som jag? Vilka duger och vilka duger inte?

Den kristna kyrkan har aldrig lämnat Antiochia. Än i dag skränar påvar, frikyrkoförsamlingar, präster och fundamentalister till än den ena, än den andra gruppen: Ni är inte rena. Vi kan inte äta tillsammans med er. Ni duger inte i Guds ögon.

Jesus åt med alla. Uppmanade dem som följde honom att äta med alla.

Egentligen är bland det mest mirakulösa med kristendomen att bibelns evangelietexter tillåtits vara kvar, att de inte censurerats, att de inte fördömts som kätterska och förstörts. Den Jesus som möter oss där är i nästan allt annorlunda än den Kristus kyrkan predikat. Jesus lära är ju inte i sig nödvändig för en religion om en Kristus som frälst världen genom sin död och uppståndelse.

Inte så att man inte försökt utelämna honom.

Som tidigare påpekats: inte ens Paulus var särskilt intresserad av Jesus, annat än som den korsfäste och uppståndne Kristus. Och kyrkan som byggdes i Paulus efterföljd slipade allt eftersom av Jesus radikala icke-hierarkiska, inneslutande och omfattande budskap till den grad att Jesus egen lära till slut bokstavligen inte rymdes när man skulle sammanfatta sin kristna tro.

Eller känner ni igen vad som sägs i den apostoliska trosbekännelsen som härstammar från tvåhundratalets Rom och som vi än i dag använder i våra kyrkor:

> Vi tro ock på Jesus Kristus,
> hans enfödde Son, vår Herre,
> vilken är avlad av den Helige Ande,
> född av jungfru Maria,
> pinad under Pontius Pilatus,
> korsfäst, död och begraven,
> nederstigen till dödsriket,
> på tredje dagen uppstånden igen ifrån de döda,
> uppstigen till himmelen,
> sittande på allsmäktig Gud Faders högra sida,
> därifrån igenkommande till att döma levande och döda.

Lägger ni märke till att i trosbekännelsen, sammanfattningen av vår gemensamma kristna tro, inte finns ett enda ord om vad Jesus sade, gjorde eller lärde ut.

Inte ett enda!

Jesus gärning och budskap är helt och hållet uteslutet, raderat och exkluderat ur hans egen kyrkas officiella tro.

Tål inte det att tänka på?

Där finns den mirakulösa födelsen, korsfästelsen, den mirakulösa uppståndelsen och den kosmiska domaren, men inte en stavelse om Jesus från Nasaret som spred budskapet om Guds rike.

Eller enklare uttryckt: där finns Kristus – men inte Jesus.

En Kristus som stiger fram för oss som den från himlen återkommande kungen, klarögd och rakryggad. Honom är given all makt i himlen och på jorden och han skall döma var och en av oss efter våra gärningar.

Och i periferin ser vi en annan gestalt fly undan i skuggorna, en kort och satt, mörkhyad man som åldrats i förtid av fattigdom och kringflackande. En enkel hantverkare från den galileiska landsbygden som makten lät avrätta som en preventiv åtgärd. För säkerhets skull.

Honom använde de som lera och formade en Gudsson av, blåste livsluft in i hans näsa. Om honom skulle de snart säga att sedan tidernas begynnelse var hans namn känt av Gud, och tiden för hans nedstigning till världen var Guds hemliga och heliga kunskap. De skulle påstå att det var om honom som skriften och profeterna talade, det var han som var lagens och profeternas löfte och fullbordan.

Men vad han själv sade och lärde skulle man inte lägga mycket vikt vid.

Så förvandlades han från vägvisare till själva vägen.

Från budbärare till själva budskapet.

Från en profet som förklarade alla rena och predikade att till och med syndarna omfattades av Guds rike, till en kosmisk domare vars uppdrag var att döma och fördöma och i vars namn hans bekännare i alla tider sedan dess själva dömt och fördömt.

Så börjar vi närma oss slutet på den här redogörelsen för vad vi kan och inte kan veta om Jesus från Nasaret. Och jag vet att också den Jesus som jag skriver om är en spekulation, en skugg-gestalt. Den historiske Jesus är en man som skulle bli ytterst förvånad av själva min existens.

Denne Jesus gäckar mig, ingen annan möjlighet finns. Han är *mina* föreställningars Jesus Kristus, jag vet det.

Redan i denna boks inledning medgav jag att jag har en agenda, liksom varje person som någonsin har skrivit om Jesus.

Alla som någonsin skrivit om Jesus har haft en agenda.

Mitt syfte var ursprungligen att skriva en så strängt objektiv bok som bara var möjligt, där jag i så hög utsträckning som möjligt uteslöt mig själv ur texten.

Jag har också så noggrant jag kunnat redogjort för hur man kan se på den historiske Jesus, jag har läst såväl de konservativa som de liberala akademikerna, de katolska och de protestantiska, de kristna, de judiska och de muslimska, de troende och de icketroende, jag har läst sociologer, religionshistoriker, teologer, arkeologer, litteraturvetare och författare.

Otaliga har skrivit om Jesus förut. Eller för att låna Lukas ord: Många har redan sökt ge en samlad skildring av de stora händelser som ägt rum ibland oss, så som de har berättats för oss av dem som från första stund var ögonvittnen och blev ordets tjänare, och efter att grundligt ha satt mig in i allt ända från början har nu också jag beslutat att i rätt ordning skriva ner det för den som vill läsa.

Liksom evangelisterna skrev för sin tid skriver jag för min. Också jag har en agenda, en avsikt och jag har en tro. Glöm inte det!

32

VÅRT BEHOV AV TRÖST

En gång i en kyrka var det en kristen som spände ögonen i mig
och ödesmättat utropade: "Bekänner du att Jesus dog för dina
synder?"

Och jag kände mig naturligtvis genast en aning skyldig och
tänkte: "Herregud, vad har jag nu gjort!"

Men faktum är att jag betvivlar att Jesus dog för våra synder –
jag vet att det låter otacksamt och rentav hädiskt – men jag tror
inte att den beskrivningen av relationen mellan Gud och män-
niskan är det riktigaste eller mest fruktsamma. Den tolkningen
gör Gud till en obehaglig, jag skulle vilja säga *otillbörlig* kombina-
tion av lagstiftare, domare och bödel, och den gör människan till
något orent, smutsigt och syndfullt som Gud inte kan ta till sig
och inte älska om hon inte först renats.

Och vad mer är – den tolkningen av Gud och av syndaförlåtel-
sen är inte Jesus.

Jag läser ur Markusevangeliet:

> När Jesus såg deras tro sade han till den lame: "Mitt barn, dina
> synder är förlåtna."
>
> Nu satt där några skriftlärda, och de tänkte för sig själva: "Hur
> kan han tala så? Han hädar ju."[1]

Den israelitiska religionens sätt att försona människan med Gud
var att präster frambar offer i templet så som det stipulerats i

---

[1] Markus 2:5–6.

Moses lag, och en dag om året, på den stora försoningsdagen Yom Kippur offrades två bockar. En slaktades som syndoffer som försonade folket med Gud och renade helgedomen från folkets orenhet. Över den andra bockens huvud bekände översteprästen israeliternas alla synder, skulder och brott. Den bocken släpptes sedan lös i öknen och bar alla folkets synder med sig ut i ödemarken.

Om man vet detta är det alltså lätt att förstå den upprördhet som Jesus mötte när han gång på gång tog sig an utstötta och sjuka, syndare och orena – och sade att deras synder var förlåtna. Med vilket mandat förlät han synder?[1] Med vilken rätt frångick han lagens sätt att försona och rena människorna? Lagen var ju given av Gud själv. Att göra ett maktanspråk som bara tillkom Gud var att göra sig skyldig till blasfemi, för vilket straffet var döden genom stening.

En spetälsk kommer till honom och säger: "Vill du, så kan du göra mig ren." Jesus grips av vrede, sträcker ut handen och rör vid honom och säger: "Jag vill. Bli ren!"

Genast, står det, försvann spetälskan, och han blev ren.[2]

Han gör den orene ren och förklarar syndaren syndfri – utan att något offer frambringats i templet enligt lagen.[3] Han säger: "Din tro har hjälpt dig, dina synder är dig förlåtna."

Han ger sina lärjungar – de som vill följa honom – instruktionerna att göra det han själv gör: förkunna att himmelriket

---

[1] Det är diskutabelt om Jesus verkligen förlåter synder *i sitt eget namn* eller om det inte är troligare att han i sitt profetiska självmedvetande förmedlar Guds förlåtelse för synder.

[2] Markus 1:40–42.

[3] Vid detta (enda) tillfälle ber Jesus den botade att visa upp sig för prästen och ge det offer för rening som lagen föreskriver, men det är inte för att bli ren, det blev han i samma stund som Jesus rörde vid honom. Jesus motiverar det i stället med orden: "Det skall bli ett vittnesbörd för dem." (Markus 1:44)

är nära, bota sjuka, väck upp döda, gör spetälska rena, driv ut demoner – och ät tillsammans med dem ni kommer till.

Detta är det glada budskapet: Guds rike är nära och du är inte utesluten från det, du är älskad av Gud som en förälder älskar sitt barn. Det krävs inget offer för att göra dig syndfri i Guds ögon, det enda som krävs är att du tror på Guds kärlek till dig. Du som fått höra att du är oren i Guds ögon och inte värdig att få möta honom: du är inte oren, du är ren.

Detta är Jesus eget budskap. Och det går över huvud taget inte att få ihop med kristendomens idé om att Jesus dog för våra synder.

Den första kristna kyrkan, som ju var en judisk sekt, försökte förstå och förklara Jesus död och uppståndelse utifrån sina judiska traditioner och skrifter. Den kanske mest ursprungliga tolkningen av Jesus död och uppståndelse var att det bevisade att Jesus budskap om Guds rikes närhet var sant. Ett av tecknen skulle nämligen vara att de döda började uppstå. Jesus var alltså inte den ende att uppstå, men den förste.

Men en annan av förklaringsmodellerna som också utvecklades mycket tidigt var att förstå Jesus död i ljuset av just Yom Kippur, där Jesus var försoningsbocken på vilken folkets synder lades, han var offret som försonade folket med Gud igen, han var Guds lamm som borttog världens synd, han var den slutgiltige översteprästen som gick in i det allra heligaste för att be för människan inför Gud.

Eller som det står i Hebreerbrevet:

> Men eftersom han är till i evighet behåller han för alltid sitt prästämbete. Så kan han också nu och för all framtid rädda dem som nalkas Gud genom honom, eftersom han alltid lever och kan vädja för dem.

En sådan överstepräst var det vi behövde: en som är helig, oskyldig, obefläckad, skild från syndare, upphöjd över himlarna.[4]

Det otäcka med det här sättet att se på Jesus död är att förlåtelsen bara gäller en enda gång. Jag fortsätter att läsa ur samma Hebreerbrev:

> Ty människor som har avfallit fast de en gång har blivit upplysta och smakat den himmelska gåvan, fått del av helig ande och smakat Guds goda ord och den kommande världens krafter, dem är det omöjligt att på nytt föra till omvändelse, eftersom de korsfäster Guds son en andra gång och gör honom till åtlöje.[5]

Men, säger jag, Jesus död är inte en rabattkupong som gäller en gång per hushåll. Förlåtelsen är inte ett öppningserbjudande för nytillkomna medlemmar i kristna klubben.

Jesus säger till sina medmänniskor: "Din tro har hjälpt dig, dina synder är dig förlåtna." Han säger inte: "Vänta några månader så hinner jag korsfästas, för då skall dina synder bli dig förlåtna – men bara en gång, för sedan är det kört."

Enligt Jesus förlåts våra synder genom att vi tror på Guds förmåga att läka och hela, att vi i tillit söker oss till hans famn som barn utan rädsla att stötas bort.

Jesus berättar om en far som hade två söner. Den ene sonen bad att i förskott få ut sitt arv. Han slösade sedan bort alltsammans på utsvävningar i främmande land (minns att när man lämnade Israel lämnade man det heliga landet och avlägsnade sig från Gud) – och när alla pengar var slut tvingades han ta tjänst som svinaherde, alltså vakta de orenaste av alla orena djur. Till slut gav han sig hem igen, inte för att få förlåtelse, för sådan

---

[4] Hebreerbrevet 7:24–26.
[5] Hebreerbrevet 6:4–6.

trodde han inte var möjlig, utan för att möjligen få jobb som dag-lönare. Men fadern fick redan på långt håll syn på sonen, över-gav sin värdighet, sprang emot honom, omfamnade honom och kysste honom. Sonen sade: "Far, jag har syndat mot himlen och mot dig, jag är inte längre värd att kallas din son." Men fadern sade till sina tjänare: "Skynda er att ta fram min finaste dräkt och klä honom i den, och sätt en ring på hans hand och skor på hans fötter. Och hämta gödkalven och slakta den, så skall vi äta och hålla fest. Min son var död och lever igen, han var förlorad och är återfunnen." Och festen började.[6]

Sådan, säger Jesus, är Guds kärlek. Detta är det glada budska-pet.

Låt oss våga tänka tanken att den primitiva, outvecklade reli-gionens idé om gudar som måste blidkas eller manipuleras med blodsoffer är just detta: primitiv och outvecklad. En tidig och för länge sedan passerad fas i andlighetens historia.

Och i det ögonblick vi släpper tanken på Jesus som syndoffer förlorar jungfrufödseln mycket av sin relevans, liksom behovet av att Jesus måste ha varit syndfri eftersom han inte längre måste uppfylla Moses lags krav på perfekta offerdjur.[7]

På så sätt kan Jesus få vara något mer och något större än bara Offret.

Han kanske rentav kan få vara Jesus från Nasaret.

Inte det felfria, perfekta offerlammet på vilket inget ben kros-sats, det lamm vars blod vi skall stryka på vår dörrpost för att de-monen skall skona oss, det offer som Gud vill se torterat, plågat,

---

[6] Lukas 15:21–25.

[7] De som numera hävdar att Jesus måste ha varit syndfri hänvisar kanske snarare till argumentet att endast den som är syndfri kan göra anspråk på att förlåta synder. Det är emellertid ingen egentlig skillnad mellan detta argu-ment och Jesus som det felfria offerdjuret. Alltjämt handlar det om att vara syndfri/felfri för att duga. Vilket går stick i stäv med allt som Jesus lär ut.

dödat, styckat och tömt på blod för att Gud skall förmå sig att stilla sin vrede och förlåta människan.

Varför tro något så fruktansvärt om Gud? Känner man honom inte alls?

Gud är inte sådan. Lyssna i stället till vad Jesus från Nasaret faktiskt lärde ut: Gud är den älskande fadern eller modern som skyndar den orene och eländige till mötes, omfamnar honom och kysser honom och ställer till med fest för att fira den förlorades återkomst.

Gud är kärlek. Var inte rädda.

Hur tolkar jag i så fall Jesus död på korset?

Jag skulle kunna skriva att för mig är Jesus död på korset den yttersta solidariteten med den mänsklighet vars lidande han delar, vars erfarenheter han känner. Han vet hur det är, han har själv varit där.

Men jag är smärtsamt medveten om att också det – precis som idén om att Jesus dör för våra synder – är en eftergift för vårt behov av att söka en mening och en avsikt med varje tragedi, med varje lidande.

Efter naturkatastrofer som en tsunami eller en jordbävning, efter kriget, när sjukdomen och motgångar drabbar, kräver vi Gud på en avsikt, en anledning och en mening. En försäkran om att Gud trots allt har läget under kontroll.

När man firar nattvard i kyrkan svarar församlingen prästen: "... så är vi en enda kropp, ty alla får vi del av ett och samma bröd ..."

Traditionellt har man menat att det är kyrkan som är kroppen. Jag tror emellertid att betydelsen är större – det är mänskligheten som är kroppen, vi är en enda mänsklighet som är skapad av Gud och som upprätthålls av Gud.

Första gången jag såg min son var på ett tidigt ultraljud. En grynig bild på monitorens skärm. Det var som en mörkare hålighet i det gryniga, och i den mörka håligheten svävade ett litet väsen. Man kan inte säga att det var en människa, för det var det inte.

Men ett liv var det.

En själ som ännu saknade kropp. Där inne i den mörka håligheten fanns ett litet väsen, och i detta väsen pulserade det som skulle bli hans hjärta, som ett ljus, som en fast och envis ljussignal från Gud: Jag finns. Jag lever. Jag är till.

Läkaren konstaterade att barnet var 14 millimeter långt. Det var en millimeter längre än genomsnittet, vilket gjorde mig oerhört stolt. Inte så att jag redan börjat tävla med världens alla föräldrar om det bästa barnet.

Snarare var den där extra millimetern så viktig för att den just var en millimeter till.

En millimeter starkare, en millimeter mer överlevnadskraft, en millimeter mer liv.

Och jag skulle be för den 14 millimeter långa organismen, och bönen var ett samtal med väsendet där inne i den mörka håligheten: "Väx och bli starkare, väx och klara dig!"

Sedan jag fått barn har jag haft allt svårare med att läsa om olyckor, se på våld och höra om ond bråd död. Det verkar så förbaskat onödigt alltsammans.

Jag tänker på all den möda och oro, all den längtan och kärlek som ligger bakom ett människoliv. Föräldrar som vakar, vårdar och finns där dygnet runt för den lille nykomne som skall lära sig precis allt från början.

Med födseln har man med sig sugreflex och en reflex som gör att man griper sig fast, något som tydligen är ett arv från vår tid som trädklättrande apor – allt annat måste man lära sig: att äta, bajsa, le, skratta, gråta. För att inte tala om de arga, koncentrerade veckor som ägnas åt att vända sig från rygg till mage, något som i förstone kan verka oöverstigligt, men som så småningom erövras, liksom sittandet, krypandet, gåendet, springandet, hoppandet …

Så mycket möda, så mycket oro, så mycket längtan och kärlek – så ofattbart mycket energi, och ändå återstår nästan allt: pratandet, läsandet, skrivandet, uppfinnandet, växandet till en egen vuxen människa, skapad av Gud och upprätthållen av Gud.

Och så det plötsliga utsläckandet.

När den här texten skrivs har det just varit en fruktansvärd naturkatastrof i Iran.

40 000 människor döda i en jordbävning i staden Bam.

Utan avsikt, utan anledning, utan mening – utan ens ondska. En naturkatastrof, jorden sträcker på ryggen och 40 000 människoliv släcks ut under sammanfallande hus och byggnader. 40 000 människor som alla en gång var 14 millimeter långa väsenden – med hjärtan som fyrljus i mörkret, med föräldrar som bad till Allah för deras liv, att Allah måtte låta dem växa och bli starkare och klara sig!

All denna möda – och ändå är våra liv blott en dimma som löses upp i gryningen. Vi är som gräset när det vissnar.

I USA under andra världskriget försökte man försona allmänheten med tanken på offren genom att hänvisa till statistiken.

I fredstid omkom varje år 170 000 människor i trafiken. Under kriget var trafiken nedskuren till ett minimum.

Alltså hade man så och så många människoliv till godo.

En senator hävdade till och med att USA sparade liv genom att föra krig.

Det finns en typ av soldat vars uppgift är att löpa bredvid stridsvagnarna. Medellivslängden i strid för en sådan soldat är en och en halv sekund.

Vems land försvarar han?

Sitt land. Krigets land. Soldatens vackra ansikte.

Minnet hos en mor som torkar av fotografierna på spiselkransen. Det utplånade ansiktet.

Ingen maskin kan mäta smärta eller skräck. Vinden blåser över fälten där säden växer sig hög igen.

En jordbävning i Iran, soldater som springer bredvid stridsvagnarna, en flodvåg som utplånar allt i sin väg, ett mord på en utrikesminister på ett varuhus i Stockholm, avrättningen av en profet från en bergsby i Galileen.

Det absolut meningslösa.

Ibland när jag föreläser i kyrkor brukar jag prata om den gudsbild som säger att Gud är vår behövande nästa. Jag hamnade i en diskussion med en bekant som hävdade att Gud också måste vara något "i sig", som är bortom och inte beroende av människan. Min kamrat trodde att Gud inte alls var så engagerad i oss som vi ibland vill tro, utan mycket mer likgiltig. Och även om jag anar vad han menar – och kan tro att det finns en tanke i det – blir det poänglöst för mig om inte Gud är kopplad till mänskligheten.

Jag kan inte skilja skaparen åt från hans skapelse.

Jag har ett absolut behov av att få tro att varje 14 millimeter långt väsen är en viljeakt av Gud, liksom jag har ett behov av att få tro att de människor som ligger under husmassorna och väntar på att antingen bli framgrävda eller kvävas till döds i det som en gång var staden Bam i södra Iran ändå inte är ensamma, utan att Gud är med dem, i varje ögonblick. Att våra liv, från början till slut, från vårt första hjärtslag till vårt sista, är omslutna av Guds vilja och Guds kärlek.

Man kan absolut kritisera en sådan gudsbild för att vara en "våra behovs Gud". Men jag ser inte hur någon enda gudsbild till syvende och sist kan vara annat än ett uttryck för en människas behov, också den gudsbild som säger att Gud är bortom oss och inte alls är så engagerad i oss som vi vill tro.

Våra liv är från början till slut omslutna av Guds vilja och kärlek.

Och eftersom det gäller alla kan vi inte isolera oss från resten av mänskligheten, vi kan inte låsa in oss på våra kammare och låta världen fortgå någon annanstans.

"Så är vi en enda kropp, ty alla får vi del av ett och samma bröd ..." Vi är en kropp, en mänsklighet som är skapad och upprätthållen av samma Gud.

Jag har med dig att göra. Du har med mig att göra. De 40 000 i Iran har med oss att göra.

Alla är vi från Gud, och vi har alla ansvar för varandra. Allting är en del av allting. Mellan Gud och oss finns en ömsesidighet. Skaparen ger skapelsen mening. Men skapelsen ger också Skaparen mening.

Därför är det meningslösa så ofattbart och svårt att acceptera.

En börda varken vi eller Gud kan bära.

Liv som inte blev levda.

Ljus som släcktes i förtid.

Signalen från Gud som upphör. Den som sade: Jag finns. Jag lever. Jag är till.

Och så tolkar jag Jesus död och uppståndelse. Uppståndelsen är signalen från Gud som återupptas.

Jag finns. Jag lever. Jag är till.

Det är inte intressant om det finns en begraven kropp att återuppväcka eller om den kroppen förmultnade i en fattiggrav eller lämnades att ätas av vilda djur.

Min far dog med en kropp förlamad och nedbruten av den fruktansvärda nervsjukdomen ALS.

Om uppståndelsen är ett led i Guds obrutna skaparhandling krävs ingen död kropp för att återuppväcka Jesus – eller för att återuppväcka min far.

Under de tolv år som jag skrivit på den här boken har jag ofta frågat mig hur jag kan komma ifrån dessa studier med tron i behåll.

På ett plan kanske jag inte kan det.

349

Men på ett annat, djupare plan är det fortfarande så, att väcker man mig mitt i natten med orden "Kristus är uppstånden!", så svarar jag utan att tveka: "Ja, han är sannerligen uppstånden!"

Det hela är omöjligt. Dock tror jag.

Den paradoxen får jag leva med.

På samma sätt som med de första lärjungarna är det med oss som söker i dag: Jesus uppståndelse är något så radikalt annat att vi inte kan ge det en täckande definition, de bilder vi gör oss är grova, ibland direkt motsägande, de verktyg vi har att tillgå är otillräckliga och trubbiga.

Jag bekänner inte att Jesus dog för mina synder. Men jag bekänner att Jesus är Herre.

Jesus uppståndelse är en lovsång till det omöjliga som lovar oss att vi som varit döda skall få leva igen. Vi som varit förlorade skall återfinnas. Vi är inte slavar, vi är fria. Vi är inte längre vilse i främmande land. Vi är hemma igen, och festen kan börja.

När vi samlas i hans namn är han med oss.

När vi delar brödet och vinet är vi alla en.

Att utesluta en enda vore att utesluta Jesus själv.

Vi är han.

Han är vi.

33

DU ÄR INTE ENSAM, DU ÄR INTE DÖMD

Då och då säger Jesus till människor: Din tro har hjälpt dig, dina synder är dig förlåtna. Det är lätt att tolka in en sådan mening i en modern kontext, att dessa människor kunde tro eller inte tro på Gud. Att man – som vi moderna människor – hade ett val. Det hade man inte.

Det fanns i princip ingen ateism i det israelitiska samhället. Man kunde lämna förbundet med Gud, avsäga sig det och slutade då att vara jude. Det finns till och med beskrivet kirurgiska operationer som sydde tillbaka förhuden på män som inte längre ville tillhöra förbundet. Man slutade därmed inte att tro, men man övergick till en annan religion. Ateism var för övrigt belagt med dödsstraff i det romerska riket. En enskild person som förnekade Gud riskerade nämligen att gudarnas vrede drabbade alla, kollektivet. Det är också anledningen till att man kunde stena eller döda någon som bröt mot lagen – straffet för syndarens gärning kunde annars drabba hela samhällsgemenskapen.

När Jesus använder sig av ordet "tro" handlar det alltså snarare om tilltro, tillit, om att vara i kontakt med Gud.

När Gud i Första Mosebok äter middag med Abraham och Sara lovar han det gamla paret ett barn. Sara ler och tror inte på honom. Gud säger då: Varför ler du, Sara, finns det någonting som är omöjligt för Herren?

Sara tycker inte att det är ett dugg märkligt att äta middag med Gud. Det är sånt som händer. Gud är en realitet som inte går att ifrågasätta. Däremot tvivlar hon på hans förmåga att hålla sitt löfte.

Men ett år senare föder Sara verkligen en son. För ingenting är omöjligt för Herren.

Jesus säger till sina lärjungar: "om ni har tro så stor som ett senapskorn kan ni säga till det här berget: Flytta dig dit bort, och det kommer att flytta sig. Ingenting blir omöjligt för er."[1] Ingenting är omöjligt för Herren. Ingenting är omöjligt för oss.

Att tro handlar alltså om att lita på Guds förmåga, att lita på att Gud kan göra det omöjliga. Däremot handlar det inte om huruvida Gud finns eller inte. Det gör han oavsett om vi vill det eller inte.

Nu påstår jag alltså: egentligen är Gud lika lite som på Jesus tid något att tro på eller inte tro på. Gud är något man förnimmer och erfar eller inte.

Gud är inte ett förslag.

Han är inte ett tankeexperiment eller ett tankekomplex att ta ställning till, utan en kraftkälla som finns i dig vare sig du vill eller inte, men som du kan öva dig i att vara i kontakt med.

Gud är i allt, omsluter allt, förbinder allt med vartannat. Skaparen och hans skapelse går inte att skilja åt.

Därför kan du söka Gud i dig själv – lika väl som någon annanstans. Han är ditt centrum. Han är rösten som viskar ditt namn, han är dina andetag och ditt hjärtas slag, han är den helige ande som finns i allt som lever, som är i varje människa.

Du kan också låta bli att söka Gud. Han upphör därmed inte att finnas.

Till allt det omöjliga Gud kan göra lägger den kristna rörelsen detta: att Gud för två tusen år sedan från döden uppväckte en lärare och helbrägdagörare som avrättats av romarna. Gud lät denne man besegra döden och upphöjde honom till Guds son,

---

[1] Matteus 17:20.

och den kristna rörelsen bekänner denne man som likvärdig med Gud. Och denne man sade till oss: Närhelst två eller tre av er samlas i mitt namn är jag mitt ibland er. Jag är med er alla dagar intill tidens ände.

Att vara kristen handlar inte om att tro på kristna doktriner eller bekännelser så som sanna eller falska, utan att ha en relation med den uppståndne Jesus så som han lever i var och en av oss, talar till oss och säger: Du är älskad. Du är förlåten. Du är frikänd. Därför skall du älska. Därför skall du förlåta. Därför skall du frikänna. Var fullkomlig liksom Gud är fullkomlig. Imitera Gud!

Vi kan öva oss i att tro, vi kan öva oss i att lyssna efter rösten som viskar våra namn, som lovar att alltid finnas hos oss och aldrig överge oss, vi kan öva oss i att förnimma det gudomliga.

Att öva sig är nödvändigt. Att ta sig den tiden. Övning ger färdighet. Det finns anledningar till att människor i alla kulturer utvecklat metoder och sätt att fokusera och koncentrera sig på anden. Bön, meditation, upprepandet av mantra, tystnad – men också övningar i kärlek och barmhärtighet.

Vi kan växa i anden och Guds ande kan växa i oss.

Om vi tror. Om vi vill.

Däri ligger vårt val, vår frihet och vårt ansvar.

Någon som ser. Till det behöver jag Gud. Så skrev jag i min bok *Om Gud*:

> När en människa far illa och ingen annan är där har jag ett barnsligt behov av att få tro att det ändå finns någon som är där.
>
> Hela tiden. Alltid. Outtröttligt kvar. Tanken att ingen dör ensam är en tanke utan vilken jag inte härdar ut.
>
> "Inte en sparv till jorden utan att Gud det vet. Inte en själ mot döden utan hans kärlek", så sjöng vi i min barndoms baptistkyrka.

Så vem är Gud? Han som är hos oss. Han som vänder sitt ansikte till oss och ger oss frid.

Också när det värsta sker är han där. I flygplanen som kraschade in i World Trade Center den 11 september 2001, när människor sprängdes i bitar, brändes ihjäl eller störtade mot en säker död, så dog också Gud med var och en av dem.

Jag tror verkligen att Gud var med på flygplanen. Jag tror att han var med var och en av dem som satt i sina trånga flygplansstolar och hjälplöst inväntade sin alltför tidiga död. Jag tror han omfamnade dem alla.

Från de brinnande skyskraporna kastade sig människor ut för att undkomma den rasande hettan och elden. Jag tror att Gud var den som tog emot dem när de föll.

Mörkret möter du aldrig i ensamhet. Det är vad jag tror.

När du utsätts för det allra värsta. När grindarna stängs och jägarna och hundarna har hunnit ikapp, och du vänder dig om och du är fångad, och du förstår att det är din tur nu.

Eller som när du är fjorton år och har lockats med av en främmande gubbe hem till honom, för du är bara fjorton år och kunde inte värja dig, och han lockar i dig vin, och du dricker för du vågar inte annat, och han låser ytterdörren inifrån, och du förstår att det är nu han skall göra dig illa, det är nu du skall förlora din oskuld, och hemma äter dina föräldrar söndagsmiddag, kyckling med gelé och gräddsås, och din plats står tom och de undrar var du är, och din pappa muttrar att du får äta kall mat när du kommer, och den främmande mannen tar av sig kläderna och kommer långsamt mot dig som en reptil med all tid i världen att göra dig illa, och du kryper ihop i ett hörn av sängen och du skakar av skräck men han bryr sig inte och hans ögon glimmar gula och hans tunga är kall som en ödlas, och han är över dig och sedan är din barndom slut.

Ge inte upp, min älskade. Detta är inte slutet. Du skall överleva detta. Du skall bli hel igen. Du skall få glömma dina nederlag.

Eller du är femton år och på sommarläger, och du nås av budet att din bror har dött i en överdos amfetamin, och du går ner till sjön, och du sitter där på en klippa och grinar, och du snorar och du sjunger orden du har lärt dig: "Inte en sparv till jorden utan att Gud det vet. Inte en själ mot döden utan hans kärlek." Det är banalt men du sjunger ändå, för du vet inte var du skall göra av din smärta. Om och om igen sjunger du versen.

Och du ger inte upp. Du ger inte upp!

Och du ryter åt Gud att nu får han vara med din bror, för det har han fan lovat, och det är mer en befallning än en bön. Och du snorar och du grinar, men du slutar inte sjunga. "Inte en sparv till jorden utan att Gud det vet. Inte en själ mot döden utan hans kärlek."

Rövaren bad Jesus på korset: Herre, tänk på mig när du kommer i ditt rike. Och Jesus svarade: Redan i dag skall du vara med mig i paradiset.

Det finns ingen tvekan. Det finns inga förbehåll. Han säger inte: Låt oss hoppas att det går bra. Han säger inte: Jag skall göra allt vad som står i min makt.

Han säger: Du skall med.

Jag skulle inte härda ut annars, så jag tror. Jag tror att längst inne i den senildementa kvinnan som ingen längre kan nå finns en oförstörd kärna, och där vaggar Gud henne långt bort från all sjukdom.

Jag tror verkligen att när en kvinna går tillsammans med sin väninna på NK för att köpa en ny blus och hon vänder sig om och ser en främmande man komma emot henne med kniv, och hon förstår att nu står hon inför det allra värsta, och att hon inte kommer att vara hemma hos sina barn som hon lovat dem, för hon kan inte undfly mannen med kniven, då tror jag att hon ändå inte är helt och hållet övergiven, för Gud är där med henne, liksom jag tror att Gud är med de två barn vars mamma aldrig mer kommer hem, och liksom deras mamma älskade dem vad som än hände, vad de än gjorde, så skall Gud älska dem vad som än händer, vad de än gör.

Men jag tror också, och jag måste få tro, att Gud också kommer till den fängelsecell där den man sitter som har gjort sig skyldig till det allra värsta, till den man som gått så vilse i mörkret att han inte hittar ut, och som inte kan vakna ur sin mardröm, och inte vågar vakna och möta vad han gjort – jag tror, och jag måste få tro, att Gud omfattar också honom, älskar också honom, att Gud rör vid honom i hans mörker och säger: Du har gått så vilse, mitt barn, ta min hand så skall jag leda dig hem igen.

Du som utsatts för det allra värsta, du som inte förstår hur du någonsin skall kunna leva med det du varit med om: du är omfattad av Guds kärlek, du är inte ensam, du är inte dömd.

Du som gjort det allra värsta, du som är skyldig till sådant som du inte ens vågar sätta ord på: du är fortfarande omfattad av Guds kärlek, du är inte ensam, du är inte dömd.

Du som lever i mörkret och du som flyr mörkret, du som vet att du till slut måste vända dig om och se in i ditt eget mörker. Någon trycker din hand och viskar till dig: Jag är här. Jag skall aldrig överge dig. Du är omfattad av Guds kärlek. Du är inte ensam, du är inte dömd.

Gryningen är gräns för natten. Stranden är gräns för havet.
Vilddjuret rasar, för han vet att hans tid är kort. Han som de

dödade är uppstånden, döden kunde inte hålla honom, han är med oss alla dagar intill tidens ände.

Detta, min vän, det är inte slutet. Det är bara början. Du är inte ensam, du är inte dömd. Du skall få glömma dina nederlag. De finns inte mer. Som efter ett regn. En värld som Herren Gud har tvättat ren.

Detta är vad evangelium handlar om. Tro på budskapet.

Gud är kärlek. Var inte rädd. Du är inte fånge. Du är fri.

Min mormor stänger sin bibel, med gammalrynkiga fingrar rättar hon till pärlbroschen på den vinröda finklänningen. Hon harklar sig och börjar sjunga den gamla läsarpsalmen. ”Namnet framför andra namn är Jesus. Ej skönare på jorden fanns!”

Snart skall vi få hallon med mjölk.

Ute faller sommarregn.

LITTERATURLISTA OCH TACK

Jag är författare, jag är inte forskare och inte akademiker. När jag skriver måste jag ständigt inhämta vad andra, mer lärda än jag, kommit fram till. Jag kan inte nog poängtera hur den här texten på alla sätt står i skuld till dessa människor, vad det gäller kunskap, tankegångar och emellanåt också rena formuleringar. För den som vill läsa mer följer här ett urval av de böcker och studier som jag själv tagit del av under arbetet med *Om Jesus*. Somliga kan vara svåra att få tag på.

David E Aune: *The New Testament in its Literary Environment*
Raymond E Brown: *An Introduction to the New Testament*
  – *The Death of the Messiah, Vol. 1 & 2*
Marcus J Borg: *Meeting Jesus Again For the First Time*
John Boswell: *Christianity, Social Tolerance, and Homosexuality*
Rudolf Bultmann: *The History of the Synoptic Tradition*
Samuel Byrskog: *Jesus the Only Teacher*
Bruce Chilton: *Rabbi Jesus*
John D Crossan: *Jesus – A Revolutionary Biography*
  – *The Historical Jesus*
  – *Who Killed Jesus?*
John D Crossan & Jonathan L Reed: *Excavating Jesus*
Frithiof Dahlby: *De heliga tecknens hemlighet*
Henry Daniel-Rops: *Dagligt liv i Palestina på Jesu tid*
Esther de Boer: *Maria Magdalena – bakom myterna*
Detlev Dormeyer: *The New Testament Among the Writings of Antiquity*
James Dunn: *Jesus Remembered*
Lena Einhorn: *Vad hände på vägen till Damaskus?*

Giovanni Filoramo: *A History of Gnosticism*
Joseph A Fitzmyer: *Dödahavsrullarna*
  – *Tjugofem frågor om Jesus*
Paula Fredriksen: *From Jesus To Christ*
  – *Jesus of Nazareth, King of the Jews*
Robert W Funk: *Epilogue: Jesus for a New Age*
Jonas Gardell: *Om Gud*
KG Hammar: *Ecce Homo – efter tvåtusen år*
Dick Harrison: *Förrädaren, skökan och självmördaren*
Randel Helms: *Gospel Fictions*
Bengt Holmberg: *Människa och mer – Jesus i forskningens ljus*
CG Jung: *Svar på Job*
Walter Kasper: *The God of Jesus Christ*
Thomas Kazen: *Jesus and Purity Halakhah*
Helmut Koester: *History and Literature of Early Christianity*
John Macquarrie: *Jesus Christ in Modern Thought*
John P Meier: *A Marginal Jew, vol. 1, 2 & 3*
Jacob Neusner: *En rabbin samtalar med Jesus*
Elaine Pagels: *Adam, Eva och ormen*
  – *Beyond Belief*
  – *De gnostiska evangelierna*
  – *The Origin of Satan*
Jaroslav Pelikan: *Jesus Through the Centuries*
James M Robinson & Helmut Koester: *Trajectories Through Early
  Christianity*
EP Sanders: *Jesus and Judaism*
  – *The Historical Figure of Jesus*
Elisabeth Schüssler Fiorenza: *Hon får inte glömmas*
  – *Jesus: Miriam's Child, Sophia's Prophet*
Alan F Segal: *Life after death – A History of the Afterlife of the West*
John Shelby Spong: *En ny kristendom för en ny värld*
  – *Liberating the Gospels*
Rodney Stark: *Cities of God*
  – *The Rise of Christianity*

Ekkehard & Wolfgang Stegemann: *The Jesus Movement – A Social History of Its First Century*

Jesper Svartvik: *Thomasevangeliet*, inledning och kommentar

Gerd Theissen: *The New Testament – The Shadow of the Galilean*

Geza Vermes: *The Changing Faces of Jesus*

Sören Wibeck: *Jesus – Jude, rebell, gud?*

Tom Wright: *Sanningen om Jesus*

Magnus Zetterholm: *The Formation of Christianity in Antioch*

Raymond E Brown, Joseph A Fitzmyer & Roland E Murphy: *The New Jerome Biblical Commentary*

GR Evans (red.): *The First Christian Theologians*

Paula Fredriksen (red.): *On The Passion of The Christ*

Robert W Funk & The Jesus Seminar (red.): *The Acts of Jesus*

Birger Gerhardsson (red): *En bok om Nya Testamentet*

John Hick (red.): *The Myth of God Incarnate*

Jesustolkningar idag – Tio teologer om kristologi

Frank McConnell (red.): *The Bible and the Narrative Tradition*

TACK

Tack till Stefan Klint, Samuel Byrskog, Camilla Lif, Ola Salo och Peter Karlsson.

Om Jesus är tillägnad Amos och Olga.